Kohlhammer
Urban-
Taschenbücher

Band 290

Josef Kopperschmidt

Argumentation

Sprache und Vernunft II

Verlag W. Kohlhammer
Stuttgart Berlin Köln Mainz

gewidmet
den Studienstiftlern der Ferienakademien
von 1977 und 1978 in La Villa/Dolomiten

CIP-Kurztitelaufnahme der Deutschen Bibliothek

Kopperschmidt, Josef:
Sprache und Vernunft / Josef Kopperschmidt.
Stuttgart, Berlin, Köln, Mainz: Kohlhammer.
(Urban-Taschenbücher; ...)
2. → Kopperschmidt, Josef: Argumentation

Kopperschmidt, Josef:
Argumentation / Josef Kopperschmidt.
Stuttgart, Berlin, Köln, Mainz: Kohlhammer, 1980.
(Sprache und Vernunft / Josef Kopperschmidt; 2)
(Urban-Taschenbücher; Bd. 290)
ISBN 3-17-004877-5

Stuttgart Berlin Köln Mainz
Verlagsort: Stuttgart
Umschlag: hace
Gesamtherstellung: W. Kohlhammer GmbH
Grafischer Großbetrieb Stuttgart
Printed in Germany

Inhalt

»Die Mächtigen befehlen, die Ohnmächtigen argumentieren«

Wolf Schneider, Wörter machen Leute

»Denn unmöglich, sagte Sokrates, kann einem etwas Ärgeres begegnen, als wenn er Reden haßt. Und die Redefeindschaft entsteht ganz auf dieselbe Weise wie die Menschenfeindschaft. Nämlich die Menschenfeindschaft entsteht, wenn man einem auf kunstlose Weise zu sehr vertraut und einen Menschen für durchaus wahr, gesund und zuverlässig gehalten hat, bald darauf aber denselben als schlecht und unzuverlässig findet, und dann wieder einen; und wenn einem das öfter begegnet und bei solchen, die man für die vertrautesten und besten Freunde hält, so haßt man dann endlich, wenn man immer wieder anstößt, alle, und glaubt, daß nirgend an einem irgend etwas Gesundes ist . . . Wäre das nun nicht, Phaidon, ein Jammer, wenn es doch wirklich wahre und sichere Reden gäbe, die man auch einsehen könnte, wenn einer, weil er auf solche Reden stößt, die ihm bald wahr zu sein scheinen, bald wieder nicht, sich selbst nicht die Schuld geben wollte und seiner Kunstlosigkeit, sondern am Ende aus Mißmut die Schuld gern von sich selbst auf die Reden hinwälzte und dann sein übriges Leben in Haß und Schmähungen gegen alle Reden hinbrächte und so der Wahrheit und Erkenntnis der Dinge verlustig ginge?« *Platon*, Phaidon

Vorwort

0. »Reden ist Silber ...«

»Ich bin vernünftig!«
(Auto-Aufkleber)

Wenn das vornehmste Wort der Europäischen Geistes- und Kulturgeschichte zum Lieblingswort der Werbung avanciert ist, wenn der Programmtitel der Aufklärung zum favorisierten Gebrauchswertversprechen des Marktes verkommt und Vernunft sich als käufliche Ware verhökern läßt (Canon-Kopierer: »Startknopf für Vernunft«), dann ist nicht so sehr Kants Hoffnung in Erfüllung gegangen und das »Zeitalter der Aufklärung« in einem »aufgeklärten Zeitalter« zur Vollendung gekommen (S. 7), sondern weit eher ist Horkheimers Verdacht bestätigt (S. 15ff.), daß in solcher Instrumentalisierung und Funktionalisierung von Vernunft sich die affirmative Versöhnung einer dezidiert kritischen Idee mit der Praxis exemplarisch abbildet. Dieser Versöhnung zu widersprechen und Vernunft als normativen Maßstab faktischer Geltungsansprüche aufrechtzuerhalten, ist das parteiliche Interesse unserer zweiteiligen Reflexion über »Sprache und Vernunft«.

Sprache und Vernunft: Die leitende Problemfrage solcher Reflexion bezieht sich auf die sprachlich so unauffällige syntaktische Verknüpfung zwischen den beiden Schlüsselbegriffen ihres Rahmenthemas, auf die Beziehung zwischen Sprache *und* Vernunft. In Teil I ist versucht worden, unter dem Titel »Das Prinzip vernünftiger Rede« (Urban-Tb.Nr. 289) Vernunft in ihrer geschichtlich-gesellschaftlichen Existenzweise als Vernünftigkeit einer Rede zu rekonstruieren, die als normativer Ermöglichungsgrund von Rede immer schon vorausgesetzt werden *muß*, wenn Sprache als Medium möglicher Verständigung beansprucht werden *soll*. Vernünftige Rede, verstanden als der nicht tilgbare Selbstanspruch verständigungsorientierter Rede schlechthin, ist nicht der Programmtitel, unter dem Vernunft auf Sprache reduziert oder Sprache mit vernünftiger Rede indentifiziert werden soll. Vielmehr nennt »vernünftige Rede« in begrifflicher Verdichtung die Bedingungen, unter denen *Vernunft in Sprache zum Reden* gebracht werden kann.

Das explizite Verfahren, *wie* Vernunft in Sprache zum Reden gebracht wird, soll im folgenden Teil II unserer Reflexion über »Sprache und Vernunft« unter dem Titel »Argumentation« rekonstruiert werden (Kap. 3). Zugleich sollen die (situativen, individuellen und gesellschaftlichen) Voraussetzungen freigelegt werden, von deren Einlösung die Möglichkeit argumentativer Sprachverwendung abhängt (Kap. 4). Insofern argumentative Rede die impliziten Bedingungen verständigungsorientierter Rede thematisiert und explizit einzulösen versucht, sichert sie die Möglichkeit der Verständigung im Fall ihrer situativen Problematisierung und in eins damit die kommunikativen Existenzbedingungen vergesellschafteter Subjekte (Kap. 2). In dem zeitaktuellen theoretischen Interesse an Argumentation bildet sich exemplarisch die praktische Einsicht ab, daß die Sicherung kommunikativer Verständigungschancen auf dem soziokulturellen Anspruchsniveau moderner Gesellschaften ein Problem darstellt, dessen befriedigende Lösung über die Existenzbedingungen, und nicht nur die kommunikativen, dieser Gesellschaften mit entscheiden könnte (Kap. 1).

Einleitung

1. Zum Interesse an Argumentation

> ». . . ein Paradigma kann die Forscher sogar von . . . sozial wichtigen Problemen isolieren . . ., weil sie sich nicht im Rahmen des vom Paradigma gelieferten begrifflichen und instrumentalen Rüstzeugs ausdrücken lassen«
>
> (*Kuhn,* Die Struktur wissenschaftlicher Revolutionen)

1.1 Die Wissenschaften – so wiederholte Hermann Lübbe in seiner Eröffnungsrede zum 16. Weltkongreß für Philosophie in Düsseldorf seine Lieblingsthese[1] – »geraten gegenwärtig unter einen sich verschärfenden Relevanzkontrolldruck . . ., während gleichzeitig kulturell das Zutrauen schwindet, daß wissenschaftspraktisch frei sich betätigende theoretische Neugier eo ipso Relevanz garantiert[2].«
So leicht es fällt, dieser Feststellung zuzustimmen, so schwer fällt es, der mitgelieferten Analyse zu folgen, nach der sich in dem zitierten Zutrauensschwund die Gefährdung der neuzeitlich erstrittenen Emanzipation theoretischer Neugier (bzw. »curiositas«) anzeigen soll. Schwer insofern, als solcher Vertrauensschwund ja nicht bloß die Irrationalität eines »anti-science-movement« (Lübbe ebd.), sondern weit mehr die Konsequenz einer Einsicht ist, daß eine aus den Fesseln konfessioneller und ideologischer Bevormundung *emanzipierte* theoretische Neugier nicht notwendig auch *emanzipatorische* Kraft entfalten muß. Strittig ist ja nicht, daß »erst die emanzipierte curiositas . . . die Wissenschaften wirklich relevant gemacht (hat)« (ebd.), strittig ist allein, ob angesichts der faktischen Relevanz von Wissenschaften die Definitionskompetenz praktischer Relevanzkriterien noch blauäugig einer autonomen Prozeßdynamik theoretischer Neugier überlassen bleiben kann und darf[3].
»Im Recht« – so Hans Blumenberg in seinem Buch mit dem einschlägigen Titel »Der Prozeß der theoretischen Neugier« (S. 21) – ist die Rehabilitierung der theoretischen Neugier zunächst nur (!) gegen ihre Diskriminierung, gegen eine Rechtsbeschränkung . . . Ob der Mensch in der Ausübung der von ihm zurückgewonnenen

Rechte auch glücklich wird, (liegt) außerhalb der Geltendmachung der Legitimität seines Anspruchs[4].«

Freilich nicht außerhalb der Geltendmachung eines ganz anderen Anspruchs, der traditionsbildend in Sokrates verkörpert und in seinem kritischen Vorbehalt gegen eine frei schwebende – seinerzeit: naturwissenschaftlich-kosmologische – theoretische Neugier manifest geworden ist. Ein Vorbehalt, der die spezifisch antike Dignität von Theorie als Ermöglichungsgrund von Eudaimonie, d. h.: von Glück einklagt, ohne daß er diese Dignität schon jedem Gegenstand theoretischer Neugier zu attestieren bereit wäre (vgl. Teil I, S. 39ff.).

Die ontologischen Voraussetzungen der antiken Vermittlungschance zwischen Theorie und Eudaimonie sind nicht einfach zu restituieren (vgl. Habermas 1968, S. 146ff.). Doch in der Sokratischen Insistenz auf eine prinzipiell notwendige Vermittlung zwischen Theorie und Eudaimonie bringt sich zeitübergreifend ein Interesse *an* Theorie zur Geltung, das weder mit dem jeweiligen Interesse *der* Theorie schon identifizierbar, noch von vorneherein als restriktive Fremdbestimmung von Theorie diskreditierbar ist. Durchaus noch diesseits möglicher Rechtsbeschränkung von theoretischer Neugier bringt sich im Sokratischen Vorbehalt eine zeitaktuell reformulierbare Erfahrung zur Geltung: daß nämlich das Interesse *der* Theorie sich so sehr gegenüber dem Interesse *an* Theorie verselbständigen kann, daß die Frage nach der *Legitimität* der theoretischen Neugier eine Antwort auf die Frage nach ihrer praktischen *Relevanz* nötig macht.

1.2 Der von Lübbe konstatierte Vertrauensschwund in die praktische Relevanz einer praktisch emanzipierten theoretischen Neugier wird exemplarisch bestätigt in dem folgenden Text, der sich jedoch nicht auf den zunächst naheliegenden Modellfall Naturwissenschaften bezieht, sondern auf einen theoretischen Gegenstandsbereich, dessen Reflexion – im weiteren Sinne – auch Thema dieses Buches ist:

»Die Wissenschaft der Logik (hat) durch ihre Geschichte hindurch die Tendenz gezeigt, sich in einer von (den) Ausgangsfragen wegführenden Richtung zu entwickeln, das heißt weg von praktischen Fragen über die Art und Weise, in der wir mit Argumentationen in verschiedenen Bereichen umgehen können und sie kritisieren können, und sie hat sich auf einen Zustand völliger Verselbständigung hin entwickelt, in dem Logik eine eigenständige theoretische Untersuchung wird, die wie einige Zweige der reinen Mathematik von allen unmittelbar praktischen Angelegenheiten losgelöst ist. Obwohl es in allen Phasen der Geschichte der Logik Leute gab, die bereit waren, wieder Fragen über die Anwendung der Logik zu stellen, wurden einige für ein Verständnis dieser Anwendung entscheidenden Fragen fast nie gestellt.«

Dieser Satz aus Toulmins Einleitung zu seinem einflußreichen Buch »Der Gebrauch von Argumenten« (The uses of argument, S. 10) liest sich wie ein Beleg für das als Motto diesem Kapitel vorangestellte Kuhn-Zitat, das sich dahingehend interpretieren läßt, daß der Erfolg in den Wissenschaften »nicht nur davon abhängt, welche Fragen man stellt und in welcher Form man dies tut, sondern mindestens ebenso sehr auch davon, daß man andere Fragen *nicht* stellt« (Wieland, S. 512). Diese nicht gestellten Fragen haben aber nicht nur die Ausreifung der Logik zur symbolischen Logik bzw. Logistik ermöglicht, sondern auch einen fatalen Prozeß begünstigt, in dem sich die »Theorie der Logik« von der »Praxis der Logik« emanzipierte (Toulmin, S. 13). Ein Prozeß, der – so Toulmins These (S. 10) – durch ein seit Aristoteles favorisiertes Paradigma präjudiziert war, innerhalb dessen sich die Logik als formale Wissenschaft interpretierte und am Modell der reinen Mathematik ihr eigenes Leitbild ablas.
Die Angemessenheit dieses Paradigmas in Frage zu stellen – und Toulmin tut dies explizit und »radikal« (Vorwort) – ist ersichtlich der Versuch, eine »Paradigmadebatte« zu eröffnen mit dem Ziel, über die Kritik des geltenden Paradigmas der Logik dessen Ablösung (»Paradigmawechsel«) zu betreiben. Wenn Kuhns These gilt, daß solche »Paradigmadebatten« nicht im Rahmen »normaler Wissenschaft« und mit den Mitteln »normaler Wissenschaft« entscheidbar sind (weil Wissenschaft bereits die Geltung eines Paradigmas zur Voraussetzung ihrer Möglichkeit hat), sondern wenn alternative kategoriale Rahmenbedingungen möglicher Wissenschaft ihre Durchsetzung der Überzeugungskraft ihrer argumentativen Stützung verdanken (S. 131 u. ö.), dann hängt die Durchsetzungschance des Toulminschen Alternativ-Paradigmas von der Plausibilität des Theorems ab, daß die Autonomie von Theorie nicht in ihrer Separation *von* Praxis gründet, sondern in ihrer Kritik *an* Praxis, was diesbezüglich heißt: Logik als »kritische Wissenschaft« (S. 80 u. ö.) wäre die Form einer an Praxis interessierten Wissenschaft, die die Maßstäbe ihrer Kritik nicht aus der Verallgemeinerung »faktischer Argumentationen« gewinnt, sondern an *den* »Standards« abliest, denen faktische Argumentationen als Normen ihres möglichen Gelingens immer schon unterliegen. Diese »Standards« buchstabieren genauerhin die Regeln eines »rationalen Prozesses« (S. 15 u. ö.), in dem Geltungsansprüche auf ihre

Berechtigung hin überprüfbar und nach Maßgabe ihrer argumentativ gelingenden Stützbarkeit als gerechtfertigt verteidigt bzw. akzeptiert werden.

Der Begriff »Prozeß« verweist bereits auf das *forensische* Alternativ-Paradigma[4], das Toulmin sowohl dem mathematischen wie psychologischen und soziologischen Paradigma möglicher Logikkonzeption entgegenstellt (S. 10f.): »Argumentationen können mit Gerichtsprozessen verglichen werden« (S. 14), was heißt: Gerichtsprozesse sind situationsspezifische Aktualisierungen eines allgemeinen Verfahrens rationaler Prüfung der bzw. rationaler Entscheidung über die Berechtigung erhobener Geltungsansprüche. Die heuristische Auszeichnung dieser Situation für die methodische Rekonstruktion eines solchen rationalen Verfahrens liegt ersichtlich in der, aus der spezifischen Funktion dieser institutionellen Kommunikation erklärbaren, Verschärfung von Behauptungs-, Begründungs-, Verteidigungs- und Erläuterungspflichten (sogen. »Prozeßpflichten«, vgl. u.a. Viehweg S. 118f.) sowie in den prozeßspezifischen Beweislasten, deren Generalisierung das kommunikative Handeln vergesellschafteter Subjekte nicht nur behindern, sondern schlechterdings verhindern würde. Doch gerade der Ausnahmecharakter der forensischen Situation macht exemplarisch bewußt, daß nicht nur im kommunikativen Handeln immer schon rechtsanaloge Geltungsansprüche *erhoben* werden, sondern daß die Möglichkeit kommunikativen Handelns auch von der *Unterstellungschance* ihrer Berechtigung abhängt.

Wenn mithin der forensischen Modellsituation für die Definition des genuinen Reflexionsobjektes der Logik solch exemplarische Bedeutung zukommt, dann läßt sich Logik mit Toulmin ebenso als *»verallgemeinerte* Jurisprudenz« (S. 14) interpretieren, wie sich die für den Prozeß typischen Gültigkeitsbedingungen von Geltungsansprüchen als *institutionsspezifische* Ratifikation eines allgemeinen Geltungsprinzips bestimmen lassen, demzufolge die Gültigkeit von Geltungsansprüchen von ihrer argumentativ gelingenden Rechtfertigungsfähigkeit abhängt. Dieses Geltungsprinzip haben wir bereits im ersten Teil unserer Untersuchung unter dem Begriff »Prinzip vernünftiger Rede« eingeführt und darunter die Kennzeichnung der geschichtlich-gesellschaftlichen Existenzweise von Vernunft verstanden. »Argumentation« ist der Programmtitel des Verfahrens bzw. des »Prozesses«, in dem Vernunft *als* vernünftige Rede praktisch wirksam wird, was heißt: In dem »die Gültigkeit von Geltungsansprüchen« (Toulmin S. 14) »vor dem Gerichtshof der Vernunft« – dies eine signifikante Lieblingsmetapher Toulmins aus Kants Vernunft-Kritik (vgl. S. 15, S. 40 u. ö.) – überprüft und nach

Maßgabe ihrer argumentativ gelingenden Rekonstruierbarkeit ratifiziert bzw. aufgehoben wird.
Daß solche Gerichtsmetaphorik (vgl. Lübbe 1978, S. 11f.) nicht nur eine traditionell sanktionierte stilistische Figur abbildet, sondern daß sich in ihr – dem strengen Wortsinn von »Metapher« gemäß (vgl. Lausberg 1960 § 558ff.) – eine gedanklich hergestellte Beziehung zwischen zwei Gegenstandsbereichen sprachlich expliziert, dies dokumentiert – neben Toulmins versuchter Operationalisierung solcher Beziehung zwischen Gerichtsprozeß und Argumentationsprozeß – das zeitaktuelle Interesse an einer »Theorie juristischer Argumentation« als »Sonderfall« einer allgemeinen Theorie rationaler Argumentation (musterhaft bei Alexy 1968, S. 32, S. 262ff.)[5].
1.3 Liest man in Kenntnis der Toulminschen Schuldverrechnung heute eine Schrift, in der sowohl nach dem Zeugnis seines Verfassers Aristoteles (»Sophist. Widerlegungen« c. 34) wie nach geltender wissenschaftsgeschichtlicher Auffassung der Reflexionsgegenstand der später so genannten »Logik« erstmals zu bestimmen wie seine methodologischen Aufhellungschancen anzugeben versucht wurden (Bochenski S. 47ff., Kapp, S. 11), dann wird freilich zunehmend unverständlicher, worin der Schuldanteil dieses antiken Philosophen an der von Toulmin diagnostizierten Emanzipation der »Theorie der Logik« von der »Praxis der Logik« eigentlich bestehen soll:

»Unsere Arbeit verfolgt die Aufgabe, eine Methode (methodos) zu finden, nach der wir über jedes aufgestellte Problem (!) aus wahrscheinlichen Sätzen Schlüsse bilden können (syllogizesthai), und, wenn wir selbst Rede stehen sollen, in keine Widersprüche geraten.«

So beginnt die Aristotelische »Topik«, eine Schrift, die wahrscheinlich eine Vorlesung des großen Plato-Schülers aus dem Jahre 345 v. Chr. wiedergibt und die zusammen mit anderen »logischen« Schriften unter dem Sammeltitel (logisches) »Organon« überliefert ist. Es ist freilich von mehr als bloß philologischem Interesse, daß diese »Topik« und nicht die »Analytik« – wie Toulmin unterstellt (S. 9) – die erste systematische Abhandlung über Logik darstellt (vgl. Kapp, S. 11); denn die in dieser Schrift versuchte umfassende materiale Problemdefinition des logischen Reflexionsgegenstands widerspricht nicht nur einer pauschalen Beanspruchung des Aristotelischen »Organons« als legitimatorischen Beleg für ein Verständnis von Logik als »Lehre von der Folgerichtigkeit« (Menne S. 7 u. ö.). Sie widerspricht auch der oben genannten Toulminschen These, daß Aristoteles' wissenschaftstheoretisches Logikverständnis (nämlich als »episteme«, d.h. als eine am Exaktheitsideal der Mathematik orientierte strenge Wissenschaft) den Ausreifungsprozeß dieser Disziplin zur modernen Logistik präjudiziert habe.

»Ein Schluß ist also eine Rede (logos), in der bei bestimmten Annahmen etwas anderes als das Vorausgesetzte aufgrund des Vorausgesetzten mit Notwendigkeit (ex anankes) folgt. Es ist nun ein apodiktischer Schluß, wenn der Schluß aus wahren und ersten Sätzen gewonnen wird ... Dagegen ist ein dialektischer Schluß ein solcher, der aus wahrscheinlichen (endoxon) Sätzen gezogen wird« (I 1).

Die Aristotelische Unterscheidung zwischen »apodiktischen« und »dialektischen« Schlüssen – und dies ist bezeichnend – orientiert sich ersichtlich nicht an der unterschiedlichen Schlüsigkeit und Konsistenz der beiden Schließverfahren, sondern an dem geltungslogisch unterschiedlichen Sinn von Geltungsansprüchen, die Aussagen in beiden Schließarten erheben[6]:

»Wahre und erste Sätze sind solche, die nicht erst durch anderes, sondern durch *sich selbst* glaubhaft sind ... Wahrscheinliche Sätze aber sind solche, die Allen oder den Meisten oder den Weisen wahr *erscheinen* ...« (ebd.).

Der Begriff »wahrscheinlich« meint – entgegen seiner leichten Mißdeutbarkeit als Übersetzungsäquivalent für »endoxon«[7] – keinen *geringeren*, sondern einen *spezifischen* Geltungsanspruch, der sich gemäß dem zitierten »Topik«-Text wie folgt positiv explizieren läßt: Während »Wahrheit« den geltungslogischen Sinn von Aussagen benennt, deren Gültigkeit in einer sich unmittelbar aufdrängenden (monologischen) Evidenzerfahrung (*»durch sich selbst«!*) ihren Geltungsgrund besitzt, kennzeichnet »Wahrscheinlichkeit« einen davon unterscheidbaren Geltungsanspruch von Aussagen, deren Gültigkeit allein *durch Andere* verbürgt ist, d.h. durch die Intersubjektivität ihrer konsensuellen Akzeptabilität (wobei der Grad ihrer Gültigkeit noch Abstufungen zuläßt nach Maßgabe des Anerkennungsgrades der jeweiligen Geltungsgaranten)[8].

Die geltungslogische Rekonstruktion des Wahrscheinlichkeitsanspruchs als eines konsensuellen Akzeptabilitätsanspruchs impliziert zugleich notwendig die Rückbindung solchen Geltungsanspruchs an *das* Medium, in dem diese Akzeptabilität überhaupt erst überprüfbar und ratifizierbar wird, eben an Sprache. Wenn aber Rede (bzw. Dia-log im Unterschied zu Mono-log) als genuines Einlösungsmedium solcher Geltungsansprüche fungiert, dann wird auch der o. zitierte Begriff »dialektisch« als spezifische Kennzeichnung konsensuell beglaubigter Aussagen sowie als spezifischer

Titel einer solche Aussagen syllogistisch funktionalisierenden Argumentation plausibel: Denn »dialektisch« – in vorhegelianischem Wortsinn verstanden[9] – meint eben die Leistung kommunikativer Sprachverwendung, sich *in* Rede (logos) *mit* anderen verständigen zu können, indem man sich im Miteinanderreden (dia-legesthai) der Gewißheiten wechselseitig versichert, die als konsensuell anerkannte Verständigungsbasis unterstellt und für die Lösung situativer Verständigungsprobleme argumentativ aktualisiert werden können.
In diesem Grundmodell einer dezidiert dialogischen Verständigungsanstrengung findet eine Logik – man mag sie entsprechend als »dialektisch« spezifizieren[10] – ihren Reflexionsgegenstand, deren Interesse nicht die Aufhellung monologischer Denk- und Erkenntnisprozesse betrifft, sondern auf die Rekonstruktion von Rede als Ort gemeinsamen Erkennens und als Medium intersubjektiver Gewißheitsfindung zielt sowie auf die Rekonstruktion der Bedingungen ihres möglichen Gelingens – Bedingungen, die (anders als bei apodiktischer bzw. analytischer Argumentation) zugleich auch Bedingungen gelingender sozialer Kooperation sind (vgl. etwa »Topik« VIII bes. c. 11).
1.4 Die Geschichte der Logik – zumindest die europäische – beginnt mit der Aristotelischen »Topik«, und d. h.: mit der Rekonstruktion der »Kunst, Erkenntnisse durch das Gespräch zu schaffen« (Kapp, S. 103; vgl. Bollnow, S. 28ff., Kamlah-Lorenzen, S. 142). Gut zweitausend Jahre nach Aristoteles ist die Erinnerung an diesen Anfang der Logik so radikal getilgt, daß John St. Mill in seinem einflußreichen »System of logic rationative and inductive« (1843) das sprachentbundene Denken geradezu als Definiens des spezifischen Reflexionsobjekts der Logik ausgeben kann:

»Alleinige Aufgabe der Logik ist es, die eigenen Gedanken eines Menschen zu leiten; die Mitteilung dieser Gedanken an andere fällt in den Aufgabenbereich der Rhetorik. ... Die Logik nimmt unsere geistigen Tätigkeiten nur soweit zur Kenntnis, als sie zu unserer eigenen Erkenntnis und zu unserer Beherrschung dieser Erkenntnis zu unserem eigenen Gebrauch führen. Wenn es in der Welt nur ein einziges vernünftiges Wesen gäbe, dann könnte dieses Wesen ein vollkommener Logiker sein; und die Wissenschaft und Kunst der Logik wäre die gleiche für diesen einzigen Menschen wie für das ganze menschliche Geschlecht« (nach Kapp, S. 101).

In diesem Text bringt sich nicht nur symptomatisch die philosophiegeschichtlich typische Unterschlagung einer Schrift zur Geltung, von der Eduard Zeller zumindest noch wußte, daß sie »die eine Hälfte der Aristotelischen Logik« (S. 185) ausmacht. Die bis in die Moderne virulente Unfähigkeit[11], mit dieser »einen Hälfte«, nämlich der »Topik«, etwas anfangen zu können, spiegelt nur die Unfähigkeit wider, mit einem für die »Topik« konstitutiven Paradigma etwas anfangen zu können, nämlich Sprache als Medium dialektischer Verständigungsanstrengung zu begreifen.

Robinson als »vollkommener Logiker« – in diesem Millschen Gedankenkonstrukt bringt sich ein Verständnis von Vernunft und Erkenntnis auf den Begriff, das am dezidierten Gegen-Paradigma der Aristotelischen »Topik« abgelesen ist: nicht am Modell kommunikativer Verständigung zwischen Subjekten, die in der gemeinsamen Erfahrung ihrer Verständigungsbedürfnisse die Gemeinsamkeit ihrer kommunikativen Existenzbedingungen erfahren, sondern am Modell monologischer Gewißheitsevidenz einsamer Denker, deren Unterworfensein unter die gleichen formalen Gesetze der Logik die abstrakte Gemeinsamkeit logisch denkender Subjekte konstituiert.

Die Millsche Robinsonade prämiert nicht nur die solipsistisch anfällige Utopie einer sich von Sprache emanzipierenden Vernunft; sie attestiert zugleich der Rhetorik, für Robinson eine ebenso überflüssige wie unsinnige Kunst zu sein, was implizit meint: Sprache, weil ihre kommunikative Beanspruchung als Medium wahrheitsfähiger Verständigung zwischen Subjekten paradigmatisch entfällt, kommt allenfalls noch als Vehikel des wechselseitigen Austauschs der jeweils eigenen Gedanken monologisierender Subjekte in den Blick. »Die Kunst der Argumentation« – so Popper (1970/2, S. 277 (vgl. S. 269f.) – hätte ein noch so einfallreicher Robinson »nie erfunden!« Sie ist »ein Produkt des sozialen Lebens« (ebd., vgl. Hülsmann, S. 9ff.).

Die Naivität eines bloß instrumentalistischen Sprachbegriffs, wie er sich exemplarisch im Millschen Text zur Geltung bringt, ist offenkundig. Doch diese Naivität hat – trotz der im griechischen Begriff »logos« (Rede *und* Vernunft) konzeptionell eigentlich eingebauten Sperren – ebenso eine lange und schon antike Vorgeschichte – Apels eindringliche Interpretation eines entsprechenden antiken Schlüsseltextes belegt es (vgl. Teil I, S. 89ff.) – wie die Anstrengung alt ist, die Dissoziation von Sprache und Vernunft als fatales Mißverständnis der Sprache *wie* der Vernunft zu entlarven.

Was Adorno in seiner »Negativen Dialektik« als Dissoziation von Philosophie und Rhetorik, von Vernunft und Sprache historisch rekonstruiert und bis zum kompensatorischen »Bündnis der Philosophie mit der Wissenschaft« zum Zwecke der Ausmerzung von Sprache in Vernunft verfolgt, beschreibt den folgenschweren Vertrauensschwund in eine »Dialektik«, die – so Adornos Insistenz auf

die authentisch griechische Wortbedeutung – noch ein Verständnis von »Sprache als *Organ* des Denkens« (S. 66) verwaltete. Mit dem Verlust eines solchen Sprachbegriffs wurde als »Makel des Denkens« denunziert, was sich doch nur als »Kraft des Gedankens« in der Konsensfähigkeit überzeugungskräftiger Rede bewährt.
Was nach Adorno »Rhetorik *in* Philosophie« vertritt und was deren »kritische« Wahrung notwendig macht (S. 65/66), das hat Apel als die »geheime Philosophie *der* Rhetorik« beschrieben und als traditionsstiftende Klammer eines anti-instrumentalistischen Sprachverständnisses von Isokrates, Cicero, Quintilian über die italienischen Humanisten, Vico und die romantische Sprachphilosophie bis in die Transzendentalhermeneutik hinein zu rekonstruieren versucht (1963, S. 17ff., vgl. u. a. Gerl bes. S. 80ff., Wesseler): Die Verteidigung von Sprache als eines Mediums, in dem die Gegenstände ebenso erst sinnhaft konstituiert wie die Bedingungen ihrer Erkennbarkeit und die Kriterien ihrer gültigen Erkenntnis definiert wie schließlich die Berechtigung erhobener Erkenntnisansprüche rational überprüfbar werden. Die Idee einer *sprachlosen* Vernunft (»tacita sapientia« heißt der Analogiebegriff bei Cicero), die von ihrem Schattenbild: der Idee einer *vernunftlosen* Sprache nicht zu trennen ist, betreibt in Wahrheit die Entmachtung der Vernunft und fördert die Entbindung der Sprache von ihrem Vernunftanspruch[12].

1.5 »Die Rhetorik gilt herkömmlicherweise als die Kunst, einen Konsens in Fragen herbeizuführen, die nicht mit zwingender Beweisführung entschieden werden können ... Wenn diese Entscheidungen rational getroffen werden, fallen sie weder theoretisch zwingend, noch bloß arbiträr aus: Sie sind vielmehr durch *überzeugende Rede* motiviert« (Habermas 1970/1, S. 75/76).

Dieser Text, der die Schlüsselbegriffe einer philosophisch interessierten Rehabilitation der Rhetorik allgemein[15] und eines von ihr historisch verwalteten spezifischen »Wahrheitsanspruchs« (Wahrscheinlichkeit) und »Vernunftcharakters« (Gadamer 1967, S. 117 bzw. 1973, S. 314) im besonderen enthält, ist in eins ein Plädoyer für die Rehabilitation des von der Rhetorik favorisierten Paradigmas nicht-monologischer Verständigungssuche und Gewißheitsfindung. Diese Rehabilitation impliziert freilich den Bruch mit der Tradition eines Vernunft- und Rationalitätsbegriffs, in der die von Habermas zitierte sterile Opposition zwischen »theoretisch zwingend« und »bloß arbiträr« ihren theoretischen Ermöglichungsgrund hat.
Als einen solchen radikalen Bruch mit dem in Descartes exempla-

risch verkörperten Vernunft- und Rationalitätsverständnis hat Chaim Perelman seinen seit 1952 vorbereiteten und 1958 endlich (zus. mit L. Olbrechts-Tyteca) publizierten umfangreichen Versuch verstanden, eine Argumentationstheorie (»Traité de l'argumentation«) unter dem Namen und in der Tradition der Rhetorik (»La nouvelle rhétorique«) zu konzipieren[14]:

»La publication d'un traité consacré a l'argumentation et son rattachement à une vieille tradition, celle de la rhétorique et de la dialectique grecques, constituent *une rupture avec une conception de la raison du raisonnement, issue de Descartes,* qui a marqué de son sceau la philosophie occidentale des trois derniers siècles« (S. 1).

Die explizit anticartesianische Pointe dieses Einleitungssatzes wie des ganzen Perelmanschen Buches ist freilich nur die Kehrseite einer – in der Tradition des Anticartesianers Vico stehenden – Anstrengung, den genuin rhetorischen Begriff des »Wahrscheinlichen« aus seiner Descartesschen Zwangsopposition zu »Evidenz« und »Notwendigkeit« und aus der entsprechenden Identifikation mit »falsch« (vgl. Discours c. 1) zu befreien. Denn

»la nature même de la délibération de l'argumentation s'oppose à la nécessité et à l'évidence, car on ne délibère pas là où la solution est nécessaire et l'on n'argumente pas contre l'évidende. Le domaine de l'argumentation est celui du *vraisemble, du plausible, du probable,* dans la mesure où ce dernier échappe aux certitudes du calcul« (ebd.).

Unter den Problemtiteln »démonstration« und »argumentation« (S. 17ff., vgl. 1967, S. 132ff.) reformuliert Perelman die Aristotelische Differenzierung zwischen »Apodiktik« und »Dialektik«, und in dieser Reformulierung übernimmt er zugleich das fundamentale Differenzkriterium zwischen »formaler« und »nicht-formaler Logik« (ebd., S. 136): Was nämlich die Evidenz (»l'idée d'évidence«) für das Gewißheitserlebnis monologischer Demonstration darstellt, das bedeutet die gelungene Zustimmung des/der jeweiligen Kommunikationspartner(s) (»l'idée d'adhésion«) für die Erfahrung intersubjektiv verbürgter Gewißheit im Rahmen dialogischer Argumentation (vgl. 1970, S. 7 u.ö.). In der systematischen Unterscheidung zwischen einer faktisch-kontingenten Übereinstimmung (innerhalb einer mehr oder weniger partikularen Gruppe: »auditoire particulier«) und einer (freilich nur tendenziell einlösbaren) universalen Übereinstimmung (»l'accord de l'auditoire universel« S. 40ff.) bringt sich zugleich ein kritischer Maßstab zur Geltung, an dem jede faktisch beanspruchte Verständigung als dem Maß ihres wahren Gelingens normativ überprüfbar wird. In der Schlüsselrolle, die der Begriff »auditoire universel« im Perelmanschen Werk besitzt, zeigt sich exemplarisch sowohl die Virulenz des rhetorischen Paradigmas der »öffentlichen Rede« (»orateur«, »discours«, »persuader«, »adhésion«, »accord« etc.) für die kategoriale Rekonstruktion von Sprache als Medium argumentativer Verständigung an, wie sich darin die »philosophische Tragweite« (1967, S. 158) der Rhetorik abbildet für die kritische Rekonstruktion der normativen Bedingungen gelingender Verständigung.

1.6 Im gleichen Jahr wie Perelmans »Traité de l'argumentation« – nämlich 1958 – erschien Toulmins o. bereits genanntes Buch »The uses of argument«, das seit seiner Übersetzung ins Deutsche (1975) mit einer Bereitschaft rezipiert und didaktisch adaptiert worden ist, die dem schwerfälligen Perelmanschen Werk wohl auch noch nach seiner seit langem erwarteten Übersetzung versagt bleiben wird[15]. Was das Toulminsche Buch mit dem Perelmanschen verbindet, ist freilich mehr als das Erscheinungsjahr und der im Titelbegriff »Argumentation« angezeigte Reflexionsgegenstand. Es ist auch nicht nur die Kritik an einer historischen Fehlentwicklung der Logik aufgrund ihres Selbstmißverständnisses als einer nur formalen Wissenschaft more geometrico. Was die beiden Bücher weit mehr verbindet, ist die Gemeinsamkeit ihrer konzeptionellen Orientierung an einem »Modell«, das Toulmin explizit als »Konkurrenzmodell« (S. 43 u. ö.) zu dem seit Descartes favorisierten mathematischen Modell rationaler Erkenntnisgewinnung einführt: »Logic ... is generalized jurisprudence«! Doch während diese »juristische Analogie« (ebd. S. 14) bei Toulmin unmittelbar methodische Relevanz gewinnt für die Rekonstruktion des rationalen Argumentationsprozesses schlechthin (»Argumentationen können mit Gerichtsprozessen verglichen werden« S. 14) und für die Rekonstruktion der in solchen Prozessen versuchten Stützung rechtsanaloger Geltungsansprüche, gewinnt für Perelman, Philosoph und gelernter Jurist, das »juridische Modell« (1967, S. 142) eher mittelbar Bedeutung als beispielhafte Konkretisierung der allgemeinen Redesituation, in der ein Redner vermittels überzeugungskräftiger Argumente die Zustimmungsbereitschaft seines Publikums zu erreichen versucht (ebd. S. 158). Der forensische Prozeß spezifiziert mithin nur die institutionellen Rahmenbedingungen einer Grundsituation, an der auch die Rhetorik traditionell seit der Antike die Chancen argumentativ motivierter Zustimmungsnötigung ablas, und deren gesellschaftlich relevante Institutionalisierungen sie zeitspezifisch typologisch zu klassifizieren versuchte (Gericht, Volks- und Festversammlung, vgl. Lausberg 1960 § 59 ff.).

Die philosophische Relevanz dieser rhetorischen Grundsituation

allgemein (Perelman 1967, S. 158, vgl. 1968, 1969, S. 63 ff.) wie ihrer forensischen Konkretion im besonderen (Perelman ebd., S. 142 u. Anmerk. 51, Bien, Kambartel) besteht für Perelman in ihrer methodischen Eignung, die Einlösungschancen von Geltungsansprüchen zu rekonstruieren, deren Gültigkeit sich zwar nicht durch Appelle an monologische Evidenzerlebnisse (»theoretisch zwingend«!) belegen läßt, deren immanenter *Anspruch auf* Gültigkeit sich mit solch methodologischem Bescheid aber auch noch nicht delegitimieren läßt (»bloß arbiträr«!). Geltungsansprüche dieser Art beziehen sich nicht – so die bereits in Teil I eingeführte kategoriale Unterscheidung – auf die *Wahrheit* theoretischen Wissens, sondern auf die *Richtigkeit* normativer Handlungsorientierung, deren Reflexionssubjekt traditionell die Praktische Philosophie war. Ihrem Frageinteresse können sich die modernen Handlungswissenschaften nur um den Preis reflexiver Selbstbescheidung entziehen[16].
Rhetorik, jedenfalls wenn man sie im Sinne von Gadamer, Habermas, Perelman u. a. begreift, hat zur theoretischen Voraussetzung ihrer Möglichkeit die Unterstellung, daß die Chance rationaler Geltungseinlösung und damit auch: die Chance rationaler Verständigung (»raisonner« Perelman 1967, S. 138 f.) weiter reicht als die Methode strenger Beweisführung (»vérifier«/»démontrer«)[17]. Diese Unterstellung teilt Perelman: »Argumentation« (»argumenter«) ist der spezifische Titel, unter dem er die Chancen rationaler Geltungseinlösung im Bereich praktischer Geltungsansprüche zu rekonstruieren bzw. – um es in seiner Kantschen Ausdrucksweise zu sagen (S. 136) – die Chancen »des praktischen Gebrauchs der Vernunft« zu reflektieren versucht[18].
Daß dieser Titel »Argumentation« in den letzten Jahren zu einem – bezogen auf die disziplinären Ansprechpartner – äußerst integrationsfähigen Programmtitel werden konnte (vgl. u. a. Schecker, Vorwort), bezeugt die Virulenz einer »Problemlage«, in der sich »die Dringlichkeit der Praxisprobleme in der gegenwärtigen Lebenswelt des Menschen (ausdrückt), die vom elementaren Komplex der Existenzsicherung (wie: Frieden, Ernährung, Umweltschutz) bis zur Humanisierung und optimalen Verbesserung der ökonomisch-politischen Lebensverhältnisse reichen . . .« (Fahrenbach, S. 15/16). Rhetorik ist sicher nicht die Zauberformel zur methodischen Lösung solcher Praxisprobleme, noch hält sie einen Reflexionsrahmen bereit, in dem sich eine moderne Argumentationstheorie ohne weiteres schon explizieren ließe. Doch die Erinnerung an sie – das zeigt u. a. Perelman – kann mehr leisten, als der topische Pflichthinweis auf sie zunächst vermuten läßt, mit dem heute in argumentationstheoretisch interessierten Arbeiten solcher wissen-

schaftsgeschichtlichen Erinnerung Genüge getan wird (vgl. exemplarisch etwa Göttert, Einleitung; Berk, Vorwort; Völzing, Einleitung).

2. *Zur Funktion der Argumentation*

»Die Intersubjektivität der umgangssprachlichen Kommunikation (ist) stets gebrochen. Sie besteht, weil Einverständnis prinzipiell möglich ist; sie besteht nicht, weil Verständigung prinzipiell nötig ist«.

(*Habermas*,
Zur Logik der Sozialwissenschaften)

2.1 Wer argumentiert, muß reden; doch wer redet, muß Sprache nicht argumentativ verwenden. Aus der offenkundigen Asymmetrie solcher Beziehung zwischen Reden und Argumentieren ließe sich die vorläufige These ableiten, daß Argumentieren eine *spezifische Funktion* kommunikativer Verwendung von Sprache in Rede meint, vergleichbar anderen Redeleistungen (wie Bitten, Fragen, Fordern usw.), deren Analyse das genuine Reflexionsobjekt der Sprechakttheorie darstellt[1]. Entsprechend könnte man forschungsstrategisch versuchen, die *funktionelle* Ausdifferenzierung der spezifisch argumentativen Redeleistung über die *strukturelle* Ausdifferenzierung *der* Situation zu erreichen, deren Bewältigung sie darstellt. Folgen wir zunächst solcher möglichen Forschungsstrategie und fragen, welche Situation sich denn mit argumentativer Rede kommunikativ bewältigen läßt.

Wir gehen, um diese Frage zu beantworten, wieder von der fiktiven Kommunikationssituation zwischen A und B aus, deren heuristischer Wert sich schon in Teil I unserer Reflexion über »Sprache und Vernunft« (S. 106ff.) bewährt hat:
Auf die Äußerung von A
A (0): »Klaus kommt heute nachmittag nach Köln!«
könnte B u. a. wie folgt reagieren:
B (1): »Was will er denn in Köln?«
Doch ebenso wäre eine Äußerung wie die folgende als Reaktion auf A (0) denkbar:
B (2): »Woher weißt Du denn das?«

Beide Fragen, obwohl situativ in gleicher Weise möglich und formal nicht unterscheidbar, sind hinsichtlich ihres pragmatischen Charakters doch völlig verschieden: Während B mit B (1) ein weiteres informatives Interesse an dem in A (0) berichteten Sachverhalt bekundet, signalisiert B mit B (2) einen – wie auch immer im Einzelfall begründeten und zu gewichtenden – Zweifel, ob die Äußerung A (0) überhaupt zutrifft bzw. gültig ist. D.h.: Während die Rede in B (1) als Mittel des Informationsaustausches über einen außersprachlichen Sachverhalt fungiert, wird die Rede in B (2) in eigentümlicher Weise reflexiv, insofern sie sich auf sich selbst rückbezieht und die – bzw. wie wir unter genauerhin sagen werden: *eine* – Bedingung expliziert, unter der sie als Rede überhaupt erst informativ wirksam werden kann: Sie muß von B in ihrem Geltungsanspruch (bzw. hier genauer: in ihrem Wahrheitsanspruch) anerkannt sein. Die pragmatische Differenz zwischen den beiden Fragen B (1) und B (2) läßt sich terminologisch in der kategorialen Differenzierung zwischen *Informations-* und *Geltungsfrage* abbilden (vgl. Teil I S. 109).

Der typologischen Differenz zwischen diesen beiden Fragen korrespondiert eine Differenz zwischen den jeweiligen Antworten, die jede dieser Fragen erforderlich macht: Während A auf die Informationsfrage B (1) antworten könnte:
A (1): »Klaus will sich das Römisch-Germanische Museum endlich einmal ansehen«,
wird A durch die Geltungsfrage B (2) zur Angabe der Gründe genötigt, auf die sich seine Äußerung A (0) stützt. A könnte dieser Nötigung etwa mit folgender Äußerung entsprechen:
A (2): »Klaus hat vorhin angerufen.«
Die fehlende Substituierbarkeit dieser beiden – formal wieder nicht unterscheidbaren – Antworten bezeugt ihre pragmatische Differenz: Während die Antwort A (1) das informative Interesse von B an dem in A (0) berichteten Sachverhalt zu befriedigen versucht, bezieht sich A (2) auf den impliziten und von B offenkundig angezweifelten bzw. problematisierten *Anspruch* von A (0), gültig zu sein. Dabei versucht A, diesen Zweifel an der Gültigkeit von A (0) dadurch zu beheben, daß er die Äußerung A (0) durch eine weitere Äußerung A (2) zu stützen versucht: A (0) gilt, weil A (2) gilt. (Wir werden unter 3.2 diese Beziehung zwischen zwei Äußerungen als argumentative Standardformel »q gilt, weil p gilt« rekonstruieren und genauer erläutern.)

Die Leistung einer Rede, die, statt über einen außersprachlichen *Sachverhalt* x zu informieren[2], den *redeimmanenten Geltungsanspruch G* einer Äußerung im Falle ihrer Problematisierung durch eine andere Äußerung zu stützen vermag, bezeichnen wir in der Regel als Rechtfertigen und Begründen und den Prozeß solcher Stützung selbst *Rechtfertigung* bzw. *Begründung* oder allgemein: *Argumentation* (zu diesen Begriffen vgl. unter 3.24). Damit ließe sich vorläufig die typologische Differenz zwischen Informations- und Geltungsfrage, zwischen informationshaltiger und geltungsstützender Antwort reformulieren als typologische Differenz zwischen *Information* und *Argumentation* als zwei möglichen Leistungen von Rede (Ri/Ra).

Doch diese Reformulierung macht sofort deutlich, daß die typologische Differenz zwischen Informieren und Argumentieren einen ganz anderen logischen Status hat als jede vergleichbare sprechakttheoretische Differenzierung zwischen möglichen Redeleistungen (wie Bitten, Fragen, Fordern usw.). Denn die funktionale Unterscheidung zwischen informativer und argumentativer Rede ist ersichtlich nicht der Versuch, das Ensemble sprechakttheoretisch differenzierbarer und in ihrem jeweiligen Regelcharakter analysierbarer pragmatischer Redeleistungen zu komplettieren, sondern vielmehr der Versuch, auf einer weit allgemeineren kategorialen Ebene die Leistung von *Rede schlechthin* zu benennen (Information) sowie die Möglichkeit zu kennzeichnen, *wie* solche Leistung von Rede im Fall ihrer *Störung gesichert* werden kann (Argumentation). Dabei ist es von zweitrangigem Gewicht, ob der (im folgenden ohnehin noch zu ersetzende) Terminus »informativ« geeignet ist, die allgemeine Leistung von Rede plausibel zu benennen, um als Korrelatbegriff zu »argumentativ« zu fungieren; wichtig ist die Einsicht, daß die kategoriale Unterscheidung der Rede, je nachdem, ob sie sich auf einen außersprachlichen Sachverhalt x bezieht, um über ihn Informationen auszutauschen, oder ob sie diesen Bezug auf einen außersprachlichen Sachverhalt selber thematisiert, um seinen redeimmanenten Geltungsanspruch G argumentativ einzulösen – wichtig ist, daß diese Unterscheidung auf einer kategorialen Reflexionsebene erfolgt, auf der noch gar nicht nach den *spezifischen Leistungen* möglicher Rede gefragt wird, sondern nach den *allgemeinen Bedingungen*, unter denen Rede solche – wie auch immer spezifizierbaren – Redeleistungen überhaupt erst vollbringen kann. Diese Bedingungen wären vorläufig wie folgt zu bestimmen: Rede kann sich offensichtlich informativ auf einen außersprachlichen Sachverhalt nur unter der Bedingung beziehen, daß der in diesem Bezug implizite Geltungsanspruch nicht erst argumentativ gestützt werden muß, bzw. positiv gesagt: Rede gelingt nur, wenn ihr impliziter Geltungsanspruch als eingelöst unterstellt werden kann.

Wenn das Gelingen von Rede aber solchermaßen bedingt ist, dann bildet sich darin ein allgemeines Strukturmerkmal von Rede schlechthin ab, das wie folgt expliziert werden kann: *indem* Rede sich auf einen außersprachlichen Sachverhalt bezieht (Sachbezug), wird diese Bezugnahme selbst einem impliziten Anspruch unterstellt, gültig zu sein (Geltungsbezug), wobei diese Unterstellung keinen kontingenten Anspruch der Redenden meint, sondern den von Rede – soll sie als Medium kommunikativer Verständigung fungieren – gar nicht ablösbaren, konstitutiven Selbstanspruch auf Gültigkeit expliziert.

Abb. 1:

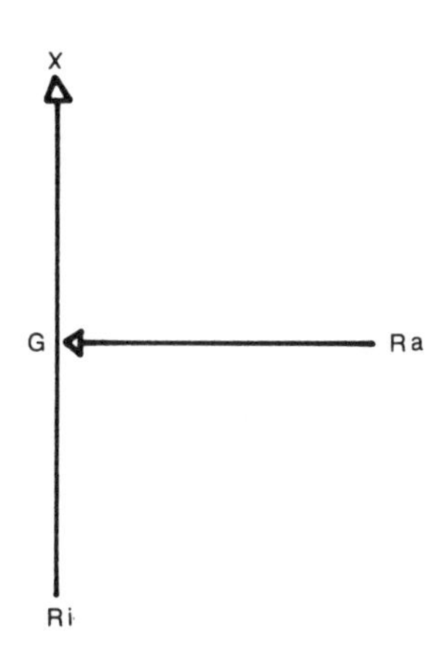

In dieser Vermittlung zwischen *Sach-* und *Geltungsbezug* ist aber logisch zugleich eingeschlossen, daß mit der Problematisierung der Gültigkeit solcher Bezugnahme die Verläßlichkeit der Rede überhaupt in Frage gestellt wird und Rede damit ihre mögliche informative Leistung einbüßt.

Auf das zitierte fiktive Kommunikationsbeispiel bezogen heißt das: Die Äußerung
A (0): »Klaus kommt heute nachmittag nach Köln!«
kann als – in diesem Fall: behauptende – Redehandlung nur gelingen und für B eine mögliche handlungsrelevante Information darstellen, wenn ihr impliziter Wahrheitsanspruch von B nicht in Frage gestellt wird. Was zugleich heißt, daß die Geltungsfrage
B (2): »Woher weißt Du denn das?«
mit der Problematisierung des Wahrheitsanspruches von A (0) das mögliche Gelingen der Redehandlung selbst in Frage stellt. Ob diese Redehandlung später wieder aufgenommen werden kann, hängt ersichtlich davon ab, ob es A zwischenzeitlich mit seiner Äußerung A (2) gelingt, die Geltungsfrage B (2) in einer für B befriedigenden Weise zu beantworten. (Wie diese Frage befriedigend beantwortet werden kann, ist Thema des 3. Kap.).

Wenn Rede mithin – um den Ertrag des analysierten Beispiels zu verallgemeinern – als sprachliche Bezugnahme auf einen außersprachlichen Sachverhalt immer schon einen Anspruch auf Gültigkeit solcher Bezugnahme impliziert, und wenn das Gelingen von Rede die Anerkennung solchen impliziten Geltungsanspruchs von Rede immer schon voraussetzt, dann wird die Chance möglicher *Verständigung in* Rede abhängig von dem *Verständigtsein über* den redeimmanenten Geltungsanspruch von Rede, d. h.: die Chancen der *Verständigung* sind abhängig von den Chancen gesicherter *Verständigungsbedingung*. Entsprechend läßt sich die Leistung von Argumentation für die Möglichkeit von Rede überhaupt wie folgt (vorläufig) explizieren: Argumentation – statt selbst eine spezifische Leistung von Rede unter anderen zu sein – *sichert* die Möglichkeit solcher – wie auch immer im einzelnen spezifizierbarer – Redeleistungen, indem sie die *Bedingungen* möglicher Rede im Fall der *Redestörung* explizit einzulösen versucht. Bezogen auf die oben gestellte Frage nach der Situation, deren Bewältigung Argumentation darstellt, ließe sich mithin (vorerst) antworten: Argumentation meint überhaupt noch keine Bewältigung einer spezifischen Handlungssituation *durch* Rede (Redehandlung), sondern Argumentation meint die Bewältigung der Störung *von* Rede selbst als eines Mediums möglicher kommunikativer Handlungsbewältigung. Entsprechend dieser noch vorläufigen allgemeinen Funktionsbestimmung von Argumentation läßt sich nun auch die in Abb. 1 noch ziemlich unklar gebliebene Beziehung zwischen informativer und argumentativer Rede (Ri/Ra) präzisieren, wobei zugleich auch Rede in ihrer Struktur als sprachliches Medium (S) der Kommunikation *zwischen* mindestens zwei Subjekten (A/B) genauer abgebildet werden kann, ob das Thema solcher Kommunikation nun ein außersprachlicher Sachverhalt x ist oder der redeimmanente Geltungsanspruch G (vgl. Abb. 2).

Abb. 2:

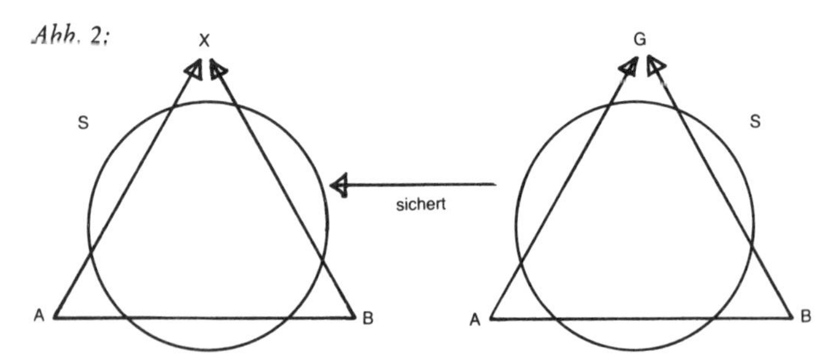

2.2 Wenn Argumentation – unserer bisherigen Reflexion zufolge – die versuchte *Sicherung* der *Bedingungen* möglicher verständigungsbezogener Redehandlungen im Fall situativer *Redestörung*

meint, dann repräsentieren Argumentieren und Informieren offensichtlich nicht zwei exemplarische Redeleistungen unter anderen, sondern *in* ihnen expliziert sich die *eine* Grundleistung kommunikativer Sprachverwendung in Rede unter *zwei* interdependenten Aspekten: Denn ob Rede hinsichtlich ihrer *Verständigungsleistung* oder hinsichtlich ihrer *Sicherungsleistung möglicher Verständigung* thematisiert wird – in beiden Fällen wird Sprache als kommunikatives Medium intersubjektiver Verständigung reflektiert, wobei es zur Spezifik dieses Mediums gehört, daß Sprache nicht nur metasprachlich die Reflexion der Bedingungen ihrer kommunikativen Beanspruchung zuläßt, sondern auch noch metakommunikativ die Sicherungschancen solcher kommunikativer Beanspruchung bereithält. Wie aber der Begriff der gestörten Rede den Begriff gelingender Rede logisch impliziert, so setzt die Frage nach der Argumentation, verstanden als Frage nach den Sicherungschancen der Redebedingungen im Fall von Redestörung, die Frage nach den *allgemeinen* Bedingungen möglicher Rede überhaupt voraus (vgl. 2.3 und 2.4). Für die hier intendierte Reflexion solcher argumentativen Sicherung von Redebedingungen bedeutet dies aber, daß sie sich einen kategorialen Reflexionsrahmen suchen muß, innerhalb dessen die Frage nach den allgemeinen Gelingensbedingungen von Rede überhaupt erst möglich und damit die Frage nach der Sicherung solcher Gelingensbedingungen beantwortbar wird.
Wir hatten in Teil I die Apelsche Transzendental- bzw. die Habermassche Universalpragmatik als Reflexionsanstrengungen auf einer entsprechenden kategorialen Reflexionsebene interpretiert, insofern beide Arten von Pragmatik – durchaus in produktiver Aneignung und Fortführung der angelsächsischen Sprechakttheorie und der Wittgensteinschen Sprachspieltheorie – in gleicher Weise nach den allgemeinen und universalen Bedingungen verständigungsbezogener Rede fragen (= Universalpragmatik), die allen Bedingungen gesellschaftlich-geschichtlich kontingenter Sprechakte vorausliegen bzw. sie übergreifen (= Empirische Pragmatik) (vgl. Habermas, 1971/1, S. 101 ff.; Kanngießer, S. 273 ff.).
Entsprechend läßt sich nun die bisherige vorläufige kategoriale Unterscheidung zwischen informativer und argumentativer Rede mit den universalpragmatischen Grundtermini reformulieren, die bereits in Teil I unserer Reflexion eingeführt sind und die nach Habermas die »zwei Formen der Kommunikation (oder der Rede)« abbilden (Habermas ebd., S. 115 bzw. allgemein S. 114 ff.):

»Unter dem Stichwort ›kommunikatives Handeln‹ führe ich den Kommunikationsbereich ein, in dem wir die in Äußerungen ... implizierten Geltungsansprüche stillschweigend voraussetzen und anerkennen müssen, um Informationen (d.h. handlungsbezogene Erfahrungen) auszutauschen. Unter dem Stichwort ›Diskurs‹ führe ich die durch Argumentation gekennzeichnete Form der Kommunikation ein, in der problematisch gewordene Geltungsansprüche zum Thema gemacht und auf ihre Bedingungen hin untersucht werden« (1973/3, S. 214).

Gemäß dieser terminologischen Festlegung wäre die Leistung des Diskurses – in Anlehnung an unsere bisherige Funktionsbestimmung von Argumentation – wie folgt zu reformulieren: Der Diskurs *sichert* die kommunikativen *Handlungsbedingungen* im Fall situativer *Handlungsstörung* und sichert damit die Chance kommunikativen Handelns schlechthin. Wörtlich bei Habermas:

»In Diskursen suchen wir ein problematisiertes Einverständnis, das im kommunikativen Handeln bestanden hat, durch Begründung wieder herzustellen« (1971/1, S. 115).

Wie gewichtig man solche Diskursleistung für kommunikatives Handeln einschätzt, hängt ersichtlich davon ab, wie gewichtig man die Leistung kommunikativen Handelns für die Sicherung der kommunikativen Existenzbedingungen und damit für die Existenzbedingungen vergesellschafteter Subjekte bzw. – um mit Kanngießer zu reden – wie hoch man den »Kommunikationsbedarf« einer Gesellschaft einschätzt (S. 267ff.).

Von solchen kommunikativen Handlungsbedingungen, die der Diskurs im Falle ihrer Störung explizit-argumentativ einzulösen versucht, haben wir mit Hilfe unseres fiktiven Kommunikationsbeispiels bisher die Wahrheitsbedingung rekonstruiert. Doch ersichtlich – damit rekapitulieren wir unseren entsprechenden Rekonstruktionsversuch aus Teil I (S. 106ff.) – wird die Äußerung von A
A (0): »Klaus kommt heute nachmittag nach Köln!«
für B ja nicht schon dann zu einer möglicherweise handlungsrelevanten Information, wenn B
- die Tatsächlichkeit des in A (0) berichteten Sachverhalts nicht anzweifelt (= *Wahrheitsbedingung*); sondern B muß ebenso
- die Äußerung von A überhaupt erst einmal sprachlich verstehen (= *Verständlichkeitsbedingung*) sowie
- in der Äußerung A (0) den authentischen Ausdruck der Intention von A erkennen (= *Wahrhaftigkeitsbedingung*) und endlich
- die mit der Äußerung von A (0) kommunikativ hergestellte soziale Interaktionsbeziehung akzeptieren können (= *Richtigkeitsbedingung*).

Die Eigenständigkeit wie Konsistenz gerade dieser vier Bedingungen möglicher verständigungsbezogener Rede bzw. kommunikativen Handelns gründet nach Habermas in der strukturellen Eigenart kommunikativer Verständigung selbst (1971/1, S. 114), insofern mit dem Begriff »Verständigung« ein Prozeß funktional bestimmt ist, der *zwischen* A und B *über* x *im* Medium Sprache (S) sich vollzieht (ABSx-Modell). In dieser Explikation des elementaren Relationsgefüges möglicher Verständigung in Rede sind genau die drei Realitätsbereiche abgebildet (äußere, innere Natur und Gesellschaft), auf die in jeder kommunikativen Beanspruchung von Sprache (über ihre Darstellungs-, Ausdrucks-, Mitteilungsleistung) in verläßlicher Weise Bezug genommen werden muß. Dabei meint »verläßlich« eben den oben erläuterten Selbstanspruch der Rede, der sich genauerhin in den drei korrespondierenden Geltungsansprüchen solcher Bezugnahme (Wahrheit, Wahrhaftigkeit, Richtigkeit) abbilden läßt, deren Anerkennung zusammen mit der eingelösten Verständlichkeitsbedingung von Rede die Voraussetzungen ihres möglichen Gelingens als Medium kommunikativer Verständigung entfalten (vgl. Teil I, S. 116ff.):

Abb. 3:

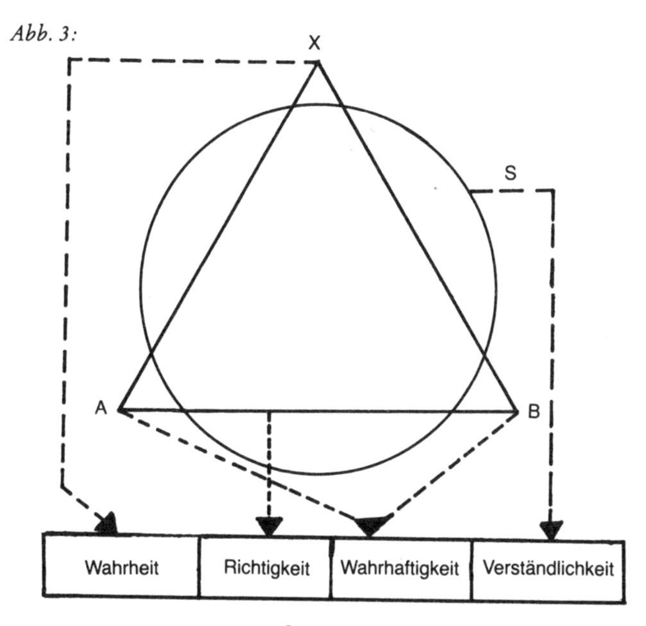

Das Ensemble dieser in jeder verständigungsbezogenen Rede implizit immer schon wechselseitig erhobenen und wechselseitig anerkannten Geltungsansprüche expliziert die universale »Geltungsbasis« (ebd., S. 176 und passim) jeder gelingenden verständigungsbezogenen Rede, die das normative Fundament möglicher Rede überhaupt reformuliert: *Verständigung in*

Rede setzt ein präreflexives *Verständigtsein über* die redeimmanenten Geltungsbedingungen bzw. über die Geltungsbasis möglicher Rede voraus: »Verständigung ist der Prozeß der Herbeiführung eines Einverständnisses auf der *vorausgesetzten* Basis gemeinsam anerkannter Geltungsansprüche« (1976/1, S. 177).
Solches Verständigtsein benennt einen »Hintergrundkonsens« (1973/3, S. 220 und passim), der kommunikatives Handeln immer schon begleitet: als Konsens ist dieses Verständigtsein zu qualifizieren, weil sein geltungslogischer Sinn in der Unterstellung der argumentativen Einlösbarkeit und konsensuellen Ratifizierbarkeit kommunikativer Handlungsbedingungen besteht; als Hintergrundkonsens ist dieses Verständigtsein zu spezifizieren, weil dieses normative Implikat möglicher Rede nicht Thema kommunikativen Handelns ist, sondern die Voraussetzung seines Gelingens benennt. Nur in dem Maße, als die kommunikativen Sturkturen die jederzeitige Einlösbarkeit dieser Voraussetzungen garantieren, d. h.: nur in dem Maße, als die diskursive Einlösbarkeit nicht *dogmatisch suspendiert*, sondern bloß *pragmatisch virtualisiert* ist, bleibt die Unterstellung gleichwohl ein rationaler Akt, und das kommunikative Handeln, das dieser Unterstellung seine Möglichkeit verdankt, als verständigungsorientiertes Handeln qualifizierbar.

Das Ensemble solcher im kommunikativen Handeln immer schon vorausgesetzten Geltungsbedingungen expliziert zugleich einen – eben als normatives Fundament möglicher Rede apostrophierten – »sprachimmanenten« Vernünftigkeitsanspruch (1976/2, S. 342, 1973/3, S. 220) von Rede, der sowohl als *regulatives* »Prinzip vernünftiger Rede« gegenüber jeder faktischen Rede kritisch zu aktualisieren ist, wie er das *konstitutive* Prinzip jeder möglichen Rede überhaupt benennt. In solcher obwaltenden Dialektik gründet nicht nur die Berechtigung, von »Verständigung« als einem »normativen Begriff« zu reden (1971/1, S. 123), sondern in dieser Dialektik ist zugleich die methodologische Plausibilität einer als universalpragmatisch terminologisierten Rekonstruktionsstrategie verortbar, die »aus der Logik der Umgangssprache das Prinzip vernünftiger Rede als das notwendige Regulativ jeder wirklichen Rede, und sei sie noch so entstellt, abzuleiten« beansprucht (1970/1, S. 100). (Wir werden in Kap. 2.3 und 2.4 auf zwei Formen solcher »entstellter Rede« noch etwas genauer zu sprechen kommen.) Wenn Verständigung Verständigtsein voraussetzt und wenn Argumentation solche Verständigungsvoraussetzungen im Fall situativer Verständigungsstörung zu sichern versucht, dann bezieht sie sich *explizit* auf eben die im kommunikativen Handeln immer schon *implizit* vorausgesetzte normative Geltungsbasis, und sie beansprucht als *regulatives* Prinzip, was als *konstitutives* Prinzip die Möglichkeit von Rede immer schon ermöglicht.

In dieser gemeinsamen Rückbindung von kommunikativem Handeln und Diskurs an die als Vernunftbasis explizierbare Geltungsbasis möglicher Rede, mag sie nun implizit als eingelöst unterstellt (kommunikatives Handeln) oder explizit-argumentativ thematisiert werden (Diskurs), wird noch einmal die eben formulierte These abgestützt, daß die Rekonstruktion der argumentativen Leistung von Rede die Rekonstruktion der Grundleistung möglicher Rede schlechthin impliziert, w. h. daß die Möglichkeit einer Argumentationstheorie von der Möglichkeit einer allgemeinen Theorie kommunikativen Handelns (Habermas)[3] bzw. – so Hager/Paris (S. 272) – von einer allgemeinen »Theorie sozialer Verständigung« abhängt.
Zugleich wird an dieser gemeinsamen Rückbindung von kommunikativem Handeln und Diskurs an die normative Geltungsbasis möglicher Rede ablesbar, daß der Diskurs, obwohl er kommunikatives Handeln zunächst unterbricht, zugleich doch nur das prinzipielle Verständigungsinteresse kommunikativen Handelns aufnimmt, um es in einer anderen Form von Kommunikation einzulösen. Eben dies meint die Apelsche Qualifikation der Argumentation als »virtuelles« Prinzip jeder verständigungsbezogenen Rede (1973/2, S. 421) und eben dies meint der Habermassche Satz, daß »jeder, der verständigungsorientiert handelt, . . . implizit anerkannt haben muß, daß sein Handeln auf Argumentation als einzigem Weg der *Fortsetzung* konsensuellen Handelns für den Fall verweist, daß die naiv erhobenen und faktisch anerkannten Geltungsansprüche problematisiert werden« (1976/2, S. 399).

In dem Hinweis auf die mit dem Eintritt in das kommunikative Handeln bereits implizit ratifizierte Diskursbereitschaft haben wir in Teil I (vgl. S. 98ff.) die appelativ aktualisierbare Pointe des »tu-quoque-Arguments« verortet, insofern es nur zur willentlichen Bejahung *des* Prinzips aufruft, dessen Anerkennung die Möglichkeit kommunikativen Handelns immer schon voraussetzt – mag dieses »nur« auch, was die praktische Konsequenz solcher Bejahung angeht, noch so schwer wiegen.

Entsprechend läßt sich nun die Abb. 2, in der die Sicherungsleistung argumentativer Rede für kommunikatives Handeln vorläufig abzubilden versucht wurde, dahingehend präzisieren, daß sowohl die *Interdependenz* zwischen kommunikativem Handeln und Diskurs (ABSx-Modell/ABSG-Modell) einsichtiger wie die *Begründung* dieser Interdependenz zwischen kommunikativem Handeln und Diskurs aus ihrem gemeinsamen Rückbezug auf die normative Geltungsbasis möglicher Rede überhaupt ableitbar wird:

Abb. 4:

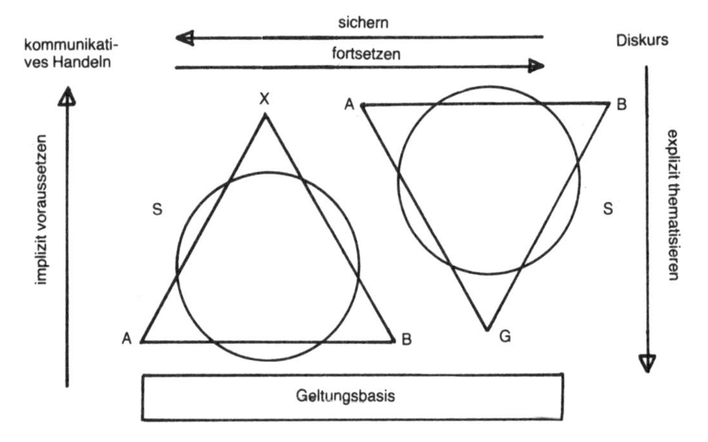

2.3 Wenn Argumentation *die* reflexive Kommunikationsform meint, in der die kommunikativen Handlungsbedingungen im Fall kommunikativer Handlungsstörung allererst explizit wiederherzustellen versucht werden, dann sichert nicht nur die Möglichkeit des Diskurses die Möglichkeit kommunikativen Handelns, sondern die Möglichkeit des Diskurses setzt ihrerseits die Möglichkeit eines *intuitiven Wissens* kommunizierender Subjekte über die *Bedingungen* ihres kommunikativen Handelns voraus. Von der Unterstellung eben dieser Möglichkeit geht die Universalpragmatik aus, insofern sie sich als eine »Theorie der kommunikativen (nicht: linguistischen) Kompetenz« versteht (1971/1, 101ff.), zu deren Voraussetzung die methodische Beanspruchung eben des intuitiven Wissens gehört, dessen systematische Explikation das Ziel solcher Theorie darstellt.

Ein bereits in Teil I (S. 105) zitiertes Musterbeispiel der pragmatischen Aktualisierung solchen universalpragmatisch rekonstruierbaren intuitiven Wissens über die Bedingungen möglicher Rede stellt die *Lüge* dar, insofern das Gelingen dieser – wie auch immer als gestört oder »pervertiert«[4] zu qualifizierenden – Sprachverwendung ersichtlich von der erfolgreichen Prätention eingelöster redeimmanenter Geltungsbedingungen, diesfalls der Wahrhaftigkeitsbedingung, abhängt. D. h. die strategische Möglichkeit der Lüge setzt ein – wie auch immer unreflektiertes – Wissen über die »normativen Bedingungen der Möglichkeit der Kommunikation« voraus, das »wir bei uns selbst und allen nur denkbaren Kommunikationspartnern immer schon notwendigerweise a priori« unterstellen müssen (Apel 1976, S. 118). Entsprechend gelingt es auch nicht, Lüge als eine selbständige Redeleistung oder als einen selbständigen Sprechakt zu rekonstruieren und entsprechend auf ein eigenes Regelsystem zu beziehen; denn Lüge entzieht sich – und darin besteht exemplarisch die Schwäche einer behavioristisch restringierten Sprachtheorie – einer rein empirisch-analytischen Deskription in dem Maße[5], als Lüge kein spezifisches Regelsystem kommunikativer Sprachverwendung aktualisiert, sondern in der strategischen Suspendierung eben *der* Regeln besteht, deren allgemeine Gültigkeit der Lügner erfolgreich prätendieren muß (Wunderlich 1974, S. 151). Der Betrug im Spiel ist nur unter der Voraussetzung der Gültigkeit von Spielregeln möglich (Strecker 1976, S. 101).

Die offenkundige Unmöglichkeit der performativen Explikation der Lüge (»Ich lüge hiermit . . .«)[6] verweist eindringlich auf die auch und gerade in der Lüge implizit unterstellten Geltungsbedingungen möglicher Rede, die nicht prinzipiell negiert werden können, ohne die Möglichkeit von Lüge selbst zu negieren. Die Möglichkeit der Lüge hängt mithin von der Unmöglichkeit der Lüge als Prinzip ab – was in vergleichbarer Weise von der Möglichkeit sophistischer Manipulation gilt[7]. Wäre es dagegen »möglich, performativ explizit zu lügen, so könnte der Mensch nicht nur in existenziell verbindlicher Weise, sondern in intersubjektiv gültiger Form die Normen der Kommunikation verneinen« (Apel 1976, S. 162); was meint: die Lüge verletzt keine bloßen Konversationspostulate[8] oder moralischen Sollensgebote, sondern sie verstößt gegen die ebenso universale wie elementare Bedingung der Möglichkeit von Kommunikation überhaupt (Apel ebd., S. 118) und insofern ist Lüge eine »Pervertierung *aller* nur denkbaren Sprechakte« (Apel ebd., S. 113), und nicht nur einer bestimmten Sprechaktklasse (Wunderlich 1976, S. 251).
Das intuitive Wissen, das der Lügner aus strategischem Kalkül einsetzt, um Kommunikationspartner über seine wahrhaftigen Absichten und Interessen zu täuschen, wird therapeutisch – und damit ergänzen wir das Beispiel *strategisch pervertierter* durch das Beispiel *pathologisch gestörter* Kommunikation[9] – im analytischen Prozeß zwischen Analytiker und Analysand relevant, insofern in diesem intuitiven Wissen das Ziel einer Therapie definiert sein müßte, die die pathologisch bedingte »Selbsttäuschung« (1973/2, S. 267) eines Subjekts über seine eigenen wahrhaftigen Intentionen und Bedürfnisse tendenziell aufzuheben versucht.
Bereits 1970 hatte Habermas in seiner Auseinandersetzung mit dem von Gadamer verfochtenen »Universalitätsanspruch der Hermeneutik« – so der Titel des entsprechenden Aufsatzes – das Programm einer sogenannten« »Universalpragmatik« entworfen, die das »implizite Wissen, von dem eine tiefenhermeneutische Sprachanalyse sich immer schon leiten läßt, zu einer Theorie zu entfalten (hätte)«

(1970/1, S. 100), die als »allgemeine Theorie natürlicher Sprachen« (1973/2, S. 292) *im* regulativen »Prinzip vernünftiger Rede« (ebd.) zugleich die konstitutiven Bedingungen nicht-monologischer Verständigung rekonstruieren müßte, um so den kategorialen Rahmen für den Begriff pathologischer Sprach- bzw. Kommunikationsstörung überhaupt erst bereitzustellen. Dies zumindest dann, wenn Psychoanalyse – neben Ideologiekritik – als exemplarisches Modell einer »kritischen Wissenschaft« (1970/1, S. 83) beansprucht werden darf, insofern in ihr die Methodisierung einer Selbstreflexion wirksam wird (1973/2, S. 262: »Selbstreflexion als Wissenschaft«), deren Ziel in Freuds berühmter Kurzformel programmatisch bestimmt ist: »Wo Es war, soll Ich werden« (S. 86)[10].

Nach dem sprach- bzw. kommunikationspathologischen Rekonstruktionsversuch der Freudschen Psychoanalyse, wie er besonders von Alfred Lorenzer und Jürgen Habermas versucht wurde[11], meint dieses dezidiert aufklärerische Programm eines reflexiven Aufbrechens von unbegriffenen Zwangszusammenhängen: Wo Bedürfnisse und Intentionen ihre kommunikative Repräsentierbarkeit im Medium öffentlicher Rede eingebüßt haben und wo sie in die Unverständlichkeit einer privatsprachlichen Symbolik abgedrängt (desymbolisiert) worden sind – das Musterbeispiel solcher sprachpathologisch rekonstruierten Verdrängung ist Lorenzers Analyse der Pferdephobie des kleinen Hans (1972, S. 93ff.) – sollen sie in den kommunikativen Verfügungsraum von Subjekten zurückgeholt werden, damit über die Resymbolisierung der abgespaltenen Bedeutungsgehalte (»verdinglichte Klischees« vgl. Lorenzer, S. 83) die verdrängten und sich darum nur symptomhaft ausdrückenden Motive ihren Zwangscharakter verlieren. Verdrängung solchermaßen als pathologische Sprachdeformation bzw. als systematische Kommunikationsstörung zu interpretieren – »die Verwandlung von Symbolen in Klischees, d.h. von symbolischen in desymbolisierte Repräsentanzen erfolgt durch Verdrängung« (Lorenzer, S. 84) – bzw. allgemein: Psychoanalyse als Sprachanalyse zu rekonstruieren, verweist eindringlich auf das theoretische Implikat solcher Rekonstruktionsmöglichkeit: Psychoanalyse »setzt ... eine Theorie der Umgangssprache voraus, deren Aufgabe es ist, die intersubjektive Geltung von Symbolen und die sprachliche Vermittlung von Interaktionen auf der Grundlage reziproker Anerkennung ebenso zu klären wie die sozialisierende Eingewöhnung in die Grammatik von Sprachspielen als Individuierungsvorgang begreiflich zu machen. Da die Struktur der Sprache, dieser Theorie zufolge, Sprache und Lebenspraxis gleichermaßen bestimmt, sind auch die Handlungsmotive als *sprachlich interpretierte* Bedürfnisse begriffen, so daß Motive nicht hinterrücks drängende *Antriebe,* sondern subjektiv leitende, symbolisch vermittelte und zugleich reziprok verschränkte Intentionen darstellen« (Habermas 1973/2, S. 311).

Dieses Zitat expliziert den selbstreflexiven Impuls einer als »Sprachrekonstruktion« (Lorenzer) begriffenen Psychoanalyse, in-

sofern sie die Resymbolisierung desymbolisierter Bedeutungsgehalte als Aufbrechen der determinierenden Kraft naturhafter »Antriebe« begreift, wodurch reaktiv-»klischeebestimmtes« Verhalten bzw. Agieren in intentional-»symbolvermitteltes« Handeln transformierbar wird (Lorenzer, S. 83). Wenn solchermaßen qualifiziertes Handeln für die Psychoanalyse auch den *Grenzfall* einer reflexiven Motivationsstruktur darstellen mag, so enthält dieser Grenzfall gleichwohl die analytisch relevanten Merkmale, an denen der psychoanalytische *Normalfall* pathologisch gestörter Kommunikation überhaupt als solcher identifiziert werden kann, nämlich als »*Abweichung* vom Modell des Sprachspiels kommunikativen Handelns« (1973/2, S. 277). Denn von Abweichung läßt sich nur reden mit Blick auf geltende Regeln (vgl. Arbeiten in: Heringer).
So gesehen impliziert die methodische Einlösung des Freudschen Programms: »Wo Es war, soll Ich werden« einen »Vorbegriff von Normalität« (Habermas ebd., S. 333, 1970/1, S. 87), der zwar nicht die Normalität faktisch kommunikativen Handelns abbildet, sondern die *im* faktisch kommunikativen Handeln implizit immer schon vorausgesetzten normativen Geltungsbedingungen möglicher Verständigung. Insofern die Universalpragmatik eben das mit diesem »Vorbegriff« apostrophierte »implizite Wissen« über die Bedingungen möglicher Rede systematisch rekonstruiert, ist sie als Theorie der allgemeinen »Bedingungen der Möglichkeit sprachlicher Verständigung überhaupt« zugleich »die theoretische Grundlage für die Erklärung systematisch verzerrter Kommunikation« (Nachwort zu 1973/2, S. 414, vgl. S. 292, S. 311 u. ö.) und der eigentliche kategoriale Rahmen einer Metapsychologie, die sich nicht szientistisch mißversteht.
2.4 Wenn Psychoanalyse sich sprachanalytisch rekonstruieren und ihre Methode sich entsprechend als Versuch der »Rekonstruktion« von »Sprachzerstörung« (Lorenzer) angemessen interpretieren läßt, dann impliziert Psychoanalyse nicht nur eine entsprechende Theorie nicht-zerstörter Sprache, in deren kategorialem Rahmen sie sich methodologisch überhaupt erst verstehen könnte; Psychoanalyse wäre zugleich auch ein exemplarisches Modell für das *Praktischwerden* eben dieser Sprach-*Theorie*, insofern sie in der Psychoanalyse ihren Selbstanspruch als kritische *Theorie* der *Praxis* methodisch einzulösen vermöchte. Denn wenn über den Prozeß analytisch angeleiteter und abgestützter und vom Analysanden akzeptierter Rekonstruktion traumatischer Kindheitserlebnisse deren – wie auch immer unbegriffenen – Virulenz (etwa im szenischen Agieren) reflexiv aufgebrochen und lebensgeschichtlich integriert werden kann, dann werden in der Analyse mit der gelingen-

den Aufhebung systematischer »Selbsttäuschung« des Analysanden (Habermas 1973/2, S. 267) eben die Bedingungen täuschungsfreier Selbstrepräsentation in Rede wieder hergestellt, auf deren unterstellter Einlösbarkeit die Möglichkeit kommunikativen Handelns immer schon beruht. Entsprechend könnte es naheliegen, Psychoanalyse selbst als Modell für die diskursive Einlösung kommunikativer Handlungsbedingungen überhaupt zu beanspruchen, um an ihr den Prozeß bzw. das Verfahren abzulesen, *wie* diese Einlösung methodisch verfährt.

Doch solche modellhafte Beanspruchung der Psychoanalyse als exemplarischer Methode des Diskurses würde die offenkundig fundamentale Differenz zwischen *Therapie* und *Diskurs* einschleifen. Während nämlich im Diskurs die subjektive Fähigkeit der Handelnden, die kommunikativen Handlungsbedingungen einlösen zu *können*, immer schon vorausgesetzt werden *muß*, wenn nach ihrer tatsächlichen Einlösung gefragt werden *soll*, wird in der Therapie eben diese subjektive Voraussetzung überhaupt erst methodisch hergestellt, *um* Subjekte zu befähigen, die kommunikativen Handlungsbedingungen einlösen und deren Einlösung gegebenenfalls diskursiv verteidigen zu können.
Diese fundamentale Differenz läßt sich analog auf der Ebene therapeutischer und diskursiver Interaktionsstrukturen abbilden: während – so u. a. Lorenzers Adaption des Wittgensteinschen Sprachspielkonzepts (S. 161 ff.) – die Chance möglicher Verständigung immer schon die *Teilnahme* an einem gemeinsamen und darum überhaupt erst verstehbaren Sprachspiel (verstanden als Einheit von »Sprachgebrauch, Lebenspraxis und Weltverständnis« Stenius, S. 127) voraussetzt, sind die Äußerungen des Analysanden, weil seine ins Unbewußte verdrängten Motivationen sich nur in fremdsprachlicher Entstellung ausdrücken können, erst *verstehbar*, wenn sie zugleich als Symptome einer systematisch gestörten sprachlichen Selbstrepräsentation *erklärbar* werden, wodurch nämlich erst der Schlüssel geliefert wird zum Verstehen des »latenten« Gehalts »manifester« Äußerungen, deren symptomatische Form zugleich Resultat verdrängter Motivation ist wie Ausdruck solcher Verdrängung selbst[12].

Dem notwendigen Wechsel methodischer Einstellungen, wie sie solche verstehbaren Sinn- und erklärbaren Kausalzusammenhänge erforderlich machen, korreliert ein ständiges Wechseln des Analytikers zwischen der Rolle des Kommunikations-*Beobachters* und des Kommunikations-*Teilnehmers* (vgl. Lorenzer S. 183 bzw. allgemein S. 178 ff.). Die Spezifik einer solchen als »explanatorisches Verstehen« terminologisierbaren (Habermas 1973/2, S. 328 ff., 1970/1, S. 85 ff., Nichols, S. 84 ff.) und im szenischen Verstehen aktualisierten Verstehensleistung unterscheidet die tiefenhermeneutische Rekonstruktion des *Sinns systematisch korrumpierter* Äußerungen von der – in der Philologie methodisch entwickelten –

hermeneutischen Rekonstruktion des kontingent *korrumpierten Sinns* von Äußerungen.
In der methodischen Spezifik solcher geforderten Verstehensleistung in der analytischen Sprachrekonstruktion und der ihr korrelierenden Einstellungs- und Rollenflexibilität ist eine *kommunikative Asymmetrie* zwischen Analytiker und Analysand angezeigt, die eine strukturelle Voraussetzung möglicher Diskurse prinzipiell negiert: denn nur unter Bedingungen *kommunikativer Teilnahme* können für die beteiligten Subjekte ihre kommunikativen Aktivitäten wechselseitig – statt als Beobachtungsdaten nur ursächlich erklärbare Verhaltensabläufe abzubilden – als prinzipiell *sinnhaft verstehbare*, weil *intentional motivierte* Handlungen innerhalb eines gemeinsamen Sprachspiels überhaupt identifiziert werden, die als solche auch erst nach ihren impliziten Geltungsansprüchen hin befragbar werden.
Insofern kann Habermas von der Therapie sagen, daß ihr Gelingen »erst zum Ergebnis hat, was für den gewöhnlichen Diskurs von Anbeginn gefordert werden muß« (1973/3, S. 260), daß nämlich Subjekte in ihrem Handeln ohne Selbsttäuschung ihre Intentionen authentisch zum Ausdruck bringen *können*. So gesehen sichert die Therapie – anders als der Diskurs – noch gar keine spezifischen Bedingungen kommunikativen Handelns zwischen Subjekten im Fall kommunikativer Handlungsstörung, sondern die Therapie sichert vielmehr die kommunikativen Teilnahmechancen von Subjekten durch die methodische Wiederherstellung individueller Handlungsfähigkeit im Fall pathologisch bedingter Handlungsunfähigkeit.
Wenn mithin Psychoanalyse auch nicht als Modell beanspruchbar ist, an dem das Verfahren der diskursiven Einlösung kommunikativer Handlungsbedingungen exemplarisch ablesbar wird, so ist sie aber doch ersichtlich als Modell beanspruchbar, an dem die *Idealisierungen* systematisch rekonstruierbar werden, die notwendig in jedem kommunikativen Handeln und darüber vermittelt in jedem – kommunikatives Handeln fortsetzenden – Diskurs immer schon wechselseitig vorgenommen werden müssen: Denn Diskurse sind nicht nur *nötig, um* die kommunikativen Handlungsbedingungen zu sichern, Diskurse sind auch nur *möglich, wenn* kommunikativ gehandelt werden *kann*. D. .h.: Diskurse sind nur möglich, wenn die Diskursteilnehmer sich wechselseitig als prinzipiell *handlungsfähige* Subjekte unterstellen.
Die in solcher notwendigen Unterstellung enthaltene Idealisierung kommunikativ Handelnder nach dem Modell »reinen kommunikativen Handelns« – so der entsprechende Habermassche Ausdruck

(1971/1, S. 120 u. ö., 1973/2, S. 285) – bezieht sich freilich nicht nur auf die bisher genannte Fähigkeit von Subjekten zu *wahrhaftiger* Selbstrepräsentation in Rede; diese Idealisierung umfaßt gleichermaßen die Fähigkeit von Subjekten, in *verständlicher* Rede überhaupt Geltungsansprüche erheben zu können, von deren *Wahrheit* und *Richtigkeit* (zu diesen Begriffen vgl. T. I S. 106ff.) sie überzeugt sind, so daß sie diese Überzeugung diskursiv auch verteidigen und argumentativ begründen bzw. rechtfertigen können (vgl. Kap. 3).

Wir können das Ensemble dieser notwendigen Idealisierungen kommunikativ Handelnder – analog zur »Geltungsbasis« als terminologischer Kennzeichnung des Ensembles der in jedem kommunikativen Handeln notwendig zu erhebenden Geltungsansprüche – in dem Begriff der »Zurechnungsfähigkeit« (1971/1, S. 118) bzw. schärfer: der *Verantwortlichkeit* zusammenfassen und darin das subjektive Korrelat der oben erläuterten Verläßlichkeit der Rede erkennen. Entsprechend ließe sich jetzt die eben genannte Diskursbedingung wie folgt reformulieren: Diskurse sind nur möglich, wenn die Diskursteilnehmer sich wechselseitig als verantwortlich handelnde Subjekte unterstellen, die über die Bedingungen ihres Handelns verfügen können und aufgrund dieses Verfügen-Könnens dessen implizite Bedingungen im kommunikativen Handeln einlösen und im Diskurs explizit thematisieren und argumentativ rechtfertigen können (vgl. Habermas 1970/2, S. 161ff., Maas 1972, S. 192f., 1974, S. 159f.). In diesem reflexiven Handlungsbegriff wird die spezifisch intentionale Struktur von Handeln allgemein wie von sozialem Handeln – verstanden als reziproker Sinnorientierung der Handelnden am Handeln der jeweils anderen – im besonderen abgebildet und *Handeln* zugleich als spezifische Ereignisklasse sowohl vom reizstimulierten *Verhalten* wie kausaldeterminierten *Geschehen* ausgegrenzt, insofern Handeln sich an sozialen Regeln orientiert, deren Geltung – anders als naturhaft gesetzliche Verhaltens- und Geschehensabläufe – sich ausschließlich der Intersubjektivität ihrer Anerkennung verdankt und die deshalb überhaupt erst in den oben zitierten Geltungsfragen legitimationskritisch thematisiert werden kann[13].

In traditionelle philosophische Terminologie übersetzt meint diese Idealisierung kommunikativ Handelnder nach dem Modell »reinen kommunikativen Handelns« die notwendige Unterstellung von *Freiheit* als subjektiver Voraussetzung von Handeln: Nur wenn und insofern Subjekte frei sind, können sie Verantwortung für ihre Handlungsentscheidung übernehmen, und nur wenn und insofern Subjekte Verantwortung für ihre Handlungsentscheidung übernehmen können, vermögen sie überhaupt erst die impliziten Bedingungen ihres Handelns argumentativ zu begründen bzw. zu rechtfertigen. Doch der Begriff der Entscheidungsfreiheit – mag seine primär philosophische Interpretation auch zur Rekonstruktion der subjektiven Bedingung möglichen Handelns geeignet sein – wäre um die politisch-gesellschaftlichen Implikate seines Bedeutungsgehaltes gebracht, wenn die Einlösung subjektiver Handlungsbedingungen ausschließlich von subjektiven Voraussetzungen abhängig gemacht bzw. die Verhinderung möglichen Handelns ausschließlich in *pathologisch* bedingter individueller *Handlungsunfähigkeit* statt auch in *strukturell* bedingter objektiver *Handlungsunmöglichkeit* verortet würde. Denn Handeln – im emphatischen Wortsinn verstanden – setzt ja nicht nur subjektive *Handlungsfähigkeit* (handeln *können*) als Bedingung subjektiver *Handlungsbereitschaft* (handeln *wollen*) voraus, sondern ebenfalls situative, aber gesellschaftlich vermittelte Interaktionsbedingungen, unter denen überhaupt erst verantwortlich gehandelt werden *darf* (objektiv-gesellschaftliche *Handlungsmöglichkeit*) (vgl. Kap. 4).

Diese zuletzt genannnte Idealisierung kommunikativ Handelnder nach dem Modell »reinen kommunikativen Handelns« wird von Habermas unter dem viel geschmähten Begriff der »Herrschaftsfreiheit« reflektiert, der deutlicher als der Begriff »Freiheit« die gesellschaftlich-politischen Voraussetzungen möglichen kommunikativen Handelns betont. So wenig dieser Begriff aber die faktischen Verständigungsprozesse abzubilden beansprucht, so sehr benennt er die Notwendigkeit der – gesellschaftlich-geschichtlich gesehen – »kontrafaktischen« Unterstellung einer idealen Kommunikationsstruktur; eine Unterstellung, die nur dann aufgebbar wäre, wenn der Verständigungsanspruch selber aufgegeben und die Chance gelingender Verständigung aufgrund prinzipiell nicht aufhebbarer interner (Zwang der inneren Natur) wie externer Verzerrungen (gesellschaftliche Herrschaftsmechanismen) kommunikativer Handlungsbedingungen geleugnet würde. Die »Idealisierung der Menschenwelt durch Imputation reinen kommunikativen Handelns«, die der »Idealisierung der Natur unter dem Gesichtspunkt der Meßbarkeit bewegter Körper« entspricht (1971/1, S. 128), reformuliert nur auf der Ebene kommunikativ *Handelnder*, was auf der Ebene kommunikativen *Handelns* als *normative Geltungsbasis* möglicher Verständigung rekonstruiert wurde: Verständlichkeit, Wahrhaftigkeit, Wahrheit und Richtigkeit als idealisierte Bedingungen möglichen kommunikativen Handelns implizieren zugleich analoge Idealisierungen kommunikativ Handelnder.

Der Begriff »Herrschaftsfreiheit« wird freilich von Habermas für die – zur Idealisierung des kommunikativen Handelns nach dem Modell »reinen kommunikativen Handelns« analoge – Idealisierung des Diskurses nach dem Modell der »idealen Sprechsituation« (1971/1, S. 138 u. ö.) terminologisch reserviert. Gleichwohl benennt diese Idealisierung keine gegenüber der Idealisierung kommunikativen Handelns relevanten neuen Merkmale (ebd., S. 136ff., 1973/3, S. 252ff.); denn die in der »idealen Sprechsituation« unterstellte allgemeine Kommunikationssymmetrie, verstanden als strukturelle Gleichberechtigung aller Diskursteilnehmer, jederzeit zwischen kommunikativem Handeln und Diskurs wechseln, mithin die impliziten Geltungsansprüche kommunikativen Handelns jederzeit problematisieren und ihre explizit-argumentative Einlösung fordern zu dürfen –, diese Unterstellung symmetrischer Kommunikationschancen ratifiziert nur Voraussetzungen, die bereits für die Möglichkeit kommunikativen Handelns unterstellt werden müssen, wenn denn der Diskurs (als Fortsetzungchance kommunikativen Handelns im Fall seiner Problematisierung) zu den impliziten Kommunikationsbedingungen selbst gehört. Insofern gilt, daß »die Bedingungen des Diskurses nicht unabhängig von den Bedingungen des reinen kommunikativen Handelns gedacht werden können« (1971/1, S. 139), was zugleich heißt, daß die Möglichkeit von Diskursen über die Möglichkeit kommunikativen Handelns überhaupt in einer Gesellschaft entscheidet.

Die genannte Idealisierung, ob sie sich nun an dem Modell »reinen kommunikativen Handelns« oder an dem Modell der »idealen Sprechsituation« orientiert, entfaltet ersichtlich die Idealisierung einer »Lebensform« (ebd., S. 139) schlechthin, deren Unterstellung in jedem kommunikativen Handeln wie in jedem Diskurs immer schon deren Möglichkeit konstituiert, wie der kontrafaktische Charakter solcher Unterstellung sie zugleich als »Antizipationen« einer idealen Lebensform zu verstehen zwingt, die selbst praktisch noch gar nicht eingelöst ist. Die Antizipation dieser »idealen Lebensform«, der vergleichbare Idealisierungen bei Apel, Popper und Perelman[14] entsprechen, bliebe freilich als Fiktion diskreditierbar, wenn die antizipierten Bedingungen möglicher Verständigung nicht zugleich praktisch wirksam würden: Nämlich einmal als regulatives Prinzip, an dem jeder faktische Verständigungsanspruch – ob er nun als impliziter Hintergrundkonsens im kommunikativen Handeln oder als explizit erzielter Konsens im Diskurs erhoben wird – als dem Maß seiner immer schon unterstellten idealen Gelingensbedingungen kritisch meßbar bleibt; diese Antizipation bliebe Fiktion, wenn sie zum anderen nicht zugleich als Appell aktualisierbar wäre, die praktisch-gesellschaftliche Einlösung des Antizipierten zu fordern. Eben dies meint ja der Begriff »Unterstellung«: »Das normative Fundament sprachlicher Verständigung ist (. . .) beides: antizipiert, aber als antizipierte Grundlage auch wirksam« (Habermas 1971/1, S. 140).

2.5 Weil im kommunikativen Handeln nicht nur immer schon implizite *Geltungsansprüche* wechselseitig erhoben und als diskursiv einlösbar unterstellt werden (*Verläßlichkeit* des kommunikativen Handelns), sondern weil auch immer schon implizite *Idealisierungen* der kommunizierenden Subjekte vorgenommen werden müssen hinsichtlich ihrer Fähigkeit, Bereitschaft und Möglichkeit, überhaupt solchermaßen kommunikativ handeln zu können, wollen und dürfen (*Verantwortlichkeit* der kommunikativ Handelnden), ist das therapeutische Modell der Psychoanalyse für die methodische Rekonstruktion des Verfahrens diskursiver Verständigungssicherung in dem Maße ungeeignet, als die idealen *Voraussetzungen* möglichen kommunikativen Handelns und möglichen Diskurses erst das langfristige *Ziel* methodisch abgestützter Therapie benennen. Daß andererseits aber gerade diese prinzipielle Differenz zwischen Therapie und Diskurs zugleich auch suggestive Analogien zwischen psychoanalytischer Therapie und gesellschaftlichem Aufklärungsprozeß, zwischen dem reflexiven Aufbrechen undurchschauter pathologischer Zwangszusammenhänge und dem emanzipatorischen Aufbrechen ideologisch unkenntlich gemachter Herrschaftszusammenhänge bereithält, – dies ist von Habermas ebenso explizit betont worden, wie seine Beanspruchung der Psychoanalyse als emanzipatives Paradigma schlechthin von seinen Kritikern als »verdeckte psychologische Reduktion gesellschaftlicher Sachverhalte« (Reimann, S. 469) abgelehnt und als illegitime Übertragung des Arzt/Patient-Verhältnisses auch eine gesellschaftliche Klassenauseinandersetzung verurteilt worden ist, die weder für das methodisch beanspruchte Wissen des Arztes über das Ziel der Therapie (Reimann, S. 474f.) noch für den Leidensdruck des Patienten als Motiv seines Heilungswillens tragfähige Analogien bereit hält (Giegel, S. 276ff., vgl. auch Gadamer, 1973, S. 309). Doch in dieser Streitfrage geht es ersichtlich schon gar nicht mehr um die Eignung der Psychoanalyse als Verfahrensmodell diskursiver Geltungseinlösungen, sondern um ihre Eignung als Modell gesellschaftlich institutioneller Diskursermöglichung (dazu unten kurz. Kap 4).

Ebensowenig freilich wie das *therapeutische* Modell der Psychoanalyse vermag das *forensische* Modell des institutionellen Gerichtsprozesses als Rekonstruktionsmodell diskursiven Verfahrens beansprucht zu werden, obwohl seit der antiken Rhetorik (Lausberg 1963, S. 21) an diesem Modell die Leistung persuasiver Verständigungsanstrengung exemplarisch abgelesen und obwohl die diskurs- bzw. argumentationstheoretische Plausibilität gerade dieses Modells besonders seit Toulmins einflußreichem Plädoyer für einen Paradigmawechsel innerhalb der Logik und ihrer darin geforderten Orientierung am forensischen (statt mathematischen) Modell rationalen Verfahrens (vgl. Einleitung) immer wieder vertreten worden

ist. Und in der Tat ist ja auch gar nicht zu leugnen, daß nicht nur die *prozessuale Rekonstruktion* strittiger Rechtsansprüche und die *methodische Überprüfung* ihrer Gültigkeit wie schließlich die *prozeßimmanenten Phasen* solcher Rekonstruktion aufschlußreiche Analogien für die diskursive Geltungs-Problematisierung und für die argumentative Stützung problematisierter Geltungsansprüche bereithalten, sondern daß der Vergleich der *redeimmanenten Geltungsansprüche* mit den *prozeßimmanenten Rechtsansprüchen* von unmittelbarer geltungslogischer Erhellungskraft ist; denn in dieser juristischen Analogie wird der spezifische Unterschied zwischen *Gewißheiten*, die Subjekte *für sich haben*, und *Geltungsansprüchen*, die sie *gegenüber anderen erheben*, ebenso einsichtig, wie an dieser juristischen Analogie zugleich die spezifische Qualität eines Geltungsanspruches ablesbar wird, dessen intersubjektive *Gültigkeit* sich prinzipiell aus seiner rationalen, nämlich: argumentativen *Rechtfertigungsfähigkeit* ableitet.
Und doch! Ebenso wie die *prinzipielle* Asymmetrie zwischen Analytiker und Analysand aufgrund ihrer unterschiedlichen Rollen innerhalb des therapeutischen Prozesses hintertreibt auch die analoge *institutionelle* Asymmetrie zwischen Richter und Prozeßparteien aufgrund ihrer unterschiedlichen Rollen im gerichtlichen Prozeß einerseits und die Interessenasymmetrie zwischen den jeweiligen Prozeßparteien andererseits die Einlösung konstitutiver Diskursbedingungen (vgl. Alexy 1978, S. 263 ff.):

»Welche Sachverhalte die Parteien mitteilen, welche sie verbergen; welche Interpretationen und welche Erklärungen sie für die Daten finden: das hängt von ihrer sozialen Rolle in einem Interaktionszusammenhang und von ihren Interessen ab. Die Parteien wollen wie in einem strategischen Spiel Gewinne erzielen und Verluste vermeiden. Ihr Ziel ist nicht Wahrheitsfindung, sondern eine für sie jeweils günstige Entscheidung eines Streitfalls. Sogar der Richter ist institutionell gehalten, das Ziel der Wahrheitsfindung der Notwendigkeit, zu terminierten Entscheidungen zu gelangen, d.h. in angemessener Frist ein Urteil zu sprechen, unterzuordnen. Der Disput als Mittel der strategischen Verwirklichung dieser durch Rollenverteilung definierten Ziele ist kein Diskurs« (Habermas 1971/1, S. 200, Kopperschmidt 1973, S. 50 ff.). Der entscheidende Begriff, in dem Habermas' Einwand gegen das forensische Modell sich zentriert, heißt *»strategisch«*, womit ein bestimmter Typ sozialen Handelns ausgegrenzt wird[15], der im Unterschied zum *kommunikativen* Handeln nicht an der intersubjektiven Verständigung auf der Basis unterstellten Einverständnisses, sondern an der Optimierung der Durchsetzungschance subjektiver, und daher auch prinzipiell kommunikativ nicht teilbarer Interessen orientiert ist. Diese das strategische Handeln spezifizierende Charakterisierung trifft nicht nur für Lüge und Manipulation zu als bereits genannte manifeste Beispiele für die strategische Suspendierung der Wahrhaftigkeitsbedingung verständigungsorientierter Rede, sondern auch für die forensische Modellsituation, insofern die Parteien bzw. Prozeßgegner in der Regel nicht so sehr an der Rechtfertigungsfähigkeit bzw. *Gültigkeit* ihrer jeweils vertretenen Rechtsansprüche interessiert sind, sondern an der rechtsinstanzlichen Bestätigung bzw. *Durchsetzung* ihres parteilichen Interessestandpunktes.

Wenn der Rechtsstreit vor Gericht mithin solche Interessenbindung der Prozeßparteien gar nicht aufheben kann, sondern wenn er der konfliktös zugespitzten Virulenz dieser Interessen überhaupt erst seine Notwendigkeit verdankt, dann ist er in dem Maße als Verständigungsmodell ungeeignet, als er das Scheitern intersubjektiver Verständigungsanstrengung, d.h. den *Kommunikationsabbruch* zu seiner Voraussetzung hat (vgl. Alexy ebd., S. 271). Und dieser Kommunikationsabbruch wird auch nicht durch das richterliche Urteil über die konfligierenden Rechtsansprüche der Parteien aufgehoben, sondern im Gegenteil bloß institutionell ratifiziert. Denn im Unterschied zum *Dolmetscher*, der bei Verstehensschwierigkeiten den Abbruch der Kommunikation verhindert (vgl. Gadamer 1960, S. 363) und im Unterschied zum *Vermittler*, der die Verständigungsbereitschaft der Konfliktpartner wieder herzustellen versucht[16], ist der *richterliche* Urteilsspruch eine Entscheidung, die den Verständigungsprozeß zwischen den Prozeßparteien nicht initiiert, sondern funktional substituiert, weshalb die Gültigkeit und Durchsetzungschance der richterlichen Entscheidung auch von dem Einverständnis der Betroffenen ebenso unabhängig ist wie die Entscheidungsfindung in der Regel auf die Unterstützung der Prozeßparteien nicht rechnen kann (vgl. etwa das Aussageverweigerungsrecht im Strafprozeß).

Abb. 5:

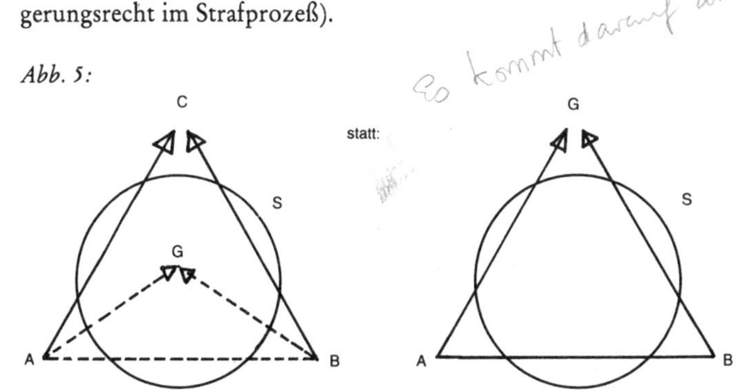

Die Aufkündigung der *direkten* kommunikativen Beziehungen zwischen A und B (ABSG-Modell) zugunsten einer nur noch

indirekten Interaktion (vgl. Abb. 5), die allenfalls noch durch die Identität des gleichen direkten Interaktionspartners von A und B, nämlich C, gewährleistet wird, bildet strukturell die prozeßimmanente Ratifikation einer prinzipiellen Verständigungsstörung ab, mit der das Rechtsinstitut Gericht realistischerweise ebenso rechnet, wie es unter solchen erschwerten bzw. sogar fehlenden Verständigungsbedingungen den sozialen Frieden zwischen Subjekten und Gruppen einer Gesellschaft im Interesse der Rechtssicherheit institutionell erzwingt.
Der forensische Prozeß, wenn er auch kein Beispiel für die sektorale Institutionalisierung eines Diskurses ist, so macht er doch seinerseits – analog dem therapeutischen Prozeß – die *Idealisierungen* deutlich, auf denen die Möglichkeit von Diskursen immer schon beruht. Denn anders als der forensische Prozeß, der den eben genannten restriktiven Interaktionsbedingungen unterliegt, rechnet der Diskurs mit der Möglichkeit der *Handlungsunterbrechung*, und d. h.: mit der prinzipiellen Möglichkeit der Freisetzung einer Kommunikation von Handlungszwängen (etwa Zeitdruck) und Interessenbindung (Parteilichkeit) zugunsten einer Verständigungsanstrengung, die ausschließlich an der argumentativen Einlösung problematisierter und im Diskurs hinsichtlich ihrer Gültigkeit virtualisierter Geltungsansprüche interessiert ist (1971/1, S. 117, 1973/2, 214 u. ö.).: »Der Diskurs ist umgangssprachliche Kommunikation in einer von Zwängen der Interaktion freigesetzten Form« (1971/1, S. 199). In der Möglichkeit solcher Freisetzung von Interaktionsbedingungen die Möglichkeit von Diskursen zu verankern, impliziert die prinzipielle Insuffizienz jeder institutionellen Analogie; denn »der Diskurs ist keine Institution, er ist Gegeninstitution schlechthin« (ebd., S. 201), d. h.: er hat nur unter »Bedingungen der Suspendierung des Zwangs, funktionalen Imperativen gehorchen zu müssen« eine Chance, seinen genuinen Anspruch einlösen zu können, nämlich Medium einer »prinzipiell uneingeschränkten und zwanglosen Kommunikation« zu sein, die ausschließlich der diskursiven Explikation von Begründungszusammenhängen dient und als deren Ziel ausschließlich die »kooperative Wahrheitssuche« gilt (ebd.). Die Unterstellung einer solchen idealen Möglichkeit – Gleiches gilt für das analoge Ideal »reinen kommunikativen Handelns« und für die »ideale Sprechsituation« – ist freilich so lange nicht empirisch diskreditierbar, als sie nicht als Abbildungen *faktischer* Diskurse mißverstanden wird, sondern als Explikation der normativen Implikate jedes faktischen Verständigungsanspruches, der in diesen Implikaten zugleich den kriteriellen Maßstab seiner eigenen Berechtigung besitzt. Nur weil »Verständi-

gung« ein normativer und kein empirischer Begriff ist, vermag sich die Rekonstruktion der *Verständigungsbedingungen* zugleich als Kritik der tatsächlichen *»Verständigungsverhältnisse«* (Henrich, S. 16) zu verstehen, und deshalb kann die von Habermas langfristig intendierte *»Theorie kommunikativen Handelns«* sich als kategorialen Rahmen einer *»kritischen Gesellschaftstheorie«* interpretieren, insofern sie universalpragmatisch aus den konstitutiven Bedingungen kommunikativen Handelns selbst das regulative Prinzip gewinnt, an dem die Faktizität kommunikativen Handelns unter historisch-gesellschaftlichen Rahmenbedingungen als dem Maß seines eigenen impliziten Anspruchs meßbar wird.

2.6 Wenn das gesellschaftliche Rechtsinstitut des forensischen Prozesses – statt die Verständigungsbedingungen zwischen kommunizierenden Subjekten im Fall situativer Verständigungsstörung zu sichern – den sozialen Frieden und die Rechtssicherheit zwischen ihnen *trotz* prinzipieller Verständigungsstörung garantieren soll, dann müssen – so war gesagt – im Interesse der Funktionsfähigkeit dieses Rechtsinstituts die Gültigkeit und die Durchsetzbarkeit der richterlichen Entscheidung über die konfligierenden Rechtsansprüche der Prozeßparteien sich unabhängig machen von der Anerkennung durch die Prozeßparteien selbst als Maß ihrer intersubjektiven Verbindlichkeit. Doch mit dieser Entpflichtung des richterlichen Urteilsspruchs von seiner konsensuellen Ratifikationschance durch die Prozeßparteien selbst wird – worauf mit Recht die Verfechter des forensischen Paradigmas hinweisen (vgl. u. a. Huth, S. 87, Alexy 1968, S. 264 ff., Göttert, S. 25 f.) – sein Selbst-Anspruch, *prinzipiell* zustimmungsfähig zu sein, nicht schlechthin aufgegeben; vielmehr wird seine konsensuelle Ratifikationschance an *idealisierte* Bedingungen zurückgebunden, deren Einlösung von den Prozeßparteien selbst freilich aufgrund ihrer oben genannten Interessenbindung gerade nicht erwartet wird. Auf diese idealisierten Bedingungen – eben unter dem Begriff der »kooperativen Wahrheitssuche« terminologisch zusammengefaßt – bezieht sich zumindest jedes Urteil implizit, solange sich seine Gültigkeit nicht allein aus der institutionellen *Legitimität* des Entscheidungsträgers und der formalen *Korrektheit* des Verfahrens ableitet, sondern aus seinem Anspruch auf *Richtigkeit.* Denn ohne diesen konstitutiven Richtigkeitsanspruch wäre die richterliche *Begründungspflicht*[17] überhaupt nicht verstehbar, derzufolge eine Urteilsentscheidung zugleich den (freilich durch eine geltende Rechtsordnung eingeschränkten) Begründungszusammenhang zu explizieren gezwungen ist, in dem sie *als* Entscheidung sowohl rational rekonstruierbar wie auf ihre Berechtigung hin überprüfbar und gegebenenfalls (durch entsprechend legitimierte Institutionen) revidierbar wird. Ebenso wie der geltungslogische Sinn von Geltungsansprüchen in deren argumentativer Einlösung nur expliziert wird, so kann es umgekehrt Begründungspflichten sinnvollerweise nur dort geben, wo Entscheidungen – statt ihren formalen Gültigkeitsanspruch von ihrem inhaltlichen Richtigkeitsanspruch zu dissoziieren (Lübbe 1968, S. 61 ff.) – ihren Gültigkeitsanspruch allein aus ihrem argumentativ stützbaren und konsensuell ratifizierbaren Richtigkeitsanspruch ableiten: »Entscheiden heißt hier zugleich Begründen« (Seibert, S. 59). Was heißt: die richterliche *Begründungspflicht* setzt einen impliziten *Richtigkeitsanspruch* des richterlichen Urteils voraus (vgl. Alexy ebd., S. 265).

Wenn mithin in dieser prinzipiell konsensuellen Begründungsfähigkeit innerhalb einer geltenden Rechtsordnung die spezifische Qualität des Richtigkeitsanspruchs eines Rechtsurteils gründet, dann ist in der Tat mit Toulmin u.a. an diesem Anspruch – ungeachtet aller genannten prozeßimmanenten Restriktionen – zumindest der *Sinn* von Geltungsansprüchen exemplarisch ablesbar, deren intersubjektive Verbindlichkeit sich aus dem konsensuellen Ratifikationsanspruch ihrer Begründung ableitet. Zugleich ist damit schließlich die Funktion solcher argumentativen Geltungsbegründung bestimmbar als rationale Zustimmungsnötigung, deren Gelingen wir bisher als Sicherung kommunikativer Handlungsbedingungen interpretiert haben. Entsprechend heißt es bei Habermas: »Ein Argument ist die Begründung, die uns motivieren soll, den Geltungsanspruch (einer Äußerung) anzuerkennen« (1973/3, S. 241). Die Reflexion *der* Rede, die zu solcher Anerkennung motivieren will, ist der genuine Problemgegenstand einer *allgemeinen* Theorie der Argumentation bzw. – so Habermas – einer als »pragmatisch« spezifizierten »Logik des Diskurses« (ebd., 238 ff.), insofern sie die »formalen Eigenschaften von Argumentationszusammenhängen untersucht« (1973/2, S. 389).

Wie die Argumentation *methodisch* vorgeht, um solche rational motivierte Anerkennung von Geltungsansprüchen im Fall ihrer situativen Problematisierung zu erreichen, ist bereits in einer der frühesten Kurzabhandlungen über den hier reflektierten Problemgegenstand präzis formuliert. In dem mit »De argumentis« (Über Argumentationen) überschriebenen 10. Kapitel des V. Buches seiner »Institutio oratoria« (Über die Ausbildung des Redners) definiert der Römische Rhetorikprofessor Quintilian (1. Jh. n. Chr.) Argumentation als »ratio per ea, quae certa sunt, fidem dubiis adferens« (V 10.8, vgl. allgemein Lausberg 1960, § 348 ff.), d. h. – in freier Übersetzung – als ein rationales Verfahren, vermittels dessen Aussagen, die unsicher sind, mit Hilfe von anderen Aussagen, die sicher sind, Glaubwürdigkeit verschafft wird (vgl. ähnliche Definitionen bei Toulmin 1975, S. 115, Wunderlich 1974, S. 60). Wir wollen über die geraffte Kurzinterpretation der Schlüsselbegriffe dieser Argumentationsdefinition, deren gedankliche Dichte die terminologisch ausgereifte Reflexionsanstrengung der Rhetorik als des historischen Reflexionssubjektes der hier thematisierten Problemstellung widerspiegelt, die bisherigen Bemerkungen über die »Funktion der Argumentation« abschließen und zugleich den kategorialen Rahmen für die systematische Analyse des Verfahrens diskursiver Geltungseinlösung bereitstellen, die unter dem Titel »Struktur der Argumentation« im folgenden 3. Kapitel versucht werden soll:

Argumentation ist – gemäß der zitierten Quintilianschen Definition – ein (wieder am forensischen Modell abgelesenes, vgl. III 9) – rechtsanaloges Verfahren,
- dessen pragmatische *Voraussetzung* die »dubia« sind,
- dessen *Methode* die rationale Vermittlung von »dubia« und »certa« ist,
- und dessen *Ziel* das Gelingen solcher Vermittlung meint, die als »fides« qualifiziert wird.

Argumentation ist ein Verfahren, dessen pragmatische *Voraussetzung* »dubia« sind:
Mit dem Begriff »dubium« (zweifelhaft) ist nicht so sehr der subjektive Zustand einsam-monologischen Zweifelns nach Descartesschem Muster gemeint (vgl. Teil I S. 46ff.), sondern die Struktur einer sozialen Problem- bzw. Konfliktsituation (»controversia«) zwischen kommunizierenden Subjekten benannt (ABSG-Modell), die aus dem Problematischwerden von Geltungsansprüchen resultiert, auf deren unterstellter Einlösung die Möglichkeit kommunikativen Handelns immer schon beruht. Wir nennen im folgenden diese pragmatische (nicht subjektive oder gesellschaftliche) Voraussetzung möglichen Argumentierens: *situative Geltungsproblematisierung.*

Die pragmatische Rückbindung der Argumentation an solche, durch strittige Geltungsansprüche definierte Problemsituationen schützt das Verfahren rationaler Problemlösung zugleich davor, als situativ freischwebendes Begründungsverfahren mißdeutet zu werden, das potentiell infiniten Begründungsansprüchen genügen könnte (vgl. unten zur Beweislastverteilungsregel 3.13): »argumentatio autem nisi in re controversia locus esse non potest« (Quintilian V 9.2), was meint: Argumentation ist nur nötig, wo Geltungsansprüche strittig geworden sind und wo aufgrund dieser Strittigkeit die Chance kommunikativen Handelns nicht mehr gegeben ist (Maas, S. 128, Hülsmann, S. 13).

Argumentation ist ein Verfahren, dessen *Methode* die rationale Vermittlung zwischen »dubia« und »certa« ist:

Abb. 6:

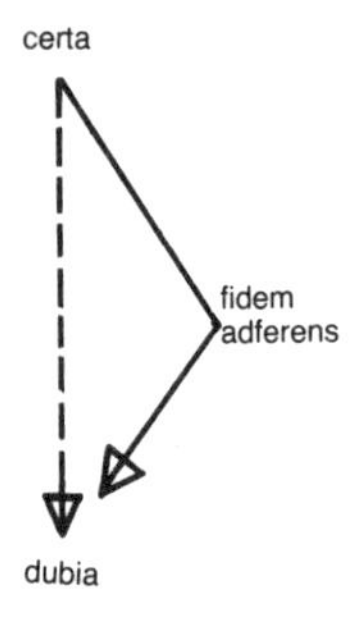

In dieser Bestimmung ist ein entscheidender Hinweis auf die Struktur von Argumentation schlechthin gegeben, die unten (Kap. 3) mit Hilfe des Toulminschen Argumentationsschemas noch genauer rekonstruiert und funktional erläutert werden soll. Deren konstitutive Elemente sind freilich bereits mit den Quintilianschen Begriffen »dubia« und »certa« benannt, insofern sie die argumentationsinternen *Rollen* von Äußerungen als – so Pawlowskis terminologischer Vorschlag – »Argument« bzw. »Argumentandum« besetzen. Was meint: Die Argumentation ist nicht nur – was ihre *Nötigkeit* angeht – pragmatisch in einer situativen Geltungsproblematisierung (»dubia«) verortet; die *Möglichkeit* von Argumentation beruht auf der Unterstellung unproblematisierter Geltungsansprüche (»certa«), deren situative Aktualisierung überhaupt erst eine Geltungsproblematisierung aufzuheben imstande ist:

»Da Argumentation ein rationales Begründungsverfahren ist, wodurch etwas durch etwas anderes erschlossen und etwas Zweifelhaftes durch etwas Unzweifelhaftes in seiner Gewißheit bestärkt wird, muß es etwas geben, das keiner Begründung bedarf. Anderenfalls wird es nämlich nichts geben, womit wir eine Begründung führen könnten, wenn es nichts gibt, was wahr ist oder wahr scheint, so daß daraus das Zweifelhafte Glaubwürdigkeit gewinnen könnte« (Cum sit argumentum ratio probationem praestans, qua colligitur aliquid per aliud, et quod est dubium per id, quod dubium non est, confirmat, necesse est esse aliquid in causa, quod probatione non egeat. Aliog nihil erit, quo probemus, nisi fuerit quod aut sit verum aut videatur, ex quo dubiis fides fiat) (Quintilian V 10.11).

In diesem Text ist die bereits in Teil I (vgl. S. 96) explizierte transzendental-hermeneutische Einsicht, daß nämlich nur unter der Voraussetzung einer präreflexiven sozialen Gewißheit der Zweifel selber ein sinnhaft verstehbarer Akt wird, argumentationstheoretisch appliziert, insofern solche präreflexive Gewißheit als Bedingung rekonstruiert wird, unter der Argumentation als mögliches problemlösendes Verfahren überhaupt erst wirksam werden kann.

Denn wenn der *Zweifel nicht durch den Zweifel* behoben werden kann (»dubiis enim probari dubia qui possunt?« Quintilian V 12,2 vgl. V 8,5), wenn es mithin – so Hare (1973, S. 111) – »keine Begründung ex nihilo« gibt, dann hängt die Möglichkeit der argumentativen Bewältigung situativer Geltungsproblematisierung bzw. – wie wir im folgenden sagen werden – die Möglichkeit *argumentativer Geltungseinlösung* von dem Ausmaß jeweils unterstellbarer Gewißheiten ab (vgl. Toulmin, S. 91, S. 156 u. ö.), in deren gelingender Rekonstruktion und problemspezifischer Aktualisierung (»controversia confessis probare« Quintilian V 14,14) offensichtlich die Leistung der Argumentation als rationales Verfahren *mittelbarer* Gewißheitsfindung besteht.

Argumentation ist schließlich ein Verfahren, dessen *Ziel* die gelingende Vermittlung zwischen »dubia« und »certa« ist, die als »fides« (Zustimmung) bzw. »probatio« (Billigung) qualifiziert wird:
Wenn nach Quintilian die argumentative Aufhebung situativer Geltungsproblematisierung (»dubia«) über die Rekonstruktion entsprechend geeigneter, nicht-problematisierter Geltungsansprüche (»certa«) und deren bereichsspezifische Applikation besteht, dann entscheidet offensichtlich das Gelingen solcher argumentativen Rekonstruktion und Applikation über die Berechtigung eines Geltungsanspruchs, überhaupt erhoben zu werden. Wir werden das Gelingen solcher argumentativen Rekonstruktion und Applikation, insofern es allein durch die Zustimmung der beteiligten Diskursteilnehmer ratifiziert werden kann, mit einem bereits verwendeten Begriff »Konsens« nennen und entsprechend im folgenden von *konsensueller Ratifikation* als Ziel argumentativer Geltungseinlösung reden.
Zugleich aber expliziert sich in solcher konsensuell gelingenden Einlösung problematisierter Geltungsansprüche der geltungslogische *Sinn* rationaler Geltungsansprüche schlechthin, insofern ihr spezifisch »kognitiver« Charakter (Habermas 1976/1, S. 251) eben in dem Anspruch besteht, *berechtigt,* d. h. argumentativ stützbar und konsensuell einlösbar zu sein:

»Der Sinn dieser Klasse von Geltungsansprüchen (gemeint sind rechtsanaloge Geltungsansprüche) besteht darin, daß sie jederzeit und überall einem ausgezeichneten Modus der Überprüfung standhalten« (1973/3, S. 239).

Der »ausgezeichnete Modus« rationaler Geltungsüberprüfung ist die argumentativ (versuchte) Rekonstruktion eines Geltungsanspruchs, deren Gelingen die konsensuelle Ratifikation solcher expliziten Rekonstruktion meint. In dieser Sinnexplikation des rationalen *Geltungsanspruchs* als eines argumentativ stützbaren und konsensuell einlösbaren *Berechtigungsanspruchs* wird mithin *Gültigkeit* schlechthin – statt die *Berechtigung* eines Anspruchs begründen zu können – umgekehrt abhängig von der gelungenen *Begründung* der *Berechtigung* eines solchen Anspruchs (ebd., S. 212, Alexy, S. 138). Die Implikate solcher Gültigkeitsbedingung sind unter dem extensiven Begriffstitel »Wahrheit« – extensiv, weil Wahrheit auf alle diskursiv einlösbaren Geltungsansprüche bezogen wird – von Habermas in seiner »Konsensustheorie der Wahrheit« (1973/3) reflektiert worden, wobei er den Sinn von Wahrheit in dem »Versprechen« von Geltungsansprüchen verortet, »einen vernünftigen Konsens« über ihre begründete Berechtigung diskursiv erzielen zu können (ebd., S. 219).

In diesem konsenstheoretischen Wahrheitsverständnis wird nicht nur ein theoretisch zwingender Zusammenhang zwischen *Argumentationstheorie* und *Wahrheitstheorie* einsichtig – Habermas' Diskurstheorie zielt auf eine Wahrheitstheorie wie sie zugleich den kategorialen Rahmen ihrer Möglichkeit entfaltet – sondern zugleich der Bereich wahrheitsfähiger Geltungsansprüche *material* in gleichem Maße ausgeweitet, wie das Verfahren rationaler Geltungsüberprüfung *methodisch* reicht. Was heißt: die Wahrheitsfähigkeit von Geltungsansprüchen hängt von der Chance ihrer argumentativen Zugänglichkeit und Rekonstruierbarkeit ab. Daß damit der Bereich der Praxis und der in ihr erhobenen normativen Geltungsansprüche überhaupt erst wahrheitsfähig wird (vgl. 1973/1, S. 140ff.), liegt auf der Hand und benennt den entscheidenden Vorteil einer Konsensustheorie gegenüber konkurrierenden Wahrheitstheorien (vgl. Habermas' Auseinandersetzung mit ihnen ebd., S. 230ff.).

In der *Einheitlichkeit* des *Verfahrens* argumentativer Geltungseinlösung im Fall situativer Geltungsproblematisierung bildet sich modellhaft die *Einheitlichkeit* eines *rationalen Geltungsprinzips* ab, das wir in Teil I unserer Reflexion über »Sprache und Vernunft« als sowohl argumentativ wie konsensuell charakterisierbar bestimmt haben, insofern nach ihm Wahrheit einen intersubjektiven Geltungsanspruch meint, dessen Sinn in der konsensuellen Ratifikationschance seiner argumentativen Stützung besteht. In der Vernunftqualität eines solchen Geltungsprinzips ist der Vernünftigkeitsanspruch einer Rede fundiert, die dieses Prinzip als argumentative Rede explizit wirksam werden läßt im Interesse der Sicherung von Rede überhaupt als konstitutivem Element der Existenzbedingung vergesellschafteter Subjekte.

2.7 Wir haben im letzten Abschnitt versucht, über die geraffte

Interpretation der Quintilianschen Argumentationsdefinition sowohl die bisherigen Bemerkungen über die Funktion der Argumentation zusammenzufassen wie die konstitutiven *Elemente* des Diskurses als der spezifischen Kommunikationsform, in der solche Funktion von Argumentation praktisch eingelöst wird, zu bestimmen, nämlich

- *situative Geltungsproblematisierung*
- *argumentative Geltungseinlösung,* und schließlich
- *konsensuelle Geltungsratifikation.*

Insofern in diesen Elementen zugleich *Voraussetzung, Prozeß* und *Ziel* jeder Argumentation entfaltet sind, beschreiben sie auch die drei *Phasen,* in die jeder Diskurs sich strukturell gliedern läßt. Insofern der Diskurs aber zugleich, gerade um die Verständigungsbedingung kommunikativen Handelns zu *sichern* und dessen Fortsetzung zu ermöglichen, kommunikatives Handeln unterbrechen muß, markieren die genannten Diskursphasen (bes. 1 und 3) schließlich auch die riskanten *Übergangsstellen* – Habermas spricht von »kritischer Schwelle« (1971/2, S. 26) – zwischen kommunikativem Handeln und Diskurs einerseits und Diskurs und kommunikativem Handeln andererseits; – »riskant« insofern, als weder der Diskurs (obwohl die einzige Form der Fortsetzung verständigungsorientierter Rede im Fall ihrer situativen Störung) die einzig mögliche Reaktion auf eine Kommunikationsstörung darstellt (vgl. Kommunikationsabbruch), noch der Konsens (obwohl er das dezidierte Ziel jedes Diskurses ist) das einzig mögliche Ergebnis argumentativ versuchter Geltungseinlösung buchstabiert (vgl. Dissens). Wenn mithin die Funktion der Argumentation die *Sicherung kommunikativer Handlungsbedingungen* meint, und wenn solche Sicherung dadurch gelingt, daß die impliziten Geltungsansprüche kommunikativen Handelns im Fall ihrer situativen Problematisierung im Interesse ihrer konsensuellen Ratifikation argumentativ einzulösen versucht werden, dann läßt sich abschließend ein Zusammenhang zwischen kommunikativem Handeln und Diskurs samt dessen immanenten Phasen (situative Geltungsproblematisierung, argumentative Geltungseinlösung und konsensuelle Geltungsratifikation) rekonstruieren, der wie folgt schematisch abgebildet werden kann (vgl. Abb. 7), wobei zugleich die riskanten Übergangsstellen zwischen kommunikativem Handeln und Diskurs bzw. Diskurs und kommunikativem Handeln berücksichtigt werden sollten.

Wir werden im folgenden Kapitel 3 die »Struktur der Argumentation« anhand der Analyse dieser drei diskursimmanenten Phasen genauer zu bestimmen versuchen.

Abb. 7:

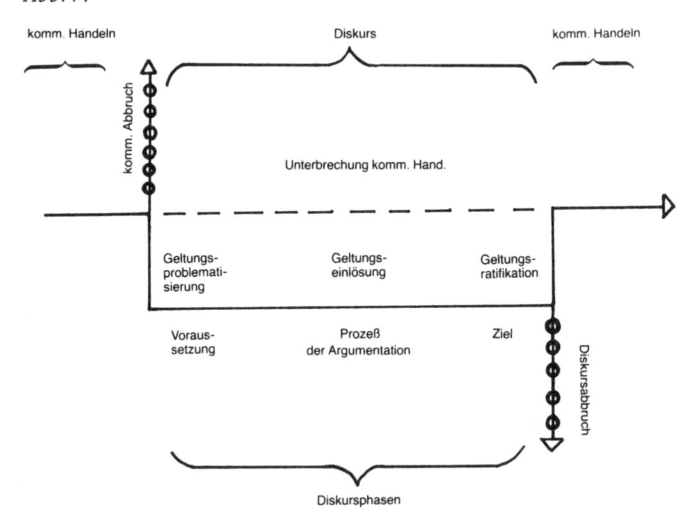

3. Zur Struktur der Argumentation

3.1 Situative Geltungsproblematisierung oder: Die Voraussetzung der Argumentation

> »Wer sich einen Widerspruch nicht einmal denken könnte, hätte auch nicht die Möglichkeit zu argumentieren.«
>
> *(Strecker, Beweisen)*

3.11 Jede situative Geltungsproblematisierung läßt sich sprachlich als Frage bzw. genauer: als Fragesatz abbilden. Obwohl der Fragesatz nicht die modale Vielfalt sprachlicher, paralinguistischer (etwa: Intonation) und extraverbaler (etwa: Mimik) Abbildungen einer solchen Problemsituation umfaßt[1], so stellt er doch die expliziteste Form ihrer Repräsentierbarkeit dar, in die alle anderen Formen prinzipiell transformierbar sind.
Wunderlich spricht freilich in seiner einschlägigen Analyse des sogenannten »erotetischen« (=Frage) Sprechakttyps nicht von Problemsituation, sondern von »Fragesituation«, die u.a. durch eine »Fragehandlung« bewältigt und u.a. durch einen »Fragesatz« sprachlich realisiert werden kann (1976, S. 167ff., 181ff., 257ff.).

Diese terminologische Differenz hat ihren guten Grund! Denn obwohl jede Problemsituation sich als Fragesituation interpretieren und entsprechend durch eine Fragehandlung bewältigen läßt, so ist doch nicht jede Fragesituation als Problemsituation spezifizierbar. In dieser Asymmetrie liegt ein Hinweis auf die funktionale Vielfalt des »erotetischen« Sprechakttyps, den Wunderlich zusammen mit dem »direktiven« (etwa: auffordern) und »repräsentativen« (etwa: darstellen) zu den drei »fundamentalen Sprechakten« zählt (S. 119 ff. u. ö.) (innerhalb seiner insgesamt acht Typen umfassenden Klassifikationen), wobei »fundamental« die Leistung dieser drei Sprechakttypen für die kommunikativen Existenzbedingungen vergesellschafteter Subjekte meint (S. 119 ff., S. 41 ff., 1976/1, S. 463 ff.): Wie der »direkte« Sprechakttyp auf die »Steuerung von Verhalten« (1976, S. 132) und der repräsentative auf die »Repräsentation von Sachverhalten« (ebd.) abonniert ist, so zielt der »erotetische« auf die »Behebung« eines informativen bzw. »kognitiven« oder »epistemischen Defizits« (S. 181, S. 169 u. ö.). Wir haben diese allgemeine pragmatische Funktion des »erotetischen« Sprechakttyps oben bereits mit dem Begriff »Informationsfrage« angesprochen (vgl. Wunderlich 1976, S. 209, S. 215 f.). Ihre sprecherbezogenen Voraussetzungen bestehen darin, »daß der Sprecher ein bestimmtes Informationsbedürfnis besitzt, d. h. eine bestimmte Information . . . nicht kennt, aber zu wissen wünscht, und daß er sie durch eigene Überlegung nicht gewinnen kann« (S. 308); ihre adressatenbezogenen Voraussetzungen bestehen darin, daß »der Adressat die betreffende Information kennt und in der Lage ist, die notwendigen Überlegungen, Aktionen u. ä. erfolgreich durchzuführen« (ebd.).

Wunderlich hat nun versucht, innerhalb dieses »erotetischen« Sprechakttyps weitere Fragearten zu unterscheiden und diese Fragearten unter anderem formal über die verschiedenen (»direkten«) Fragesätze zu bestimmen, mit denen entsprechende Fragehandlungen realisiert werden können, nämlich

- E-Fragen (»Entscheidungsfragen«, z. B. »Schläft Paul?«)
- W-Fragen (»Wortfragen«, z. B. »Wer kommt?«)
- D-Fragen (»Disjunktive Fragen«, z. B. »Ist heute Montag oder Dienstag?«)
- R-Fragen (»Rückfragen«, z. B. »Du fährst nach Berlin?«)
- B-Fragen (»Begründungsfragen«, z. B. »Warum fragst Du?«) (S. 184).

Während sich die E-, W-, D- und R-Fragen unschwer unter die eben zitierte funktionale Globalbestimmung des »erotetischen« Sprechakttyps subsumieren lassen, bietet die B-Frage solcher Zuordnung einige Schwierigkeiten; und es dürfte problematisch sein, mit Wunderlich (S. 184) nicht nur die D- und R-Fragen auf die E-Fragen, sondern auch die B-Frage auf die

W-Frage zurückführen zu wollen. Denn die B-Frage zeigt offensichtlich nicht nur ein *informationsbezogenes* bzw. »kognitives Defizit« des Fragenden an, sondern mit dieser Frage kann ebenso ein *geltungsbezogener* bzw. legitimatorischer Zweifel des Fragenden signalisiert werden, der sich auf die Bedingungen der Kommunikation selbst bezieht.

Wir hatten oben bei der Analyse unseres fiktiven Kommunikationsbeispiels solche Kommunikationsbedingungen zu rekonstruieren versucht, und wir hatten die Frage, mit der sich kommunizierende Subjekte reflexiv auf eben die Bedingungen ihrer Kommunikation selbst zurückbeziehen, als *Geltungsfrage* spezifiziert. Sie ist ersichtlich – im Unterschied zur *Informationsfrage* – nicht durch die Angabe weiterer Informationen befriedigend zu beantworten, sondern allein durch *Argumente,* insofern sie den problematisierten Geltungsanspruch überzeugend zu stützen imstande sind. Freilich ist weder die Unterscheidung zwischen Informations- und Geltungsfrage, noch die korrelierende Unterscheidung zwischen *Information* und *Argumentation* ohne weiteres an inhaltlichen Merkmalen isolierter Äußerungen festzumachen; vielmehr buchstabieren diese kategorialen Unterscheidungen – und in dieser Einsicht liegt weithin die Rekonstruktionschance einer allgemeinen Argumentationsstruktur – allein pragmatische Differenzierungsmöglichkeiten von Äußerungen hinsichtlich ihrer *Rolle innerhalb* eines Kontextes bzw. innerhalb einer Sprechakt-Sequenz (vgl. Wunderlich 1976, S. 300f., 312ff.). Denn aufgrund der konstitutiven »sequenziellen Natur von Sprechakten (ergibt sich ihre) Interpretation . . . primär aus ihrer Stellung innerhalb einer Sequenz« (Wunderlich ebd., S. 300). Was heißt: »Geltungsfrage« wie »Informationsfrage«, »Argumentation« wie »Information« sind *Funktionskategorien,* die Äußerungen nach ihrer pragmatischen Rolle innerhalb eines Äußerungskontextes zu differenzieren versuchen (vgl. Wunderlich, S. 79, S. 83, 1976/1, S. 462ff.) (vgl. auch 3.2!).
Diese pragmatisch-funktionale Unterscheidung zwischen Informations- und Geltungsfrage läßt sich demnach mit der von Wunderlich versuchten formalen Unterscheidung der Fragearten nach ihrer sprachlichen Realisation in Fragesätzen wie folgt vermitteln:

Abb. 8:

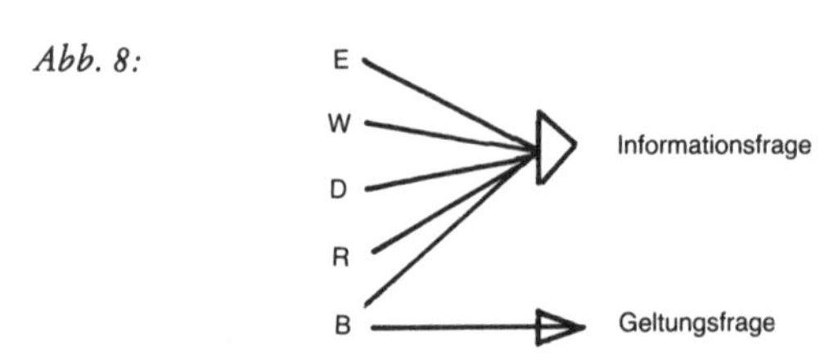

In strategisch vergleichbarer Weise unterscheidet Toulmin in seiner Analyse der ambigen Frage »Woher weißt Du das?« (1975, S. 54 ff., S. 187 ff.) zwischen einer – freilich nur kontextuell in ihrem Sinn unterscheidbaren – »logischen« und »biographischen« Frage, die entsprechend auch unterschiedliche Antworten verlangen: Während die »logische« Frage auf die »Rechtfertigung« der *Geltung* von (in konstativen Sprechakten) behaupteten Wissensansprüchen abzielt (ebd., S. 181), bringt sich in der »biographischen« Frage ein Interesse an *Herkunft*, Quelle und »Geschichte« von Wissen zum Ausdruck, dessen Geltung die Möglichkeit solcher Frage immer schon voraussetzt. Analog zu dieser Unterscheidung ist die Frage prinzipiell auch nicht an einen Dritten adressierbar (»Woher weiß er das?«) noch von ihm kompetent beantwortbar; denn »genauso wie jeder seine eigenen Versprechungen halten muß . . ., so muß auch jeder seine eigenen Behauptungen rechtfertigen« (S. 189). Was meint: Geltungsansprüche sind nur von dem einlösbar und in ihrer problematisierten Berechtigung stützbar, der sie im kommunikativen Handeln immer schon erhebt und damit implizit argumentative Verpflichtungen eingeht, die entsprechende argumentative Rechtsansprüche des jeweiligen Kommunikationspartners begründen. Wer Geltungsansprüche erhebt, muß sich auch nach der Berechtigung solcher Ansprüche fragen lassen. Anders die Informationsfrage bzw. »biographische« Frage, die – weil sie nicht auf die Einlösung redeimmanenter Geltungsansprüche, sondern auf eine »Veränderung der epistemischen Situation des Fragenden« zielt – durch »jede beliebige Reaktionshandlung des Adressaten oder einer anderen Person, im Grunde sogar (durch) jedes beliebige Ereignis, (das) geeignet ist, diese Veränderung der Situation des Fragenden zu bewirken«, befriedigt werden kann (Wunderlich 1976, S. 215)[2]. Insofern das genuine Reflexionsobjekt der Argumentationstheorie die Analyse des rationalen Verfahrens (und seiner Standardbedingungen) darstellt, in dem solche »logische« Fragen zu beantworten versucht werden, ist sie, weil sie sich anders als Soziologie und Psychologie nicht auf die Herkunft, Wirkung und Veränderung von Geltungsansprüchen, sondern explizit auf deren *Geltung* bezieht, notwendig eine dezidiert kritische Wissenschaft (Toulmin 1975, S. 190). In der Kantschen Metapher vom »Gerichtshof der Vernunft« findet Toulmin (S. 15 u. ö.) sowohl ein solches Wissenschaftsverständnis stilistisch abgebildet wie das forensische Modell ratifiziert, an dem eine solche Argumentationstheorie (bzw. -logik) ihr Selbstverständnis explizit klären könnte.

3.12 Ein einfaches Unterscheidungskriterium – so läßt sich die Toulminsche Analyse der Frage »Woher weißt Du das?« zusam-

menfassen – zwischen Geltungs- und Informationsfrage gewinnt man über die Transformation der betreffenden Frage von der zweiten in die dritte Person: Während die Informationsfrage (»*Woher* weißt Du das?«) ohne jeden Sinnverlust in die dritte Person transformiert (»Woher weiß er das?«) und entsprechend von einer anderen Person beantwortet werden kann, verliert die Geltungsfrage bei solcher Transformation zugleich ihren pragmatischen Sinn, weil sie argumentative Rechtsansprüche gegenüber Kommunikationspartnern einklagen müßte, die aufgrund einer fehlenden gemeinsamen Kommunikationsgeschichte gar nicht bestehen können.
Ein analoges Unterscheidungskriterium zwischen der informativen und argumentativen Rolle einer Äußerung gewinnt man über deren konjunktionale Anschlußprobe: Während – um das eben zitierte Beispiel Toulmins aufzugreifen – eine befriedigende Antwort auf die Geltungsfrage »Woher *weißt* Du das?«, insofern sie die *Berechtigung* eines erhobenen Wissensanspruches argumentativ einzulösen hätte, mit der argumentationstypischen Konjunktion »weil« (vgl. unter 3.2) eingeleitet bzw. angeschlossen werden könnte: »(Ich weiß das), *weil* ich es von C gehört habe!«, wäre ein solcher konjunktionaler Anschluß bei der Beantwortung einer Informationsfrage nicht möglich; denn die Informationsfrage: »*Woher* weißt Du das?« verlangt – statt der argumentativen Stützung der Gültigkeit eines Wissensanspruches – die informationshaltige Angabe der Herkunft eines Wissens, wie sie in der Antwort erfolgen könnte: »Ich weiß das von C!«
Weitere relevante Unterscheidungen zwischen Informations- und Geltungsfrage lassen sich ergänzen:
Während die Informationsfrage »*Woher* weißt Du das?« durchaus sanktionsfrei mit »Das weiß ich nicht« beantwortet werden kann, impliziert die gleiche Antwort auf die Geltungsfrage »Woher *weißt* Du das?« das Eingeständnis, daß die betreffende Wissensäußerung *unberechtigt* (freilich nicht *falsch*)[3] gewesen ist. Die entsprechend erwartbare Reaktion auf eine solche Äußerung: »Dann hättest Du das auch nicht behaupten dürfen!« verweist schon aufgrund der deontischen Terme (nicht dürfen, müssen usw.) auf die implizite Regelverletzung einer solchen Äußerung und damit auf den impliziten Regelbezug einer Behauptung.
Und weiter: Während die Informationsfrage durch jede informationshaltige Antwort – solange die entsprechende Äußerung wenigstens nicht durch eine Geltungsproblematisierung ihre funktionale Verwendbarkeit *als* Antwort eingebüßt hat (vgl. auch Wunderlich 1976, S. 83) – befriedigt werden kann, schließt bei der Geltungsfrage die argumentative Antwort keine zweigliedrige

Sprechaktsequenz ab, sondern die Antwort bedarf ihrerseits eines – wie auch immer sprachlich oder nicht-sprachlich realisierten – Akzeptanzsignals, das die Billigung des jeweiligen Antwortversuchs anzeigt. Denn anders als die Informationsfrage signalisiert die Geltungsfrage kein kognitives Defizit des Fragenden, das ihm zugleich die Beurteilungskompetenz der jeweils gegebenen Antwort bestreiten muß, sondern einen legitimatorischen Zweifel an der Berechtigung einer Äußerung, dessen logische Möglichkeit die Beurteilungskompetenz des jeweiligen Äußerungsanspruchs notwendig impliziert. Deshalb ist die Geltungsfrage – anders als die Informationsfrage – nicht innerhalb einer zweigliedrigen Sprechaktsequenz rekonstruierbar (vgl. Wunderlich, S. 300f.), sondern sie setzt ein weit komplexeres Sequenzschema voraus (S. 257ff., S. 29 u. ö., 1976/1, S. 463), das allenfalls mit Hilfe der bereits erwähnten drei Diskursphasen strukturiert werden kann[4] und formal als Verdoppelung einer einfachen Frage-Antwort-Sequenz rekonstruierbar ist.

Abb. 9:

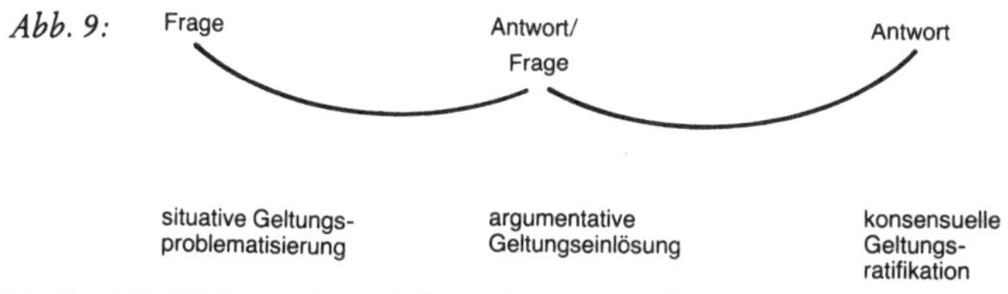

Und schließlich: Während die Informationsfrage (bzw. der »erotetische« Sprechakttyp allgemein) durchaus mit Wunderlich als »initiativ« bzw. »sequenzeröffnend« charakterisiert werden kann, insofern sie – statt »bereits bestehende Interaktionsbedingungen zu erfüllen« (= »reaktiv« vgl. 1976, S. 57ff., S. 142ff., S. 300f. u. ö.) – »neue Interaktionsbedingungen einführt und damit eine Handlung eröffnet« (1976, S. 77, 1976/1, S. 483ff.), ist die Geltungsfrage mit dieser kategorialen Differenzierung nicht angemessen zu interpretieren. Denn obwohl die Geltungsfrage einerseits (als sprachliche Abbildung der argumentativen Eingangsphase) einen Diskurs eröffnet, so thematisiert sie andererseits doch nur die implizit im kommunikativen Handeln immer schon bestehenden Geltungsbedingungen, indem sie deren argumentativ-explizite Einlösung fordert; und obwohl die Geltungsfrage als diskursive Unterbrechung kommunikativen Handelns einerseits neue Kommunikationsbedingungen eröffnet, so ist sie andererseits doch nur die Fortsetzung einer kommunikativen Verständigungsanstrengung in einer anderen Kommunikationsform. Was heißt: Die Geltungsfrage ist – im Unterschied zur Informationsfrage – sowohl »initiativ« hinsicht-

lich ihrer diskurseröffnenden Leistung wie »reaktiv« hinsichtlich ihrer Einbettung in einen Kommunikationsprozeß, dessen immanente Problematisierung sie überhaupt erst nötig macht. Sie ist – in die Terminologie von Wunderlich übersetzt – in eine »Vor- und Nachgeschichte« konstitutiv eingebunden (1976, S. 44). In dieser Dialektik zwischen »initiativem« und »reaktivem« Charakter der Geltungsfrage bildet sich exemplarisch die prinzipielle Funktion des Diskurses für kommunikatives Handeln ab (vgl. Abb. 2), insofern er kommunikative Handlungsbedingungen gerade dadurch sichert, daß er kommunikatives Handeln unterbricht.
3.13 Frage als ein ebenso »universeller« (Wunderlich 1976, S. 78) wie »fundamentaler«, d. h. für die kommunikativen Existenzbedingungen vergesellschafteter und kooperierender Subjekte notwendiger Sprechakt (ebd., S. 30f., 1976/1, S. 463ff., Kanngießer, S. 276ff.) setzt freilich – so Ehlichs sprechaktgeschichtliche Spekulation (Ehlich 1974; vgl. Wunderlich, S. 79f.) – ein bereits relativ entwickeltes und differenziertes Interaktionsniveau voraus. Denn anders als die »primären« Sprechakttypen »Vokativ« (etwa: Anruf) und »Direktiv« (etwa: Befehl) steuert der »erotetische« Sprechakttyp weder die »Aufmerksamkeit« von Aktanten noch deren Aktionen selbst, sondern er macht (zusammen mit dem »repräsentativen« Sprechakttyp) Aktionen selbst erst *kognitiv* zugänglich und hypothetisch reflektierbar (was die Ausdifferenzierung des propositionalen Gehaltes impliziert) (Wunderlich, S. 79f., vgl. Habermas 1976/1, S. 218f.). Dies gilt freilich erst recht für eine Hypothetisierung, die nicht bloß die Aktionen selbst als mögliche reflektierbar und darum in ihrem Ablauf antizipierbar bzw. retrospektiv analysierbar macht (= Informationsfrage) – vgl. Leontjews Analyse eines einfachen Kooperationsvorgangs (dazu Rehbein 1977, S. 102ff.) –, sondern darüber hinaus die Bedingungen eines solchen kommunikativen Handelns selbst reflexiv aufbricht, indem sie dessen impliziten Geltungsansprüche modalisiert (= Geltungsfrage) und deren argumentative Einlösung diskursiv verlangt. Was Wunderlich von den »Satisfaktiven«, »Retraktiven« und »Deklarationen« annimmt (1976, S. 80), das gilt erst recht für so komplexe Sprechaktsequenzen wie die Argumentation, von der Habermas behauptet (vgl. dazu Kap. 4.4), daß sie bestimmte ontogenetische (und – so sein spekulativer Homologisierungsversuch – auch phylogenetische) Voraussetzungen ihrer Möglichkeit bedingen.

Auf diese Voraussetzungen möglicher Argumentation haben wir bereits oben kurz verwiesen, als die Möglichkeit des Diskurses von der Möglichkeit kommunikativen Handelns abhängig gemacht und die argumentative

Einlösung kommunikativer Handlungsbedingungen an die *Fähigkeit, Bereitschaft* und *Möglichkeit* von Subjekten zurückgebunden wurde, überhaupt (im emphatischen Wortsinn verstanden) handeln zu können. Analoge Voraussetzungen impliziert die Möglichkeit der Geltungsfrage, insofern sie – ihrem pragmatischen Sinn gemäß – ja eben die im kommunikativen Handeln reziprok erhobenen Geltungsansprüche explizit thematisiert, deren kognitiver Charakter sowohl wechselseitige *Rechte* begründet, den Berechtigungsnachweis solcher Geltungsansprüche verlangen zu dürfen, wie wechselseitige *Verpflichtungen* (vgl. Habermas 1976/1, S. 252ff., vgl. Alexy 1978, S. 267ff. zur allgemeinen Begründungsregel) impliziert, solche Berechtigung gegebenenfalls argumentativ stützen zu wollen.

D. h.: Die Fähigkeit, Bereitschaft und Möglichkeit, solche Verpflichtungen der Geltungsrechtfertigung überhaupt eingehen zu können (handeln zu können), und die Fähigkeit, Bereitschaft und Möglichkeit, die Einlösung solcher kommunikativen Pflichten als Rechte einfordern zu können (fragen zu können), interpretieren sich wechselseitig, insofern sie beide *die* Idealisierung explizit machen, auf deren ebenso notwendiger wie kontrafaktischer Unterstellung die Möglichkeit kommunikativen Handelns und möglicher diskursiver Handlungssicherung immer schon beruhen: Die Idealisierung kommunikativ Handelnder nach dem Modell »reinen kommunikativen Handelns« und die Idealisierung des Diskurses nach dem Modell der »idealen Sprechsituation« impliziert zugleich die Idealisierung der kommunikativen Situation nach dem Modell einer herrschaftfreien Lebensform, in der die Fähigkeit, Bereitschaft und Möglichkeit, verantwortlich zu handeln und die Bedingungen solch verantwortlichen Handelns explizit thematisieren zu können, symmetrisch verteilt sind. D. h. wie das Handelnkönnen die Fähigkeit des Fragens impliziert, so sichert das Fragendürfen die Möglichkeit des Handelns. Die Institutionalisierung von Diskursen als approximative Verwirklichung einer solchen »idealen Lebensform« ist mithin auch die Institutionalisierung von Fragerechten und Widerspruchsrechten (Strecker 1976, S. 19ff.), die allein Geltungsansprüche vor ihrer dogmatischen Erstarrung und ideologischen Verkrustung zu schützen imstande sind.

Doch anstatt die Institutionalisierungschancen solcher Fragerechte an dieser Stelle weiter reflektieren zu wollen (vgl. dazu kurz Kap. 4), soll hier nach der Berechtigung gefragt werden, *Fragerechte* als *Fragepflichten* zu moralisieren, wodurch zugleich der Diskurs (als Legitimationsprinzip von Geltungsansprüchen im Fall ihrer situativen Problematisierung) zur Voraussetzung möglicher Geltungsbeanspruchung schlechthin generalisiert würde.

Der historische Prototyp, an dem sich exemplarisch die Beanspruchung des Fragerechts als Fragepflicht ablesen läßt, ist Sokrates, dessen Leben – so

Helmut Kuhn in seinem Sokrates-Buch (S. 19) – »ein Leben in der Frage war«. Doch das ist nur die eine Seite dieser schillernden Persönlichkeit! Soweit dieses »Leben in der Frage« als öffentlich gelebtes Leben das Leben anderer fraglich machte, war es auch eine permanente Provokation, auf die die einen mit der – aus den Platonischen Dialogen bekannten – hilflosen Verunsicherungen (Aporie) reagierten, während die anderen die politische Dimension dieser Provokation erkannten und politisch reagierten: Sie machten Sokrates den Prozeß.
Zu diesem Prozeß, dessen politische Dimension Sokrates durch die Berufung auf seinen göttlichen Frageauftrag unkenntlich zu machen versuchte (vgl. Platon, Apologie 29a), merkt Hegel in seiner »Geschichte der Philosophie« an: »Sokrates hat dem richterlichen Ausspruch sein Gewissen entgegengesetzt, sich vor dem Tribunal seines Gewissens freigesprochen. Aber kein Volk, am wenigsten ein freies Volk . . . hat ein Tribunal des Gewissens anzuerkennen . . . Das Volk Athen hat das Recht seines Gesetzes, seiner Sitte gegen diesen Angriff, gegen die Verletzung des Sokrates behauptet« (S. 510).
Was Hegel »Gewissen« bzw. den »seiner selbst gewissen Geist« (ebd.) nennt, heißt bei Sokrates genauerhin »Logos«: »Nicht nur in diesem Augenblick, sondern mein ganzes Leben lang halte ich es so, daß ich nichts Anderem gehorche als dem Logos, der sich mir in der Untersuchung als der beste erweist« (Kriton 47a).
In dem Begriff »Logos« ist nicht nur die neue Legitimationsinstanz benannt, vor der alle tradierten Sinn- und Wertgehalte ihre Berechtigung nachzuweisen haben, sondern auch deutlicher als bei Hegel ist das Legitimationsmedium bzw. -verfahren zitiert, in dem solche Berechtigung praktisch nachweisbar wird: der Dialog. Der Sokratische Dialog teilt mit der Sophistik – gemeinhin als griechische Aufklärung apostrophiert – die Voraussetzung seiner Möglichkeit, nämlich den radikalen Geltungsverlust tradierter Sinn- und Wertgehalte und das darin begründete radikale *Reflexivwerden* einer gesellschaftlichen Existenzform, die sich in der gleichzeitigen rhetorischen Entdeckung von Sprache nur symptomhaft zum Ausdruck bringt. Doch der Sokratische Dialog macht – anders als die Sophistik – mit den Voraussetzungen allererst ernst, indem er die Frage – statt als strategisches Mittel sophistischer Destruktionstechnik zu perfektionieren – als befreienden Reflexionsimpuls aus dogmatischer Erstarrung und skeptischer Resignation dynamisiert, und die Sprache – statt als subtiles Mittel neuer Herrschaftsausübung zu instrumentalisieren – als Medium einer Verständigungsanstrengung sublimiert[5], die in der gelingenden Übereinstimmung im gemeinsamen Logos (= Homologie) das Fundament einer neuen intersubjektiven Gewißheit findet: »In der Übereinstimmung des Logos stellt sich die als ›Welt‹ untergegangene Einheit in neuer Form wieder her« (Kuhn, S. 83).

Der Sokratische Dialog ist – darin haben Bubner (1973, bes. S. 187f.) u.a. fraglos recht – das geheime Paradigma aller Diskurstheorien, insofern sie die Verbindlichkeit von Geltungsansprüchen an ihre konsensuelle Ratifikationschance im Medium herrschaftsfreier Verständigung rückbinden: »Daß wir dafür stehen wollen, was wir tun«, macht nach Hegel die Modernität des Sokrates aus. Doch nicht erst die Erinnerung an den erbittertsten Anti-Sokratiker Nietzsche, der in seiner »Götzendämmerung« – anders als Hegel – in Sokrates nicht den »großen geschichtlichen Wendepunkt« (S. 496ff.), sondern den »décadent« eines zersetzenden Intellektualismus verkörpert sah (S. 397ff.), drängt die Frage auf: Läßt sich auf das Sokratische Logos-Vertrauen die gesellschaftliche Existenz von Subjekten gründen? Läßt sich – aktueller gefragt – Gesellschaft überhaupt denken, in der »nur gilt, was anerkannt wird«, und in der »jede Regel jederzeit zur Diskussion gestellt werden kann« (Strecker 1976, S. 17ff.), ohne daß sie an dem latent »anarchischen Charakter« (ebd.) solcher generalisierten Lebensform scheitert? Die dezidierte Antwort Luhmanns auf diese Frage lautet: »Kein Mensch ist in der Lage, für alle aktuellen Entscheidungen Überzeugungen zu bilden« (1969, S. 32). Und in entscheidungstheoretischer Pointierung läßt sich diese systemtheoretische Antwort reformulieren: »Der Zwang zur Dezision reicht prinzipiell weiter als unsere Chance, diesen Zwang seinerseits materiell durch Konsens zu legitimieren« (Lübbe 1968, S. 70) bzw. – dies die eigentliche Habermassche Gegenformel – in den »zwanglosen Zwang« zwingender Argumente zu transformieren (vgl. Lübbe S. 69f.). Denn »zu keiner Zeit ist es irgend jemand praktisch möglich, eine aktive positive Begründung der Vernünftigkeit oder eine Widerlegung all dessen zu leisten, was jeweils in dieser Zeit für ausgemacht gilt« (Lübbe S. 23). Nicht an der Starrköpfigkeit und Eitelkeit seiner Gesprächspartner – so läßt sich diese These applizieren – muß Sokrates immer wieder scheitern, sondern an der prinzipiellen Überforderung von Subjekten, alle die Gewißheiten, aus denen sie leben und handeln, selber reflexiv verantworten und argumentativ rechtfertigen zu können. »Der vernünftige Mensch« – so Wittgenstein – »hat gewisse Zweifel *nicht*« (1971/1, Nr. 220). Positiv gewendet und verallgemeinert heißt dies: Die Möglichkeit gesellschaftlicher Existenz von Subjekten gründet in der freilich »widerlegbaren Vermutung für die Vernünftigkeit des Bestehenden« (so Lübbe – in Anlehnung an Martin Kriele – 1978, S. 23)[6]. Wenn in dieser Vermutung nach Lübbe die »vernünftige Substanz des Konservativismus« auf den Begriff gebracht ist, dann läßt er sich auf einen formalen Verfahrensgrundsatz reduzieren, der folgender *Beweislastverteilungsregel* folgt: »Da wir zur Nachweisung der Vernünftigkeit der Totalität des jeweiligen Systems unserer Orientierungen ohnehin unfähig sind, ist es evidenterweise zweckmäßig, die Last harter Beweise jeweils denjenigen aufzuladen, die an diesem System etwas ändern wollen« (S. 132, vgl. Spaemann 1968, S. 683 ff.). D. h.: Die Beweislastverteilungsregel impliziert ersichtlich eine *Beweislastverschiebung:* Nicht die Sokratischen Gesprächspartner haben zu begründen, warum sie tradierten Sinn- und Wertgehalten folgen, sondern Sokrates hat zu begründen, warum er tradierte Sinn- und Wertgehalte problematisiert. »Die Beweislast ist dem Kläger, nicht dem Angeklagten auferlegt« (Lübbe, S. 11).

Die implizit im Text anklingende kategoriale Differenzierung zwischen »harten« und »weichen Beweisen« (S. 131) korrespondiert der Unterscheidung zwischen der Vernünftigkeitsvermutung tradierter Wirklichkeitsannahmen bzw. Orientierungsmuster (common sense) und dem expliziten Nachweis ihrer Vernünftigkeitsvermutung in diskursiver Argumentation. Ersetzt man den Begriff »Vernünftigkeitsvermutung« durch den bisher verwendeten Begriff »naiver« Geltungsunterstellung, die kommunikatives Handeln immer schon als Bedingung seiner Möglichkeit voraussetzt (vgl. Habermas 1971/1, S. 115), dann scheint eine mögliche Konvergenz zwischen dieser konservativen Beweislastverteilungsregel und der Habermasschen universalpragmatischen Bedingungsanalyse kommunikativen Handelns gar nicht so abwegig. Dies freilich nur auf den ersten Blick! Denn die (von Hause aus juristische)[7] Beweislastverteilungsregel wie die (in diesem Zusammenhang etwas befremdlich adaptierte) Aristotelische Dialektik (S. 127 f.) dienen Lübbe nur dazu, der Exklusivität und dem Monopolanspruch eines »harten« Legitimationsverfahrens zu widersprechen, an den ein normativer Verständigungsbegriff prinzipiell die Berechtigung intersubjektiver Geltungsansprüche rückbinden muß. Und in der Tat! Dieser normative Verständigungsbegriff macht jede pragmatische Dissoziation nach Hobbesschem Muster (»auctoritas, non veritas facit legem« vgl. Lübbe S. 63 ff.) zwischen »Wahrheit« und »Geltung«, zwischen »sachlichen« bzw. »logischen« oder »kognitiven« und »sozialen« bzw. »politischen« Geltungsansprüchen (S. 65 ff., 1978/2, S. 118 ff., S. 184 ff.) in dem Maße unhaltbar, als diese Dissoziation zugleich auch *Wahrheit* als kritischen Maßstab *faktischer Geltung* entmachten müßte. Die Lübbesche These, daß die Identifizierung von Wahrheit und Geltung einem »Kurzschluß« (1978, S. 77) erliegt, der »anarchistische« bzw. »totalitäre«, ja »terroristische« Konsequenzen impliziert (S. 62, S. 78 ff., bes. S. 92), erliegt ihrerseits einem Mißverständnis oder sie intendiert es sogar aus strategischen Gründen: Denn die Identifizierung von Wahrheit und Geltung reformuliert ausschließlich eine geltungslogische Einsicht, die weder *geltungspragmatisch*, noch gar *geltungsstrategisch* applizierbar ist. Was heißt: In dieser Identifizierung ist nur der geltungslogische *Sinn* des (wie auch immer eingelösten bzw. als einlösbar unterstellten) geltungsimmanenten *Anspruchs* auf Wahrheit bzw. Richtigkeit rekonstruiert, womit weder Wahrheit bzw. Richtigkeit als exklusiver Grund möglicher sozialer bzw. politischer Geltungsexistenz ausgewiesen ist, noch Wahrheit bzw. Richtigkeit als Immunisierungsstrategie faktischer Geltungen vor deren kritische Legitimationspflicht zu beanspruchen ermöglicht wird, der sich die »Machthaber« bedienen, um sich in der Rolle von »Rechthabern« unangreifbar zu machen.

Die Vermischung dieser kategorialen Reflexions- bzw. Frageebenen wird besonders deutlich in Lübbes engagierter Verteidigung eines »Funktionsbegriffs von Tradition« (S. 132), der die Orientierungs- und Entlastungsleistung von Tradition als Bedingung möglichen Handelns reklamiert und die Notwendigkeit einer solchen Leistung aus der Insuffizienz von Subjekten ableitet, die traditionale Bindung ihrer handlungsleitenden Normen total reflexiv aufarbeiten zu können. So richtig es ist, daß »Tradition nicht aus der Evidenz ihrer guten Gründe gilt, sondern aus der Evidenz der Unmöglichkeit, ohne sie auszukommen« (S. 69), so kann mit diesem zustimmungsfähigen Hinweis auf die *Pragmatik* der *Geltung* von Tradition nicht das *Prinzip* ihrer *Gültigkeit* eingeschränkt werden, das in der Unterstellung der prinzipiell argumentativen Einlösbarkeit und konsensuellen Ratifikationschance des Geltungsanspruchs tradierter Sinn- und Wertgehalte besteht (vgl. Habermas 1970/2, S. 220ff.). Denn die tatsächliche Unmöglichkeit der generellen Einlösung dieser Unterstellung, die Lübbe in Wahrheit nur einklagt, vermag der Notwendigkeit der Unterstellung des Prinzips, auf dem sich allein der Legitimitätsanspruch tradierter Sinn- und Wertgehalte stützen kann, weder außer Kraft zu setzen noch einzuschränken. Und die plausible Unterscheidung zwischen Geltungsbegründung und Geltungsdurchsetzung bzw. – so die Lübbeschen Kategorien – zwischen »Normbegründung« und »Normdurchsetzung« (S. 75, 1978/1, S. 38ff.) ist überhaupt keine geltungslogisch relevante Unterscheidung, sondern sie bringt nur das bereits erwähnte konstitutive Spannungsverhältnis in Erinnerung zwischen dem in jedem Geltungsanspruch – wie auch immer kontrafaktisch beanspruchten – idealen Prinzip ihrer konsensuellen Gültigkeit und der Pragmatik ihrer faktisch geschichtlichen Geltung (vgl. Habermas 1978, S. 126).

Das Fragerecht nicht als Fragepflichte zu moralisieren, ist die Konsequenz einer Einsicht, »angesichts unserer faktisch beschränkten Kapazität, Begründungslasten zu tragen, eine Reduktion dieser Lasten vorzusehen, um die Begründungspflicht jedenfalls in den unumgänglichen Fällen einlösbar zu halten« (Lübbe 1978, S. 23). Diese Einsicht vermag durchaus ebenso das Perelmansche »Beharrungsprinzip« (»le fait présume le droit« 1967, S. 92) zu reformulieren wie das alte argumentationspragmatische Grundprinzip »contra factum non valet argumentum« (vgl. Hülsmann S. 13), was diesbezüglich hieße, daß allgemein anerkannte Geltungsansprüche sich ihrer argumentativen Problematisierung widersetzen. Doch diese pragmatische Einsicht muß weder über die mißliche Rehabilitation des Descarteschen Dezisionismus (»morale par provision«)[8] den Willen zur Gewißheit gegen den Willen zur Wahrheit ausspielen, noch die Vernünftigkeit einer Beweislastverteilung, die »die Bestreitung des Alten oder die Behauptung des Neuen unter Regeln« stellt (Lübbe S. 24), der Vernünftigkeit des »Interesses an der Wahrheit und Richtigkeit des Überlieferten« (S. 23) entgegensetzen, noch schließlich die situative Entscheidung fordernden Handlungsimperative des politischen Marktes gegen die esoterische Reflexionsidylle einer »Akademie« (S. 77) polemisch ins Recht setzt. Denn in der funktionalen Beziehung zwischen Diskurs und kommunikativem Handeln ist bereits das *pragmatische* Interesse an der *Sicherung* kommunikativer Handlungsbedingungen durch den Diskurs mit dem *prinzipiellen* Interesse an der *Wahrheit* bzw. *Richtigkeit* diskursiv eingelöster Geltungsbedingungen kommunikativen Handelns systematisch vermittelt, ohne die riskante und dogmatisch anfällige Unterscheidung zwischen »kritisierbaren« und »kritikbedürftigen« Geltungsansprüchen (S. 11) bemühen zu müssen.

Wenn man die Einsicht in diese funktionale Beziehung zwischen Diskurs und kommunikativem Handeln in Gestalt einer Regel reformulieren will, dann könnte sie die Form einer »Argumentationslastregel« (vgl. Alexy 1978, S. 242ff.) annehmen, in der zugleich eine Antwort auf die suggestiv gestellte Wittgensteinsche Frage »Braucht man zum Zweifel nicht Gründe?« (1971/1 Nr. 122 vgl. 323) enthalten ist: »Wer eine Aussage oder Norm, die nicht Gegenstand der Diskussion ist, angreift, muß hierfür einen Grund angeben« (Alexy S. 242).

Diese »Argumentationslastregel« hebt freilich nicht die »Allgemeine Begründungsregel« auf, nach der jeder Sprecher verpflichtet ist, »das, was er behauptet, auf Verlangen zu begründen« (Alexy S. 239), sondern sie bindet nur die *Fragerechte*, die aus den *Begründungspflichten* kommunikativ Handelnder erwachsen, selbst wieder an *Begründungspflichten* der Fragenden zurück, die ihrerseits *Fragerechte* der Gefragten begründen, worauf die Symmetrie von Rechten und Pflichten beruht, die im Interesse der kommunikativen Handlungsmöglichkeiten den Diskurs davor bewahrt, über die Verabsolutierung von Fragerechten seine genuine Sicherungsleistung kommunikativen Handelns einzubüßen. Denn wie »ein Zweifel, der an allem zweifelte, kein Zweifel wäre« (Wittgenstein

Nr. 450 vgl. 519; und Teil I S. 96f.), so wäre ein Fragen, das alles in Frage stellen würde, kein Fragen mehr, weil die Verabsolutierung des Fragens mit der Aufhebung der Beantwortungschance zugleich auch den pragmatisch-kommunikativen Sinn des Fragens selbst aufheben würde. In der unten (vgl. 3.2) noch zu erläuternden Struktur der Argumentation als *mittelbarer* Gewißheitsfindung werden wir diese Einsicht in die Bedingung möglicher Geltungsproblematisierung positiv als Bedingung möglicher diskursiver Geltungseinlösung reformulieren: Wer Geltungsansprüche mit Hilfe von Argumenten stützen will, muß seinerseits Geltungsansprüche unterstellen, die nicht selber zugleich problematisiert werden dürfen. Diese Bedingung möglicher diskursiver Geltungseinlösung ist keine Einschränkung des konsensuellen Geltungsprinzips, sondern die Bedingungsangabe seiner methodischen Anwendungsmöglichkeit.

3.14 Wer fragt, d.h. in dem hier gemeinten spezifischen Sinn: Wer Geltungsansprüche problematisiert, *eröffnet* nicht nur neue Kommunikationsbedingungen, sondern er greift zugleich auch in einen bereits bestehenden Kommunikationsprozeß ein, indem er ihn *unterbricht* (vgl. Abb. 7). In der Folgelast dieser Kommunikationsunterbrechung, die durchaus auch zu einem *Kommunikationsabbruch* führen kann, liegt unter anderem der Grund für die Verantwortung, die der Fragende – ungeachtet seines prinzipiellen Fragerechts – mit seiner Frage übernimmt. Denn selbst wenn der Fragende mit seiner Geltungsfrage – dies macht die Pointe der Dialektik zwischen »unterbrechen« und »eröffnen« aus – Kommunikation nur unterbricht, um sie auf einer anderen Ebene verständigungsorientierter Rede fortzusetzen, so hängt das Gelingen solcher intendierter Fortsetzung verständigungsorientierter Rede als Diskurs doch von der Bereitschaft des jeweiligen Kommunikationspartners ab, die »kritische Schwelle« zwischen kommunikativem Handeln und Diskurs zu überschreiten, d.h. sich überhaupt auf Argumentation einzulassen. Diese Bereitschaft impliziert freilich noch nicht die inhaltlich-materiale Ratifikation der Argumentation als überzeugungskräftiger Stützung problematisierter Geltungsansprüche, sondern sie meint ausschließlich den Willen und die Bereitschaft, den in der Geltungsfrage angebotenen Kommunikationsebenenwechsel mitzuvollziehen.

Wir nennen diese Bereitschaft genauerhin *Diskursbereitschaft* (vgl. 4.3) und verstehen darunter die explizite Bekräftigung *des* Willens, den kommunikatives Handeln immer schon implizit unterstellen *muß*, weil »wir schon im kommunikativen Handeln die Möglichkeit von Argumentation voraussetzen« (Habermas 1976/2, S. 340).

Die Vernünftigkeit solcher Diskursbereitschaft bzw. solchen Willens zur Argumentation gründet in der Unmöglichkeit der vernünftigen Negierbarkeit von Argumentation als Prinzip (vgl. Apel 1973/2, 324ff., und Teil I, S. 97f.). Denn mit der Negation von Argumentation als Prinzip müßte auch die Möglichkeit kommunikativen Handelns schlechthin und damit die Bedingung kommunikativer Existenz überhaupt negiert werden, deren Sicherung der Diskurs darstellt. Freilich muß solch transzendentale Einsicht in die Bedingungen kommunikativen Handelns und kommunikativer Existenz, um überhaupt appellativ wirksam werden zu können, eben *die* Vernünftigkeit bereits voraussetzen, deren willentliche Bejahung das Ziel solchen Appells zur Vernunft meint. Es gibt – so gesehen – in der Tat »keine Argumente für Argumentation« (Strekker 1976, S. 22), sondern nur die appellative Aktualisierung einer Reflexionsanstrengung, die sich der Argumentation als Implikat jeden kommunikativen Handelns vergewissert. Wer sich solcher Reflexion und ihren praktischen Konsequenzen entzieht, entzieht sich der Möglichkeit kommunikativer Verständigung überhaupt. Doch selbst diese Schlußfolgerung hätte noch zur Voraussetzung ihres möglichen Vollzugs die Anerkennung eben *des* Vernunftprinzips, dessen Aufhebung sie gerade ratifiziert.

Die latente Zirkularität solcher appellativen Aktualisierung reflexiver Einsicht in die Bedingungen kommunikativer Verständigung verliert freilich an Irritation und dezisionistischer Anfälligkeit, wenn die Vernünftigkeit, an die appelliert wird, nicht ausschließlich als mögliche *Eigenschaft* von *Subjekten* begriffen, sondern als *Strukturmerkmal* von *Gesellschaftssystemen* verstanden wird, deren evolutionär erreichtes und normativ sanktioniertes Legitimationsniveau zugleich auch den Alternativspielraum definiert, der Subjekten bei der Bewältigung kommunikativer Problem- und Konfliktsituationen zur Verfügung steht (vgl. Kap. 4.4).
Eine solche Rückbindung individueller Diskursbereitschaft an das jeweilige gesellschaftliche Niveau diskursiver Legitimationsanforderungen würde nicht nur die privatistische Mißdeutbarkeit unseres aus heuristischen Gründen gewählten fiktiven Kommunikationsbeispiels bannen, sondern auch mit dem Interesse einer linguistischen Pragmatik korrelieren, die die Grenze isolierter Sprechaktanalyse zu sprengen versucht, um in den Regelsystemen gesellschaftlich konventionalisierter und zum Teil institutionalisierter Sprechakt-Sequenzmuster – Rehbein spricht von »kommunikativen Schemata«[9] – formale Abbildungen gesellschaftlich erarbeiteter Formen sozialer Situationsbewältigung zu erkennen, die zugleich bestimmte sanktionierte Erwartungen an das kommunikative Verhalten von Subjekten implizieren[10]: »Die organisierten Formen menschlichen Verhaltens haben für die Einzelnen einen verpflichtenden Charakter« (Ehlich/Rehbein, S. 215).

Freilich gibt es außer dem radikalen Kommunikationsabbruch – er ließe sich sprachlich in unserem fiktiven Kommunikationsbeispiel etwa mit der Äußerung realisieren: A (3): »Ich habe keine Lust, mit Dir darüber zu diskutieren!« – noch eine ganz andere Form der Diskursverweigerung (vgl. Habermas 1973/3, S. 214), die sich solchen möglichen Sanktionsfolgen von vorneherein entzieht, weil sie Diskursbereitschaft bloß prätendiert, während sie in Wirklichkeit einem Handlungstyp folgt, den wir oben als »strategisch« ausdifferenziert haben: Ebenso wie das Gelingen von Lüge und Manipulation davon abhängt, daß die strategische Suspendierung der Wahrhaftigkeitsbedingung kommunikativen Handelns erfolgreich unkenntlich gemacht wird, so gelingt auch strategisches Handeln als Form der Diskursverweigerung nur über die erfolgreiche Prätention von Diskursbereitschaft. Unter dem Titel Trug- oder Fangargumentation bzw. Trug- oder Fangschlüsse haben Logik und Rhetorik traditionell das Verfahren solchen, Diskursbereitschaft bloß prätendierenden, strategischen Verhaltens analysiert[11] (zur strategischen Argumentation bes. Völzing). Diese Prätention ist freilich in dem Maße *innerhalb* eines Diskurses nicht zu decouvrieren, als sich Wahrhaftigkeit schlechthin ihrer diskursiven Problematisierung wie argumentativen Einlösung entzieht. Denn – um es an unserem fiktiven Kommunikationsbeispiel zu erläutern – der mögliche Zweifel von B an der Wahrhaftigkeit der informationshaltigen Äußerung A (0): »Klaus kommt heute nachmittag nach Köln!«, wie er in der Geltungsfrage B (3): »Stimmt das wirklich?« sprachlich realisiert werden könnte, ist ja prinzipiell von A nur unter der Voraussetzung überhaupt zu beheben, daß die Glaubwürdigkeit von A, die dessen Antwort ja gerade erst stützen soll, bereits als Bedingung ihrer möglichen Akzeptabilität von B vorausgesetzt wird. Dieser logischen Zirkularität könnte die Frage nach der Glaubwürdigkeit von A nur dadurch entgehen, daß sie – statt an den direkten Kommunikationspartner A – an eine dritte Person C gerichtet würde (»Ist er glaubwürdig?«), wodurch deren kommunikative Erfahrungen mit der betreffenden Person für die Beantwortung dieser Frage virulent würden. Dabei würde freilich die Frage selbst ihren pragmatischen Status verändern: Aus der Geltungsfrage würde eine Informationsfrage mit allen oben genannten entsprechenden Differenzfolgen. Deshalb läßt sich mit Habermas sagen, daß sich »die Wahrhaftigkeit der Äußerung nur an der Konsistenz der Handlungskonsequenzen überprüfen läßt« (1976/1, S. 353, 1973/3, S. 221; und Teil I S. 112).

Ebensowenig wie die *Wahrhaftigkeitsbedingung* ist aber auch die *Verständlichkeitsbedingung* kommunikativen Handelns ein mittelbar bzw. diskursiv überprüfbarer und argumentativ einlösbarer

Geltungsanspruch[12]. Doch im Unterschied zur unterstellten Wahrhaftigkeit ist die Bestätigung der Verständlichkeit nicht erst auf weitere kommunikationsgeschichtliche Erfahrungen mit dem betreffenden Kommunikationspartner angewiesen, sondern unmittelbar im kommunikativen Kontext selbst erfahrbar, weshalb Habermas Verständlichkeit auch als allgemeine »Bedingung der Kommunikation« von den Geltungsansprüchen unterscheidet, die »in der Kommunikation erhoben werden« (vgl. 1973/3, S. 222). Was heißt: Verständlichkeit ist weder ein unterstellungsbedürftiger noch unterstellungsfähiger Anspruch, mithin auch nicht – wie etwa Wahrhaftigkeit – ein bloß strategisch prätendierbarer Anspruch, sondern eine faktisch immer schon unmittelbar als eingelöst oder nicht eingelöst erfahrbare Voraussetzung bzw. »Bedingung« von Kommunikation überhaupt. Denn erst die Verständlichkeit der Rede ist die Bedingung dafür, daß sich *in* ihr Subjekte *mit* anderen Subjekten *über* etwas verständigen können (vgl. Abb. 3). Verständlichkeit hat mit anderen Worten ebenso wie Wahrhaftigkeit, aber anders als Wahrheit und Richtigkeit, für B als Kommunikationspartner von A eine unmittelbare »Erfahrungsgrundlage«, der ein entsprechend subjektives »Gewißheitserlebnis« korrespondiert, nämlich: etwas verstanden zu haben bzw. jemandem glauben zu können (vgl. Habermas, S. 222ff., 234ff.).

Weder eine solche unmittelbare Erfahrungsgrundlage noch ein ihr korrespondierendes subjektives Gewißheitserlebnis eignet freilich dem *Wahrheits-* und *Richtigkeitsanspruch* kommunikativen Handelns, deren Einlösung sich ausschließlich der Überzeugungskraft ihrer argumentativen Stützung verdankt. Eben dies macht ihre »Sonderstellung« (Habermas S. 223) aus: »Unmittelbar stützen sich diese ›Gewißheiten‹ auf Argumentation und nicht auf Erfahrungen. Sie sind von einem Typus von ›Gewißheitserlebnis‹ begleitet, das sich allein der Erfahrung des eigentümlich zwanglosen Zwanges des besseren Arguments verdankt. Sowenig wir diese Erfahrung normalerweise Erfahrung nennen, so entfernt ist jene Gewißheit von der paradigmatischen Form der sinnlichen Gewißheit, die stets etwas Unmittelbares ausdrückt« (S. 226). Die spezifische Kommunikationsform, in der solche *mittelbare* Gewißheitsfindung über die argumentative Einlösung problematisierter Geltungsansprüche gelingen kann, haben wir »Diskurs« genannt. Entsprechend können wir innerhalb der Geltungsansprüche, je nachdem ob sie solcher diskursiven Einlösung fähig sind oder nicht, zwischen *diskursiv* einlösbaren Geltungsansprüchen (der Wahrheit und Richtigkeit) und *nicht-diskursiv* einlösbaren Geltungsansprüchen (der Wahrhaftigkeit und Verständlichkeit) unterscheiden.

Und innerhalb der Diskurse können wir, je nach den beiden Geltungsansprüchen, die sich in ihnen explizit einlösen lassen, zwischen dem *theoretischen* Diskurs als der argumentativen Einlösung der Wahrheitsbedingung, und dem *praktischen* Diskurs als der argumentativen Einlösung der Richtigkeitsbedingung kommunikativen Handelns unterscheiden (vgl. Abb. 10, dazu Habermas 1973/3, S. 222).
Wenn mithin nur Wahrheit und Richtigkeit diskursiv einlösbare Geltungsansprüche darstellen, dann können auch nur der theoretische und der praktische Diskurs das genuine Reflexionsobjekt einer allgemeinen Argumentationstheorie darstellen, und an diesen beiden Grundformen argumentativer Rede müßte sich entsprechend auch die Struktur der Argumentation rekonstruieren lassen.

Abb. 10:

<table>
<tr><td colspan="3">Tafel der Geltungsansprüche</td></tr>
<tr><td rowspan="2">Bedingung der Kommunikation</td><td colspan="2">Geltungsansprüche</td></tr>
<tr><td>nicht-diskursiv</td><td>diskursiv</td></tr>
<tr><td>Verständlichkeit</td><td>Wahrhaftigkeit</td><td>Wahrheit
Richtigkeit</td></tr>
<tr><td colspan="2">unmittelbar</td><td>mittelbar</td></tr>
<tr><td colspan="3">korrelierende Gewißheitserlebnisse</td></tr>
</table>

3.2 Zur argumentativen Geltungseinlösung oder: Der Prozeß der Argumentation

»Was ein triftiger Grund für etwas sei, entscheide nicht ich.«

(*Wittgenstein,* Über Gewißheit)

3.21 Nach der Erläuterung der situativen Geltungsproblematisierung als Voraussetzung möglicher Argumentation soll nun die zweite Phase des Diskurses genauerhin bestimmt werden, in der die problematisierten Geltungsansprüche zu stützen bzw. – je nach gewählter Perspektive – die erhobenen Geltungsansprüche zu bestreiten versucht werden.

Wir hatten oben zwischen zwei situativ möglichen, typologisch aber differenten Reaktionen auf die (behauptende) Äußerung von A
A (0): »Klaus kommt heute nachmittag nach Köln«
unterschieden, nämlich zwischen der Informationsfrage
B (1): »Was will er denn in Köln?«
und der (diesfalls den Wahrheitsanspruch dieser Behauptung problematisierenden) Geltungsfrage
B (2): »Woher weißt Du denn das?«
Wir hatten weiter gesagt: Weder soll die Frage B (1) die verschiedenen Arten situativ möglicher Informationsfragen auf A (0) repräsentieren (natürlich sind auch informationsbezogene Fragen nach der Person von Klaus oder nach der Institution des Museums usw. möglich), noch soll die Geltungsfrage B (2) die verschiedenen Arten situativ möglicher Geltungsproblematisierung abbilden (natürlich kann statt der Wahrheit der Behauptung auch die Richtigkeit der interaktionellen Beziehung zwischen B und A thematisiert werden), noch muß schließlich B (2) überhaupt notwendig als sprachliche Realisierung einer Geltungsfrage interpretiert werden – (natürlich kann mit B [2] statt nach der Geltung eines behaupteten Wissens auch nach der Herkunft dieses Wissens gefragt werden). Die kategoriale Unterscheidung zwischen den beiden Fragetypen Informationsfrage und Geltungsfrage versucht allein, einen nur kontextuell, mithin pragmatisch identifizierbaren Fragetyp auszudifferenzieren, der in Wunderlichs oben zitiertem Klassifikationsversuch zur »Begründungsfrage« gezählt wurde. Die besondere Rolle dieser Klasse von Fragen besteht für unsere Reflexion ersichtlich in der Chance, über ihre Analyse den spezifischen Charakter der Begründungsfrage bzw. der ihr korrespondierenden Begründungsantwort genauerhin bestimmen zu können, die in ihren pragmatischen Funktionen als situative Geltungsproblematisierung bzw. als argumentative Geltungseinlösung hier thematisiert wird: Während die Informationsfrage B (1) – um zunächst noch bei dem zitierten Beispiel zu bleiben – danach fragt, *warum etwas der Fall ist* (bzw. genauerhin: warum Klaus in bestimmter Weise handeln will), fragt die Geltungsfrage B (2) danach, *warum* (als Tatsache)[1] *behauptet werden darf, daß* etwas der Fall ist (bzw. genauerhin: warum behauptet werden darf, daß Klaus in bestimmter Weise handeln will).

Diese beiden unterschiedlichen Fragetypen eröffnen ersichtlich sequenziell unterschiedliche Anschlußmöglichkeiten, die aufgrund ihrer oben zitierten unterschiedlichen Funktionalität wechselseitig nicht substituierbar sind: Während das in der Informationsfrage B (1) signalisierte epistemische bzw. kognitive Defizit des Fragenden durch jede informationshaltige Angabe entsprechender *Ursachen* bzw. *Motive* als Gründe für das Handeln von Klaus befriedigbar ist (z. B.: »Klaus will sich endlich einmal das

Römisch-Germanische Museum ansehen«), verlangt eine befriedigende Antwort auf die Geltungsfrage B (2) die (nicht informationshaltige, sondern überzeugungskräftige) Angabe entsprechender *Argumente* als Gründe für die Berechtigung der Behauptung A (0) (z. B.: »Klaus hat vorhin angerufen«). Denn »Die Begründung von Wissensbehauptungen erfolgt in einer Argumentation« (Wunderlich 1974, S. 61). Diese funktionale Differenz der in den unterschiedlichen Fragehandlungen verorteten Antworthandlungen läßt sich zunächst allgemein mit den Begriffen »erklären« und »rechtfertigen« terminologisch fixieren (vgl. unten unter 3.22): Während die Angabe von Ursachen und Motiven – vorausgesetzt, die Gültigkeit dieser Angabe wird nicht selbst wieder in ihrem impliziten Geltungsanspruch problematisiert – *erklären* kann, warum etwas der Fall ist (oder nicht der Fall ist), vermag die Angabe von Argumenten – vorausgesetzt ihre Überzeugungskraft wird nicht selber wieder problematisiert – zu *rechtfertigen,* warum behauptet werden darf, daß etwas der Fall ist. Schematisch läßt sich die versuchte funktionale Differenzierung der Begründungsfragen samt ihren korrelierenden Begründungsantworten wie folgt darstellen (vgl. Abb. 11):

Abb. 11:

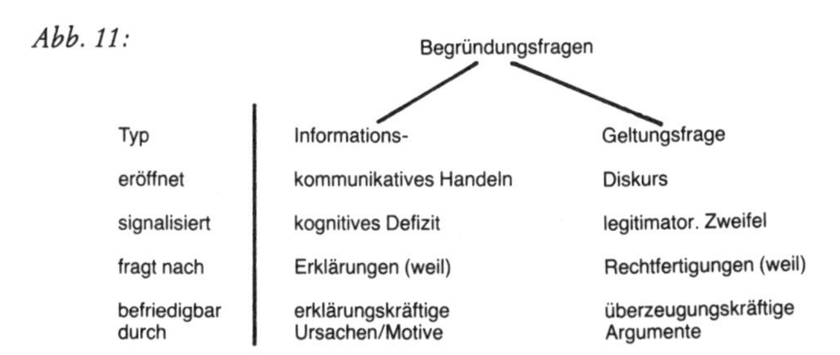

Argumentation – so läßt sich zusammenfassen – ist der Titel einer spezifischen Art von Begründung, die – als *Rechtfertigung* gegenüber *Erklärung* terminologisch abgrenzbar[2] – funktional als Einlösung problematisierter Geltungsansprüche interpretierbar ist. Entsprechend den beiden oben genannten diskursiv einlösbaren Geltungsansprüchen umfaßt diese Art von Begründung freilich nicht nur die (beispielhaft zitierte) Rechtfertigung von Wahrheitsansprüchen behauptender Äußerungen (theoretischer Diskurs), sondern auch die Rechtfertigung von Richtigkeitsansprüchen empfehlender bzw. bewertender Äußerungen (praktischer Diskurs). »Ein Argument« – so lautete Habermas' Argumentationsdefinition – »ist die Begründung, die uns motivieren soll, den Geltungsanspruch einer

Behauptung oder eines Gebotes bzw. einer Bewertung anzuerkennen« (1973/3, S. 241).

3.22 Über die allgemeine kategoriale Differenzierung zwischen Rechtfertigen und Erklären hinaus ist freilich der Begriff »erklären« noch etwas genauer zu bestimmen; denn der das Handeln von Klaus erklärende Grund benennt ja genauerhin eine *Intention*, die A als – vermutetes oder gewußtes – *Motiv* anführt, *aus* dem Klaus handelt, und nicht als *Ursache*, die sein Handeln bedingt. In der analytischen Handlungstheorie würde dieser Differenzierung der Unterschied zwischen »reasons« und »causes« entsprechen (vgl. Ritsert, Toulmin 1975/1, S. 73ff.).
Wenn man handlungsmotivierende Intentionen jedoch noch Erklärungen eines bestimmten Handelns nennen will, dann nötigt dies freilich zu einer kategorialen Differenzierung innerhalb der Klasse erklärungsfähiger Ereignisse selbst, wie sie etwa Wunderlich (1974, S. 63) mit den Begriffen »kausale« bzw. »finale Erklärung« anstrebt. Plausibler jedoch erscheint es, den Begriff »erklären« für eine Klasse von Ereignissen zu reservieren, deren Prozeßablauf durch naturhafte Gesetzmäßigkeiten *determiniert* wird, wobei Determination sowohl die reizstimulierten, adaptiven Verhaltensreaktionen (von Lebewesen) wie die kausalbedingten Geschehensabläufe (unbelebte Natur) umgreifen soll. Dagegen läßt sich intentional motiviertes Handeln als eine selbständige Klasse von Ereignissen ausgrenzen, die – statt ursächlich *erklärbar* zu sein – *verstehbar* sind, weil sie sich in ihrem *Sinnbezug* erschließen[3].

Eben dieser Sinnbezug fungiert in Max Webers klassischem Bestimmungsversuch des Gegenstandes der Soziologie im ersten Kapitel von »Wirtschaft und Gesellschaft« als definitorisches Distinktionskriterium zwischen Handeln und einem »bloß reaktiven« bzw. »kausal bestimmten Sichverhalten«: »Handeln soll ... ein menschliches Verhalten ... heißen, wenn und insofern als der oder die Handelnden mit ihm einen subjektiven *Sinn* verbinden« (§ 1)[4].
Dieser konstitutive Sinnbezug menschlichen Handelns ist zugleich die Grundvoraussetzung für die Möglichkeit der sinnhaften Orientierung des eigenen Handelns an dem Handeln anderer, wodurch sich »soziales Handeln« vom Handeln schlechthin noch einmal unterscheidet. »Soziales Handeln aber soll ein solches Handeln heißen, welches seinem von dem oder den Handelnden gemeinten Sinn nach auf das Verhalten *anderer* bezogen wird und daran in seinem Ablauf orientiert ist« (ebd.).
Dies impliziert: Nur Subjekte, die handeln können, was heißt: die ihr Handeln als intentional motivierte Akte verstehen, können ihre Intentionen überhaupt erst aufeinander abstimmen, so daß eine »Chance« besteht, »daß ein seinem Sinngehalt nach in angebbarer Art aufeinander eingestelltes Handeln stattfindet« (§ 3,1), wodurch sich zugleich ein »Sinnzusammen-

hang« konstituiert, dessen »Erklärung« das »Verstehen von Sinnzusammenhängen« (§ 1,5 vgl. »erklärendes Verstehen« ebd.) meint im Unterschied zum »aktuellen Verstehen« (vgl. Habermas 1970/2, S. 83ff.).
Eben diese »Chance« – worauf sie auch immer beruhen mag – meint der Webersche Begriff der »sozialen Beziehung« (ebd.) als Kennzeichnung einer wechselseitigen bzw. »beiderseitigen« (§ 3,1) Orientierung der Handelnden am Handeln der jeweils Anderen. Diese durch gemeinsame Sinnorientierung bedingte »Regelmäßigkeit« (§ 4) sozialen Handelns ist von den Gesetzmäßigkeiten naturhafter Determination in dem Maße notwendig zu unterscheiden, als die Geltung von Regeln – anders als die von naturhaften Gesetzen – sich Konventionen verdankt, mithin das Befolgen von Regeln – anders als das Unterworfensein unter Gesetzen – Intersubjektivität zur Voraussetzung ihrer Möglichkeit hat (Keller, S. 14, Öhlschlägel 1974, S. 96ff.). Schließlich bildet der Webersche Begriff des Handelns bzw. des sozialen Handelns kein »reales« Handeln ab, sondern stellt ein »idealtypisches« (§ 1,11) rationales Konstrukt sinnhaft verstehbaren und typologisierbaren (»zweckrational«, »wertrational«, »affektuell«, »traditional« vgl. § 2) Handelns dar, das die tatsächliche Komplexität faktischer Handlungssituationen sowenig rekonstruieren kann und will, wie es für faktisches Handeln die Bewußtseinshelle reflexiver Sinnbezogenheit unterstellt. Nicht nur sind nach Weber »traditionales« wie »affektuelles« Handeln Grenzfälle sinnhaft bezogenen Handelns (§ 2,1; 2), sondern allgemein gilt, daß »wirklich effektiv, d. h. voll bewußt und klar, sinnhaftes Handeln in der Realität stets nur ein Grenzfall ist« (§ 1,11). Doch ebenso wie die Psychoanalyse an diesem Grenzfall die notwendig zu unterstellende Norm symptomfreien Handelns abliest (vgl. Keller S. 12; zur Verdrängung kurz Weber § 1,6), muß eine Handlungstheorie allgemein an diesem Grenzfall die konstitutiven Bedingungen sozialen Handelns bestimmen und sich einer behavioristischen Reduktion von Handeln auf reaktives wie adaptives Verhalten widersetzen (vgl. Habermas 1970/2, S. 138ff., Öhlschläger S. 88ff.), deren Regelmäßigkeit »sinnfremde«, weil unverständliche »Vorgänge« bleiben (Weber § 1,4).

Die versuchte kategoriale Distinktion zwischen kausal determiniertem und in seinem naturhaften Prozeßablauf (nach dem Hempel-Oppenheimer-Schema) *erklärbarem* Geschehen bzw. Verhalten einerseits und intentional motiviertem und daher in seiner Sinnorientierung *verstehbarem* Handeln andererseits ratifiziert freilich eine evolutionäre Ausdifferenzierung zwischen zwei Wirklichkeitsbereichen, die unter den Globaltiteln »Natur« und »Gesellschaft« bzw. »Natur und Konvention« (so Popper S. 90ff.) oder – so das antike kategoriale Pendant – »physis« und »nomos«[6] begrifflich abgebildet ist. Mit diesen Begriffen sind nicht nur differentielle *Erfahrungstypen* benannt (sensorische-kommunikative Erfahrung), sondern auch *Handlungszusammenhänge* ausgegrenzt, in denen solche Erfahrungen fundiert sind (instrumentelles-kommunikatives

Handeln bzw. Arbeit–Interaktion) sowie differentielle *Gegenstandsbereiche,* auf die in Sprache Bezug genommen werden kann (Objektivität–Normativität) mit jeweils differentiellen *Geltungsansprüchen* (Wahrheit–Richtigkeit), wie schließlich differentielle erkenntnisleitende *Interessen,* unter denen handlungsbezogene Erfahrungen jeweils theoretisch reflektiert werden (technisches Verfügungs- bzw. praktisches Verständigungsinteresse) (vgl. Habermas 1973/2, S. 394ff.).
Der gattungsgeschichtliche Prozeß dieser Ausdifferenzierung von Natur und Gesellschaft – mit Popper als Ablösung eines »naiven Monismus« durch einen »kritischen Dualismus« (vgl. S. 90ff.) oder mit Habermas als evolutionärer Prozeß der Weltbildveränderung zu interpretieren – läßt einmal alle animistischen wie mythologischen Globalinterpretationen einer Natur wie Gesellschaft umgreifenden Wirklichkeit als Frühstufe eines als soziozentrisch bestimmbaren (und ontogenetisch mit dem frühkindlichen Egozentrismus korrelierbaren) phylogenetischen Entwicklungsniveaus verstehen (vgl. Kap. 4.2). Zum anderen bedeutet solche Interpretation der Ausdifferenzierung von Natur und Gesellschaft, jeden Versuch, die verdinglichte Natur über anthropomorphe und soziomorphe Deutungen als »Natur, die die Augen aufschlägt« (Habermas 1968, S. 57) zurückzugewinnen (»naiver Konventionalismus«, Popper S. 94) oder – weit aktueller – die Gesellschaft als technomorph zu verdinglichen (»naiver Naturalismus«, Popper S. 74)[7], als monistischen Rückfall hinter ein geschichtlich erreichtes Evolutionsniveau zu kritisieren, auf dem die Reproduktionsbedingungen vergesellschafteter Subjekte unterschiedlichen Rationalisierungsprozessen unterliegen (Arbeit und Interaktion), die – mögen sie sich auch wechselseitig beeinflussen – doch eigenständigen Rationalitätsmustern bzw. -logiken (Ausweitung der Verfügungschancen bzw. Verständigungschancen) folgen (Habermas 1976/2; vgl. Kap. 4.4).
3.23 Im Sinnbezug des sozialen bzw. kommunikativen Handelns, der als konstitutives Distinktionskriterium zwischen intentional motiviertem Handeln und kausal determiniertem Geschehen bzw. Verhalten bestimmt wurde, ist eine *Zurechnungsfähigkeit* kommunikativ Handelnder implizit unterstellt, die wir oben als notwendige, wenn auch meist nur kontrafaktische Idealisierung kommunikativ Handelnder nach dem Muster »reinen kommunikativen Handelns« bestimmt haben. Diese Idealisierung macht die Geltungsproblematisierung überhaupt erst als einen sinnhaften Akt möglich und ihre sprachliche Realisierung in der (beispielhaft zitierten) Geltungsfrage von B

B (2): »Woher weißt Du denn das?«
überhaupt erst als Frage verständlich. Diese Frage unterstellt freilich nicht nur die Zurechnungsfähigkeit des jeweils befragten Subjektes, sondern mutet ihm aufgrund solcher unterstellten Zurechnungsfähigkeit zugleich auch zu, die *Verantwortung* für sein Handeln zu übernehmen (vgl. Habermas 1971/1, 118ff., Maas S. 192 u. ö.) und in der sequenzlogisch geforderten Antworthandlung auf die Fragehandlung explizit, nämlich argumentativ unter Beweis zu stellen.
Die Einlösung solcher Verantwortlichkeit – so war gesagt – kann, weil sie nur die impliziten Selbstverpflichtungen kommunikativ Handelnder explizit einklagt, vernünftig nicht bestritten, allenfalls strategisch unterlaufen (»strategisches Handeln« getarnt als »strategische Argumentation«) oder nur widersinnig verweigert werden (Kommunikationsabbruch). Freilich kann – und diese Ergänzung ist hier nötig – diese Verantwortung der Handelnden für ihr Handeln, ohne daß sie *prinzipiell* bestritten wird, gleichwohl im Einzelfall geleugnet werden. Und dieses Leugnen impliziert selber keinen Kommunikationsabbruch, sondern ermöglicht vielmehr, falls es erfolgreich ist, die Fortsetzung kommunikativen Handelns. Das für unsere Thematik so interessante kommunikative Handlungsschema, in dem dieses Leugnen einer Handlungsvoraussetzung erfolgt, ist die komplexe Sprechakt-Sequenz der *Entschuldigung*, die sich – in Anlehnung an einschlägige Analysen von Austin, Rehbein 1972, Fritz/Hundsnurscher u. a. – formal wie folgt strukturieren läßt:
Vorwurf – Entschuldigung – Akzeptieren (bzw. Nicht-Akzeptieren)[8].

Die strukturelle Analogie zwischen dem komplexen Kommunikationsschema der Entschuldigung und der argumentativen Rechtfertigung ist offenkundig (vgl. Abb. 12) und wird von Fritz/Hundsnurscher (wie von Rehbein) auch explizit betont, wenn sie »rechtfertigen« und »entschuldigen« als unterschiedliche sequenzielle Anschlußmöglichkeiten an eine als »Vorwurf« radikalisierte Geltungsproblematisierung interpretieren, wobei sie das situative Verfügenkönnen über beide Sprechaktsequenzen bzw. das »Umfunktionieren« einer erwarteten Entschuldigungshandlung in eine argumentative Rechtfertigungshandlung zugleich als Indiz für die »Entgegnungskompetenz«[9] bzw. allgemeiner: Handlungskompetenz des bzw. der Interaktanten interpretieren. Die Begründung dieser strukturellen Analogie zwischen Entschuldigung und Rechtfertigung liegt ersichtlich in der gemeinsamen expliziten Thematisierung impliziter Geltungsbedingungen kommunikativen Handelns, die in dem einen Fall argumentativ einzulösen, im anderen Fall als subjektiv nicht einlösbar zu rekonstruieren versucht werden (»Unvertretbarkeitserklärung« vgl. Rehbein 1972, S. 308). Denn die

Entschuldigung ist ja – Ähnliches war zur Möglichkeit der Lüge gesagt – nur mit Bezug auf eben das Regelsystem kommunikativen Handelns durchführbar, dessen Verletzung die Entschuldigung ebenso konstatiert (»Ich wollte es nicht«) wie zugleich zu erklären versucht (»Ich war so erregt«): »Die Entschuldigung ist eine kommunikative Handlung, in der jemand (. . .) zugibt, daß die inkriminierte Handlung schlecht war (er entschuldigt sich), aber im allgemeinen nicht die volle Verantwortung für die Handlung übernimmt« (Rehbein S. 306). Was genauerhin heißt: Dem Handeln, obwohl es als Akt nicht revozierbar ist, wird in der Entschuldigung genau die Qualität abgesprochen, die es als spezifische Ereignisklasse auszeichnet, nämlich intentional motiviert und daher verantwortbar zu sein.

Abb. 12:

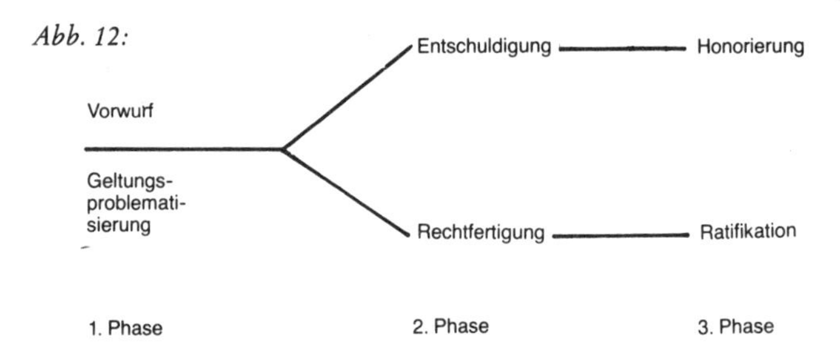

Das heißt: Bei der Entschuldigung geht es – anders als bei der Rechtfertigung – noch gar nicht um die Berechtigung kommunikativ erhobener Geltungsansprüche, sondern um die Berechtigung, ein *Ereignis* überhaupt als *Handeln* (mit implizit erhobenen Geltungsansprüchen und implizit übernommenen Rechtfertigungsverpflichtungen) interpretieren bzw. definieren zu können. Die Bestreitung bzw. Leugnung eben dieser Berechtigung ist das Ziel der Entschuldigung, die mithin als sprachlicher Akt verstanden werden kann, in dem einem Ereignis sein spezifischer Handlungscharakter bzw. seine spezifische Handlungsqualität abgesprochen wird (eben diese Funktion der Entschuldigung macht sie für die Rekonstruktion eines Handlungsbegriffs analytisch so interessant). Das Ziel der Entschuldigung wird erreicht, wenn durch die Erklärung eines Ereignisses dessen Handlungscharakter bzw. Handlungsqualität erfolgreich destruiert worden ist. Insofern der Erfolg solcher Destruktion aber nur von dem jeweiligen Kommunikationspartner bestätigt werden kann, ist das Gelingen der Entschuldigung abhängig von der Ratifikation solcher Destruktion durch den Kommunikationspartner selbst, wodurch ein zunächst als *rechtfertigungsbedürftig* (daher der Vorwurf) interpretiertes Handeln als *erklärungsfähiges* Ereignis (Verhalten) bestätigt wird. Das Gelingen solcher Rekonstruktion hängt freilich wieder von der Qualität der Argu-

mente ab, die solche Interpretation eines Ereignisses überzeugungskräftig zu stützen vermögen.
So unterschiedlich, ja pragmatisch widersprüchlich (vgl. Rehbein S. 310) Entschuldigung und Rechtfertigung als kommunikative Anschlußmöglichkeiten an eine situative Geltungsproblematisierung bzw. -bestreitung auch sein mögen, sie explizieren beide durch ihren gemeinsamen Bezug auf die impliziten Bedingungen kommunikativen Handelns einen Begriff von Handeln als einer spezifischen Klasse intentional motivierter und daher verantwortbarer Ereignisse. Denn ebenso wie nur prinzipiell handlungsfähige Subjekte in der Lage sind, problematisierte Geltungsansprüche argumentativ einzulösen bzw. zu verteidigen, so sind auch nur prinzipiell handlungsfähige Subjekte in der Lage, die Verantwortung für ihr Handeln situativ zu bestreiten. Wenn Handelnkönnen, verstanden als Verfügenkönnen über die Handlungsbedingungen (vgl. Maas S. 192), sich in der Fähigkeit bewährt, die kommunikativen Handlungsbedingungen in Sprache rekonstruieren bzw. – so Maas (S. 193) – »symbolisch binden« bzw. – so Habermas (1970/2, S. 163) – »verselbständigen« zu können[10], dann bewährt sich sowohl in der argumentativen Einlösung der Handlungsbedingungen wie in der argumentativen Bestreitung ihrer situativen Einlösbarkeit die gleiche Handlungskompetenz.

3.24 Wir haben in 3.22 über die Unterscheidung zwischen Informations- und Geltungsfrage die Begründungsfrage zu differenzieren und zugleich den Begriff »begründen« als Oberbegriff zweier sprachlicher Leistungen zu bestimmen versucht, die wir »erklären« und »rechtfertigen« genannt haben. Wir haben weiter in 3.23 versucht, den holistischen Gegenbegriff zu »rechtfertigen«, nämlich »erklären«, etwas genauer zu differenzieren und entsprechend zwischen der ursächlichen *Erklärung* naturhafter Prozeßabläufe und dem motivationalen *Verstehen* intentionaler Handlungen unterschieden. Ob freilich die Angabe von Ursachen naturhafte Prozeßabläufe erklären, und ob die Angabe von Motiven die Handlungsabläufe in ihrer intentionalen Orientierung verstehbar machen kann, hängt von der *Berechtigung* ab, die jeweiligen Ursachen bzw. Motive *als Erklärung* sinnfreier Ereignisse bzw. *als Deutung* sinnhafter Ereignisse beanspruchen zu können. Und diese Berechtigung, falls sie problematisiert wird, ist nicht wieder durch den Bezug auf Ursache bzw. Motive zu stützen, sondern allein durch die Angabe von *Argumenten,* deren spezifische Qualität weder Erklärungskraft noch Deutungskraft, sondern *Überzeugungskraft* meint. Das heißt mit anderen Worten: Erklärungen sinnfreier

Ereignisse wie Deutungen sinnhafter Ereignisse implizieren selbst wieder Geltungsansprüche hinsichtlich der Erklärungskraft angeführter Ursachen bzw. der Deutungskraft angeführter Motive; was zugleich heißt, daß die Erklärungskraft von Ursachen bzw. die Deutungskraft von Motiven in der Überzeugungskraft einer Argumentation gründet, die solche Beanspruchung von Ursachen und Motiven gegebenenfalls zu rechtfertigen vermag.

Bezogen auf unser Modellbeispiel heißt es: Die informationshaltige Antwort von A auf die Informationsfrage von B
B (1): »Was will Klaus denn in Köln?«, nämlich:
A (1): »Er will sich endlich einmal das Römisch-Germanische Museum ansehen«
vermag das Handeln von Klaus nur unter der Voraussetzung intentional verstehbar zu machen, daß ein – in dieser Antwort implizit beanspruchtes – entsprechendes Wissen von A *über* die handlungsleitenden Motive von Klaus unterstellt wird oder explizit nachgewiesen worden ist. Die explizite Einlösung dieses Wissensanspruches im Fall seiner Problematisierung, sprachlich etwa abbildbar in der Geltungsfrage
B (2): »Woher weißt Du denn das?«
wäre nur in einem *Diskurs* möglich, den wir aufgrund seiner spezifischen Funktion, diesfalls einen Wissens- bzw. genauer: einen Wahrheitsanspruch argumentativ einzulösen, mit dem bereits eingeführten Habermasschen Begriff »theoretischer Diskurs« terminologisch kennzeichnen können. In ihm könnte A sein Wissen über die handlungsleitenden Motive von Klaus etwa durch den Bezug auf entsprechende Äußerungen von Klaus ihm gegenüber argumentativ zu rechtfertigen versuchen, etwa:
A (2): »Klaus hat vorhin angerufen!«
Was für die Angabe von Motiven handelnder Subjekte gilt, gilt entsprechend für die Angabe von Ursachen naturhafter Prozeßabläufe: Auch ihre beanspruchte Erklärungskraft wäre im Fall der Problematisierung nur durch den Bezug auf entsprechend geeignete und anerkannte theoretischer Annahmen (etwa Naturgesetze) argumentativ zu rechtfertigen (zum Unterschied zwischen dem biographischen Wissen (über Klaus) und allgemeinem theoretischem Wissen über naturhafte Prozeßabläufe vgl. Wunderlich 1964, S. 94 Anmerkung 19).

Unbeschadet dieser Analogie zwischen dem impliziten Geltungsanspruch ursächlicher Erklärung und motivationaler Deutung, und unbeschadet der Einlösungsnötigung solcher Geltungsansprüche im Fall ihrer Problematisierung in einem theoretischen Diskurs gibt es doch einen ebenso fundamentalen wie interessanten Unterschied zwischen der Problematisierungschance handlungsleitender Motive und determinierender Ursachen: Während nämlich die Ursachen selbst nicht problematisierbar sind, sondern nur die Beanspruchung ihrer Erklärungskraft für sinnfreie Ereignisse, lassen Motive über die Problematisierung ihrer Beanspruchung als Deutung intentionalen Handelns hinaus noch eine ganz andere Problematisierung und Rechtfertigung zu: Nicht nur der *Wahrheitsanspruch* einer Erklärung bzw. Deutung ist diskursiv thematisierbar, sondern auch der *Richtigkeitsanspruch* handlungsleitender Motive selbst.

Auf unser Beispiel bezogen heißt das: B könnte – falls er die Wahrheit der Motivangabe von A über Klaus' Handeln unterstellt – ja auch die handlungsleitenden Motive selbst thematisieren bzw. problematisieren und entsprechend fragen:
B (4): »Hältst Du es eigentlich für vernünftig, deswegen eine so weite Reise zu machen?«
Diese Frage – obwohl sie in der Regel nur an den Handelnden selbst adressiert werden und nur von ihm kompetent beantwortet werden kann – könnte A, falls er sich die handlungsleitenden Motive von Klaus zu eigen macht und ihre Berechtigung zu vertreten bereit wäre, etwa durch den Hinweis auf allgemein anerkannte Bildungsnormen argumentativ zu rechtfertigen versuchen:
A (4): »Ein solches Museum muß man doch gesehen haben!«

Insofern eine solche Rechtfertigung – statt auf das beanspruchte *Wissen über* Motive – auf die beanspruchte *Richtigkeit von* Motiven selbst zielt, wäre der Diskurs als Einlösungsverfahren eines solchen Anspruchs – statt als *theoretischer* – entsprechend als *praktischer* terminologisch zu kennzeichnen.
Allgemeiner heißt das: So wenig Ursachen rechtfertigungsfähig sind – es gibt keine »guten Ursachen«, sagt mit Recht Naess (S. 128), allenfalls »gute Gründe« bzw. gute Argumente für die Beanspruchung ihrer Erklärungskraft – so sehr sind handlungsleitende Motive selbst rechtfertigungsfähig, ja -bedürftig, weil sich in ihnen – anders als in objektiv naturgesetzlichen Kausalzusammenhängen – Intentionen von Subjekten zum Ausdruck bringen, die deren Handeln nicht nur *sinnhaft* verstehbar, sondern auch *normativ* legitimierbar zu machen erlauben. Denn eben dies meint ja die beispielhaft zitierte Berufung auf allgemeine Bildungsnormen als mögliche argumentative Rechtfertigung der handlungsleitenden Motive von Klaus. Seine Gültigkeit bzw. genauer: Richtigkeit bezieht Handeln ersichtlich aus der *Übereinstimmung* seiner handlungsleitenden Motive mit den anerkannten Normen einer Gesellschaft oder Gruppe: »Die Richtigkeit einer Handlung ... wird aus der Legitimität der zugrundeliegenden Normen abgeleitet« (Habermas 1973/3, S. 228). Die Problematisierung des Richtigkeitsanspruchs intentionalen Handelns meint mithin genauerhin die Problematisierung seiner normativen Sinnorientierung: »Es ist die Richtigkeit

solcher faktisch anerkannten Normen, die Rechtfertigungsfähigkeit beansprucht« (Habermas ebd.).
Der Hypothetisierung bzw. Modalisierung der Tatsächlichkeit behaupteter Sachverhalte im theoretischen Diskurs korreliert mithin der Hypothetisierung bzw. Modalisierung der *Richtigkeit* faktisch geltender bzw. existierender und handlungswirksamer Normen im praktischen Diskurs. Und eben in dieser Differenz zwischen theoretischem und praktischem Diskurs liegt die spezifische *kritische Potenz* praktischer Diskurse gegenüber theoretischen: Denn praktische Diskurse verhalten sich – anders als theoretische – nicht kritisch gegenüber einem Wissensanspruch *über* die Faktizität natürlicher und gesellschaftlicher Wirklichkeit, sondern gegenüber der normativen Infrastruktur dieser gesellschaftlichen Wirklichkeit selbst, insofern in praktischen Diskursen die *Faktizität* geltender Normen hinsichtlich ihrer *Legitimität* problematisiert wird durch den argumentativen Nachweis, »daß der Geltungsanspruch faktisch anerkannter Normen nicht eingelöst werden kann oder daß Normen mit argumentativ einlösbarem Geltungsanspruch tatsächlich nicht existieren« (Habermas ebd., S. 229).
Für unsere Ausgangsfrage nach der kategorialen Differenzierungschance zwischen »verstehen« und »erklären« einerseits und »erklären/verstehen« und »rechtfertigen« andererseits heißt das: Selbst wenn »erklären« sich nur auf sinnfreie Ereignisse (Geschehen/Verhalten) und »verstehen« nur auf sinnhafte Ereignisse (Handeln) beziehen kann, so ist doch auch jede ursächliche Erklärung sinnfreier Ereignisse wie jede motivationale Deutung sinnhafter Ereignisse selbst wieder rechtfertigungsfähig hinsichtlich des impliziten Geltungs- bzw. genauer: Wahrheitsanspruchs einer solchen Erklärung bzw. Deutung[11]. Und weiter: Selbst wenn sowohl die Wahrheit einer ursächlichen Erklärung wie die Wahrheit einer motivationalen Deutung (in einem theoretischen Diskurs) rechtfertigungsfähig ist, so ist doch ausschließlich die Handlungsmotivation auch hinsichtlich ihres impliziten Richtigkeitsanspruchs (in einem praktischen Diskurs) rechtfertigungsfähig. Damit ergibt sich als Gegenstandsbereiche von Diskursen bzw. Geltungsfragen sowohl der Wahrheitsanspruch behaupteter sinnfreier Ereignisse (und deren ursächliche Erklärung) und der Wahrheitsanspruch behaupteter sinnhafter Handlungen (und deren motivationale Deutung) sowie der Richtigkeitsanspruch sinnhaft orientierten Handelns selbst, und entsprechend bezieht sich Rechtfertigen als spezifische Leistung der Geltungseinlösung sowohl auf den Wahrheitsnachweis von Erklärungen wie Deutungen wie auf den Richtigkeitsnachweis von handlungsleitenden Motiven.

Schematisch läßt sich diese versuchte Differenzierung wie folgt abbilden (Abb. 13), womit zugleich der kategoriale Differenzierungsversuch der Abb. 11 ergänzt wird:

Abb. 13:

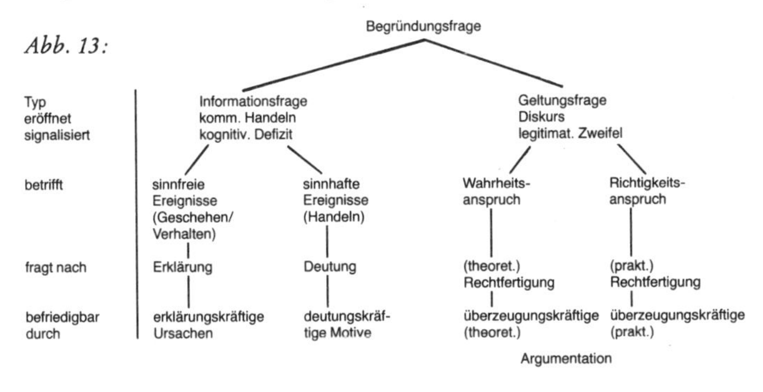

Während freilich Habermas nur die Leistung praktischer Diskurse »rechtfertigen« nennt und die Leistung des theoretischen Diskurses »begründen« (1976/1, S. 252f.)[12], soll hier der Begriff »rechtfertigen« die Kennzeichnung der Leistung argumentativer Geltungseinlösung schlechthin benennen. Mit dieser teminologischen Festlegung von »rechtfertigen« als Leistung von Argumentation schlechthin – »Rechtfertigung ist allein argumentativ möglich« (Strecker 1976, S. 26) – soll die identische Leistung diskursiver Geltungseinlösung betont werden, die ungeachtet der unterschiedlichen Geltungsansprüche (Wahrheit/Richtigkeit) und der unterschiedlichen Verfahren doch in der konsensstiftenden Rekonstruktion der jeweiligen Geltungsansprüche ihre funktionale Einheit qua Argumentation bewahrt (vgl. Alexy 1978, S. 54 Anm. 3).

Mit dieser terminologischen Festlegung soll zugleich ein Schlüsselbegriff der antiken Sprache und philosophischen Reflexion zitiert werden, der die ideengeschichtliche Verortung des argumentativen Rechtfertigungsprinzips als *Prinzip rationaler Geltung* schlechthin in der für die Antike typischen und für die europäische Geistesgeschichte weithin kanonisierten »Verrechtlichung der Erkenntnisfrage« bzw. in der Rekonstruktion der Geltungsfrage als einer »quaestio iuris« zu erkennen gibt (vgl. Spinner, S. 94ff.). Denn »logon didonai« – so der gemeinte antike Schlüsselbegriff, worin nach Kamlah/Lorenzen (S. 127), Hülsmann (S. 233) u.a. das »verbindliche Prinzip der Argumentation« überhaupt benannt ist – meint ursprünglich ja die Einlösung bzw. Verteidigung von *Rechtsansprüchen* vor Gericht[13]. In der erkenntnistheoretischen bzw. geltungslogischen Reklamierung des forensischen Prozesses als eines »Rechtsmodells der Erkenntnis« (Spinner, S. 94) und in der darin implizierten Rekonstruktion der Wahrheits- bzw. Geltungs-

garantie als einer *Rechtsgarantie* und des Wahrheitsfindungsprozesses als eines *Rechtsfindungsprozesses* hat ersichtlich die oben zitierte systematische Rekonstruktion des Geltungsanspruchs als eines *rechtsanalogen* Anspruchs, dessen Einlösung über argumentativ gestützte Über-zeugung (!)[14] erfolgt, ihre historische bzw. ideengeschichtliche Begründung, selbst wenn sie – wie bei Toulmin – offensichtlich nicht bemerkt worden ist und für die allseitig in der Literatur betonte Beziehung zwischen Logik, Gerichtsrhetorik und Argumentationstheorie – anders als bei Perelman – ungenutzt bleibt.[15]
Die kritizistische Ersetzung (besonders bei Popper, Albert) des »traditionellen Rechtfertigungsrationalismus durch die Idee der permanenten Kritik« (vgl. Lenk 1971, S. 43), was heißt: Die Ersetzung der Idee einer zureichenden Begründung bzw. *Rechtfertigung* als rationalem Prinzip von Geltung durch die Idee ihrer temporären und kritischen *»Bewährung«* (Popper 1968, S. 226) ist in eins die Preisgabe dieses antiken (durch Pamenides inaugurierten) Rechtsmodells der Erkenntnis und des darin verorteten *certistischen* (d. h. rechtfertigungsorientierten) Rationalitätsbegriffs durch einen *fallibilistischen* (d. h. widerspruchsorientierten) wie schließlich des Wahrheitsbegriffs durch den Begriff der »Wahrheitsnähe«.[16]

Die Radikalisierung dieser Preisgabe bzw. dieses »Paradigmawechsels« (Kuhn) ist an Paul Feyerabends theoretischem (possibilistischem) Pluralismus bzw. »anarchistischer Erkenntnistheorie« ablesbar: »Der Relativismus des Pythagoras ist vernünftig« (1979, S. 55 vgl. 54ff.). Aus der zeitübergreifenden Auseinandersetzung zwischen Pamenides und Popper, zwischen der Lösung des Rationalitätsproblems »aus dem Geiste des Rechts« bzw. »aus dem Geiste der Kritik« (Spinner, S. VI) ist eine Argumentationstheorie – sofern sie sich nicht auf die Rekonstruktion des formalen Prozesses der Argumentation anhand des Toulminschen Argumentationsschemas beschränkt – schwerlich herauszuhalten. Die bereits erwähnte Beziehung zwischen Argumentations- bzw. Diskurstheorie und Wahrheitstheorie bei Habermas zeigt die Virulenz dieses historischen Konflikts. Habermas' konsensustheoretisch konzipierte Wahrheitstheorie zeigt freilich einen Weg, die Rechtfertigungsidee beizubehalten, ohne sie certistisch (im Sinne einer Letztbegründungs- bzw. Letztrechtfertigungsidee der Vor-Popperschen Tradition) interpretieren zu müssen.

3.25 Wenn Rechtfertigen die spezifische Leistung argumentativer Rede benennt, dann stellt sich jetzt die Frage nach dem Gelingen argumentativer Rede als Frage nach den Gelingensbedingungen der Rechtfertigung bzw. – weil konsensstiftende *Überzeugung* das Ziel von Rechtfertigung meint – als Frage nach den Gelingensbedingungen überzeugungskräftiger Rechtfertigung. Diese Frage soll im folgenden zu beantworten versucht werden.

Freilich sieht man der sprachlichen Form einer Äußerung ihre pragmatische Funktion im Fall argumentativer Geltungseinlösung ebenso wenig an wie im Fall situativer Geltungsproblematisierung. Gleichwohl läßt sich eine solchermaßen funktionalisierte Äußerung jedesmal in eine sprachliche Form transformieren, die die allgemeine Leistung argumentativer Geltungseinlösung deutlicher abzubilden erlaubt. So ist die mögliche Antwort auf die Geltungsfrage von B
B (2): »Woher weißt Du denn das?« nämlich:
A (2): »Klaus hat vorhin angerufen«
in einer Weise sprachlich reformulierbar, die die Grund- bzw. Standardform einer solchen argumentativen Antworthandlung explizit zu erkennen gibt:
A′ (2): »Ich weiß das, *weil* Klaus vorhin angerufen hat.«[17]
Weil in A′ (2) nur die Implikate von A (2) performativ expliziert werden (vgl. Wunderlich 1964, S. 60), ist A (2) und A′ (2) pragmatisch bedeutungsgleich.
Aussagenlogisch ließe sich die Äußerung
A′ (2): »Ich weiß das, weil Klaus vorhin angerufen hat«
wie folgt reformulieren, wobei »p« und »q« Variablen für beliebige, durch »weil« verbundene, Aussagen meinen[18]:
q, weil (denn) p, bzw.: p, deshalb q

Was heißt: Die Geltung von q wird aus der unterstellten Geltung von p *abgeleitet* bzw. auf die unterstellte Geltung von p *zurückgeführt*: q gilt in Relation zu p. Eben diese Leistung von p für die Geltungseinlösung von q macht p *zu* einem Argument *für* p. Im Unterschied zu der – als »Argument« jetzt genauer terminologisierbaren – stützungsfähigen Aussage p könnte man (mir Pawlowki) die stützungsbedürftige Aussage q das »Argumentandum« nennen, während der Begriff »Argumentation« den Prozeß benennt, in dem die *stützungsbedürftige* Aussage q (als Argumentandum) in einer methodisch nachprüfbaren Weise (Argumentation) mit Hilfe der *stützfähigen* Äußerung p (Argument) als nunmehr *gestützte* Aussage q (Argumentat) rekonstruiert wird, was im Fall des Gelingens solcher rationalen Rekonstruktion zur konsensuellen Ratifikation des Geltungsanspruchs von q führt.
Bezogen auf die oben erläuterte dreiphasige Struktur (Diskursphasen), in die der Diskurs als argumentative Einlösung problematisierter Geltungsansprüche mit dem Ziel ihrer konsensuellen Geltungsratifikation gegliedert werden kann, läßt sich diese komplexe Diskursstruktur wie folgt mit Hilfe der aussagenlogischen Variablen reformulieren (Abb. 14):

Abb. 14:

q?	q, weil p	q!
Geltungs-problematisierung	Geltungs-einlösung	Geltungs-ratifikation
Argumentandum	Argumentation	Argumentat

An der den Prozeß diskursiver Einlösung von Geltungsansprüchen standardisierenden argumentativen Kurzformel: q, weil p wird exemplarisch ablesbar, was in den oben zitierten funktionalen Bestimmungen der Argumentation bei Quintilian und Habermas als deren Ziel genannt wurde, daß sie nämlich (anders als kausale bzw. finale Erklärungen zwischen zwei Ereignissen a und b) eine *logische* Beziehung zwischen den Aussagen p und q (»rationale Erklärung« heißt es bei Wunderlich 1974, S. 63) herstellt. Der Anspruch bzw. das Ziel solcher logischen Beziehungsherstellung zwischen p und q besteht strategisch darin, den von B problematisierten Geltungsanspruch q aus der logischen Relation zwischen p und q in einer für B rationalen nachprüfbaren und konsensuell ratifizierbaren Weise zu rekonstruieren. Die Zustimmungsfähigkeit dieser Rekonstruktion von q ist ersichtlich identisch mit der Zustimmungsfähigkeit der zwischen p und q logisch hergestellten Relation.
Was also – so läßt sich erneut fragen – macht p *zu* einem Argument *für* q bzw. welchem Standard muß diese Rekonstruktion genügen? Wunderlichs Antwort lautet: »Der Grad, in dem q anerkannt werden kann, hängt ... davon ab, in welchem Maße es gerechtfertigt ist, sich bei der Behauptung von q im Sinne einer Begründung auf p zu stützen, und wie weit p selbst schon anerkannt ist« (ebd., S. 62).

Damit sind zwei Bedingungen genannt, von denen die eine die Wahrheit bzw. allgemeiner die Gültigkeit von p als (etwa:) *behauptender Äußerung*, die andere die Gültigkeit von p als *Argument* betrifft. Zur ersten Bedingung ist zu sagen, daß die Gültigkeit von p als behauptender Äußerung, in unserem Modellbeispiel: Die Gültigkeit von
A (2): »Klaus hat vorhin angerufen«
ersichtlich einen prinzipiell nachprüfbaren Geltungsanspruch impliziert, dessen unterstellte Berechtigung zwar für die Akzeptabilität von p als *Behauptung* in der Tat unabdingbar ist, die aber noch gar nicht die mögliche Akzeptabilität dieser Behauptung in ihrer Rolle *als Argument für* q betrifft. Was impliziert: Die Problematisierung der Gültigkeit von p als Behauptung – etwa:
B (3): »Stimmt das wirklich?« bzw. »Hat Klaus wirklich angerufen?« – bezieht sich noch gar nicht auf die *Überzeugungskraft* von p – denn eben sie

ist die spezifische Qualität (bzw. »virtus« vgl. Lausberg 1960, § 368) von p in seiner Funktion als Argument für q[19] –, sondern auf p als eine (in unserem Beispiel: in ihrem Wahrheitsanspruch) selbst wieder stützungsbedürftige Behauptung, wodurch sie freilich für eine mögliche funktionale Verwendung als Argument innerhalb einer Argumentation von vorneherein entfällt. (Ähnlich wie vor Gericht die rechtliche Qualifikation eines Sachverhaltes dessen Existenz bzw. Tatsächlichkeit voraussetzt. Auf diese Analogie verweist Toulmin 1975, S. 91). Eben dies war gemeint, wenn Quintilian für die Stützung einer stützungsbedürftigen Aussage (»dubium«) die Notwendigkeit von selbst nicht wieder stützungsbedürftigen Aussagen betonte (»quod dubium non est« V 10,11).

Doch diese fehlende Stützungsbedürftigkeit qualifiziert p ebensowenig schon für die Rolle als Argument für q, wie etwa der akzeptierte Wahrheitsanspruch einer Äußerung schon deren pragmatische Akzeptabilität als befriedigende Antwort auf eine Frage impliziert (vgl. Wunderlich 1976, S. 83). Denn Wahrheit ist ebensowenig wie Wahrhaftigkeit, Richtigkeit oder Verständlichkeit eine spezifische Eigenschaft von Äußerungen *als* Argumenten, sondern diese Eigenschaften benennen Geltungsbedingungen von Äußerungen als Sprechakten im Kontext kommunikativen Handelns, deren argumentative Validität sich erst aus ihrer funktionalen Leistung herleitet, Geltungsansprüche konsensuell stützen zu können. *Ob* sie zu dieser spezifischen Leistung geeignet sind, ist eine Frage, die Wunderlich erst in der zweiten der oben zitierten Bedingungen thematisiert, wenn er von der Berechtigung spricht, »sich bei der Behauptung von q im Sinne einer Begründung auf p zu stützen«. Die Rekonstruktion der Standardbedingungen, denen p als Argument für q zu genügen hat, bzw. allgemeiner, unter denen (in ihrer Gültigkeit akzeptierte) Äußerungen als stützungsfähige Argumente für andere Äußerungen fungieren können, ist mithin der genuine Gegenstandsbereich einer »pragmatischen Logik«, die Habermas »Logik des Diskurses« nennt (1973/3, S. 241).
Die damit vorgenommene Unterscheidung zwischen p (»Klaus hat eben angerufen«) als möglicherweise selbst wieder stützungsbedürftige *Behauptung* und p als mögliches stützfähiges *Argument für* die stützungsbedürftige Behauptung q ratifiziert die oben zitierte Einsicht, daß »Argument« eine Funktionskategorie meint, die die spezifische Rolle einer Äußerung *als* Argument *für* die Gültigkeit einer anderen (nämlich problematisierten Äußerung) *innerhalb* eines argumentativen Funktionszusammenhanges kennzeichnet (vgl. Schecker, S. 84ff.).

Diese funktionale Rollenanalyse (vgl. Ehlich, S. 125f.) setzt freilich als Bedingung ihrer Möglichkeit einen Analyserahmen voraus, der die Grenzen der klassischen Sprechakttheorie (Austin, Searle) in dem Maße sprengen muß, als deren strategische Beschränkung auf isolierte und monologische Sprechakte (Raible, S. 145) die funktionale Einbettung dieser Sprechakte in komplexe Sprechaktsequenzen nur allzu leicht verstellt. Die Searlesche beispielhafte Reklamierung der Argumentation als eines mit anderen Sprechakten (wie Warnen, Auffordern usw.) methodisch (diesfalls hinsichtlich des perlokutiven Effekts bzw. der Wirkung) vergleichbaren Sprechaktes (»Zum Beispiel kann ich jemanden durch Argumentieren überreden oder überzeugen, durch Warnen erschrecken oder alarmieren, durch Auffordern dazu bringen, etwas zu tun . . .« Searle S. 42)[20] zeigt die Gefahr einer auf isolierte Sprechakte abonnierten handlungstheoretisch konzipierten Sprechakttheorie an (Searle, S. 31),[21] die in der methodischen Rekonstruktion des konstitutiven Regelsystems von Sprechakten die richtige Einsicht, daß »eine Sprache sprechen bedeutet, Sprechakte auszuführen« (Searle, S. 30), um ihre eigene Konsequenz bringt, insofern sie nämlich als »Grundeinheit der sprachlichen Kommunikation« (S. 30) nicht mehr den einzelnen isolierten Sprechakt, sondern nur noch die ko- und kontextuell eingebundene Sprechaktsequenz wählen dürfte (vgl. Raible, Schecker). Darunter soll die funktionale Organisierung von verschiedenen Sprechakten zu komplexen Interaktions- bzw. kommunikativen Schemata verstanden werden, die – seien sie institutionell gebunden (Beispiel: Restaurantanalyse bei Ehlich/Rehbein, vgl. Wunderlich 1976, S. 312ff.) seien sie nicht institutionell gebunden (Beispiel: Vorwurfs-Entschuldigungsschema bei Rehbein 1972, S. 288ff. Zur Unterscheidung institutionell/nicht-institutionell vgl. Ehlich 1972, S. 126, Anm. 5) – gesellschaftlich erarbeitete Muster der Situationsbewältigung zur Verfügung stellen und die entsprechend konventionell bzw. »regulär« (Wunderlich 1976/1, S. 447) erwartet werden können.

Wenn mithin »Argument« die funktionale Rolle einer Äußerung für die Gültigkeit einer problematisierten Äußerung benennt, dann ist die Argumentation als entsprechende prozessuale Explikation einer solchen Funktionalisierung von Äußerungen eben eine solche Grundeinheit sprachlicher Kommunikation, insofern sie ein nicht-institutionalisiertes Muster der gewaltlosen Bewältigung einer möglichen Problemsituation (Geltungsproblematisierung) darstellt. Nicht nur »Argument« ist folglich ein Funktionsbegriff, sondern ebenfalls »Argumentation«, was heißt: Die These, daß Argumentation eine »Kette« (Habermas 1973/3, S. 241) bzw. »Sequenz« von Sprechhandlungen sei, meint genauerhin, daß »Argumentation« weder »einen Sprechakt« (Pawlowski, These 3) noch eine (neu zu bildende) Klasse von »allokutiven Sprechakten« (Schecker)[22] benennt, vielmehr ist »Argumentation« der Titel einer pragmatischen Funktionalisierung von verschiedenen Sprechakten (in der Regel: Behauptungen) *als* Argumenten *für* die Stützung problematisierter Geltungsansprüche (bzw. gegen die Gültigkeit erhobener Geltungsansprüche) *innerhalb* einer entsprechend organisierten Sprechaktsequenz. Darin vergleichbar den »Antworten«, die auch keine eigenständigen Sprechakte meinen, sondern die pragmatische Funktionalisierung von Behauptungen *als* Antworten *auf* Fragen *innerhalb* einer konventionalisierten zweigliedrigen Frage-Antwort-Sequenz (vgl. Wunderlich 1976/1, S. 463, S. 455) kennzeichnen.

Über diese funktionale Entgrenzung der Sprechakttheorie ist in der Tat die Vielzahl möglicher Sprechakte auf wenige fundamentale Sprechakte zu reduzieren, deren jeweilige »Aspekte und Funktionen« erst aufgrund ihrer Stellung innerhalb von bestimmten, mehr oder weniger konventionalisierten, Sequenzen bestimmbar sind. Die Leistung der Toulminschen Argumentationstheorie liegt darin, diesen Funktionszusammenhang von Äußerungen, als welchen wir Argumentation begreifen, über die funktionale Analyse der Rollen, die Äußerungen in ihr übernehmen, zu rekonstruieren.

Freilich ist Argumentation als Sprechaktsequenz – und darin unterscheidet sich der hier verwendete Argumentationsbegriff von dem linguistischen – nicht nur ein besonders »komplexer«, dem »Erzählen, Begründen, Berichten, Beweisen« vergleichbarer Sprechakt (vgl. Wunderlich 1976, S. 120, 1976/1, S. 463), noch ist Argumentation gar ein mit Erzählung, Beratung usw. vergleichbarer komplexer »Diskurstyp« (Wunderlich 1976, S. 229, 1976/1, S. 463). Vielmehr gründet ihr Sonderstatus gegenüber allen anderen Sprechaktsequenzen in dem Verhältnis zwischen Sprechakt einerseits und Diskurs als »implizit zugehöriger Meta-Institution« andererseits, d. h.: Der Diskurs »bildet die einzige Instanz, in der das Regel-Befolgen von Handlungen . . . als Regelbefolgen, und das heißt als verständlich erwiesen und legitimiert oder kritisiert werden kann. Insofern gelangt . . . im argumentativen Diskurs das ›transzendentale Sprachspiel‹, das implizit in allen denkbaren kontingenten Sprachspielen als Bedingung der Möglichkeit ihrer rationalen Selbstreflexion und hermeneutischen Verständigung untereinander vorausgesetzt werden muß, zum expliziten Bewußtsein und zur Institutionalisierung seiner transzendentalen Funktion« (Apel 1976, S. 123/4, vgl. S. 126).

In eben dem Sinne haben wir Argumentation bereits oben als »virtuelles Prinzip« jeder verständigungsbezogenen Kommunikation interpretiert (vgl. Apel 1973/2, S. 421).

3.26 Wir waren in 3.25 von der Frage ausgegangen, was eine Äußerung *als* Argument *für* bzw. *gegen* die Gültigkeit einer anderen Äußerung qualifiziert, bzw. formalisiert: Worin die Gültigkeit von p *als* Argument *für* bzw. *gegen* die Gültigkeit von q besteht.

Wir hatten in diesem Zusammenhang Wunderlichs zwei Gültigkeits- bzw. besser: Eignungsbedingungen (vgl. Habermas 1973/3, S. 241) für die Verwendung von p als Argument für q zitiert, von denen die eine, nämlich die Wahrheitsbedingung von p, als eine für die argumentative Funktion von p unspezifische Bestimmung ausgegrenzt wurde: Für ihre Verwendbarkeit bzw. Eignung in argumentativen Diskurszusammenhängen ist die (implizit unterstellte bzw. explizit eingelöste) Gültigkeit einer Äußerung ebenso nur eine *notwendige*, aber noch keine *ausreichende* Bedingung wie für ihre Verwendbarkeit bzw. Eignung in kommunikativen Handlungszusammenhängen; denn ebenso wie die Gültigkeit einer Äußerung in kommunikativen Handlungszusammenhängen nur die Bedingung ihrer möglichen pragmatischen – etwa *informativen* – Leistung benennt, so stellt die Gültigkeit einer Äußerung in Diskurszusammenhängen nur die Bedingung ihrer möglichen pragmatischen – in diesem Fall: *argumentativen* – Leistung als Stützung problematisierter Geltungsansprüche dar. Was also macht eine *gültige Äußerung* zu einem *gültigen Argument*?

Neben der Wahrheit von p als Bedingung seiner Eignung als Argument für q hat Wunderlich als zweite argumentative Eignungsbedingung von p für q die »Berechtigung« eines Sprechers genannt, sich bei der Behauptung von q auf p als Argument berufen zu dürfen. Der theoretische Rahmen, in dem diese Berechtigungsbedingung derzeitig am plausibelsten reflektiert werden kann, dürfte das Toulminsche Argumentationsschema (1975, S. 88ff.) sein, an dem – neben Wunderlich (1974, S. 69ff.) und vielen anderen – auch Habermas seine »Logik des Diskurses« orientiert (1973/3, S. 239ff.). In unserer Modellsituation hatten wir die Antwort von A
A (2): »Klaus hat vorhin angerufen«
als Versuch interpretiert, die Geltungsproblematisierung von A (0) durch B in:
B (2): »Woher weißt Du denn das?«
argumentativ zu bewältigen. Doch selbst wenn B die als Argument von A funktionalisierte Äußerung A (2) nicht selbst wieder als eine stützungsbedürftige Behauptung problematisieren würde (etwa in der Form: »Stimmt das wirklich?«), sondern A (2) als wahre Äußerung gelten ließe, so impliziert doch die Akzeptanz dieser Äußerung als einer *gültigen Behauptung* noch nicht deren Akzeptanz als eines *gültigen Arguments*, wie folgende sequenziell durchaus zulässige Reaktion von B zeigt:
B (5): »Klaus hat schon oft angerufen!«

In dieser Äußerung von B wird ersichtlich nicht die Gültigkeit von p, d. h. nicht die *Berechtigung* der *Behauptung, daß* Klaus angerufen hat, problematisiert, sondern die Gültigkeit von p *als* Argument *für* q problematisiert, d. h. die *Berechtigung* der *Verwendung* dieser Behauptung, daß Klaus angerufen hat, *als Argument für* die Stützung der Behauptung, daß Klaus nach Köln kommt. Entsprechend wird in dieser Problematisierung auch keine Rechtfertigung der Behauptung, daß Klaus angerufen hat, erwartet, sondern nach dem *Rechtsgrund* gefragt, *warum* die Tatsache, daß p, die Behauptung, daß q, zu stützen vermag.

A könnte auf diese Problematisierung in der Weise reagieren, daß er den implizit unterstellten Rechtsgrund solcher argumentativen Beanspruchung von p in folgender Weise explizieren würde:

A (5): »Klaus hat bisher *immer* sein Wort gehalten!«

Wir können in Anlehnung an Toulmin die Angabe eines solchen Rechtsgrundes aufgrund seiner operativen Funktion im argumentativen Zusammenhang auch als Angabe einer *Schlußregel* (SR) interpretieren, insofern in dieser Angabe eine allgemeine Regel genannt wird, in Übereinstimmung mit der die Behauptung, daß q, als Schlußfolgerung bzw. *Konklusion* (K) aus der Tatsache, daß p bzw. – so Toulmin – aus dem *Datum* (D), abgeleitet werden kann:

K gilt, weil D wegen SR.[23]

Das Gelingen einer solchen Konklusion, in der aus dem Argumentandum ein Argumentat, aus dem problematisierten ein konsensuell bestätigter Geltungsanspruch wird, hängt ersichtlich von der Gültigkeit einer allgemeinen Schlußregel SR ab, *unter* die D als exemplarischer Einzelfall subsumiert bzw. *mit deren Hilfe* aus D – die Gültigkeit von D jeweils unterstellt – K deduktiv erschlossen werden kann.

Natürlich kann auch diese von A angeführte Schlußregel SR von B wieder problematisiert werden, indem durch singuläre (widersprechende) Erfahrungstatsachen die Gültigkeit dieser Regel bestritten wird, etwa durch:

B (6): »Und wie war es mit Klaus' Anruf am letzten Wochenende?«

Darauf könnte A versuchen, diese singuläre Erfahrungstatsache als eine die prinzipielle Gültigkeit der Regel nicht tangierende Ausnahmebedingung (AB) zu erklären:

A (6): »Du weißt doch, daß Barbara, Klaus' Frau, plötzlich erkrankt war« und statt dessen durch andere beispielhaft zitierte Erfahrungstatsachen (»Denk doch an . . .«) die Verläßlichkeit von Klaus und damit die Gültigkeit der Regel SR explizit zu stützen. Diese Stützungsleistung einer Äußerung für die Gültigkeit einer Schlußregel kennzeichnen wir im folgenden durch die Chiffre S.

Wir können mithin die Gelingensbedingungen der Schlußfolgerung wie folgt komplettieren:

K gilt weil D wegen SR aufgrund von S, außer wenn AB.

Freilich impliziert die Stützung von SR durch S selbst wieder, falls sie anerkannt wird, die Anerkennung einer weiteren Schlußregel (SR_1), die die Zulässigkeit des Übergangs von S (in der Rolle von D_1) zu SR (in der Rolle

von K_1) rechtfertigend regelt (vgl. Toulmin 1975, S. 97). Auf unser Beispiel bezogen wäre SR_1 im Fall der Problematisierung von S als Stützung von SR sprachlich repräsentierbar etwa in:
A (7): »Wenn einer wie Klaus so oft schon sein Wort gehalten hat, dann gilt er als zuverlässig.«
Diese Beziehung zwischen SR und SR_1 ließe sich entsprechend formal abbilden in:
K gilt weil D aufgrund von SR,
wobei SR selbst wieder (in der Rolle von K_1) gilt, weil S (in der Rolle von D_1) gilt aufgrund von SR_1 usw.

Freilich wäre diese theoretisch durchaus mögliche Problematisierungsradikalisierung infinit fortsetzbar, wobei jeweils allgemeinere Grundsätze und Annahmen als SR in Betracht kämen. Dies ist etwa an Toulmins exemplarischer Analyse einer praktischen Argumentation ablesbar (1950, S. 132 u. ö.), in der er das praktisch-normative Urteil, daß ein bestimmtes Verhalten als schlecht qualifiziert ist, über D (weil Lüge) und der dazugehörigen Schlußregel SR (Lügen ist schlecht) bis zu S (nicht gewollte Nebenfolgen bei Nichtgeltung dieser allgemeinen Norm) und die dazugehörige Schlußregel SR_1 (ein Grundsatz ist gut, wenn er vermeidbare Leiden verhindert) beispielhaft entfaltet. Doch solche ihrer theoretischen Möglichkeit nach infinit fortsetzbare Problematisierung würde praktisch die Suspendierung der möglichen Einlösung argumentativer Rationalitätschancen überhaupt bedeuten; denn »wir können kaum mit dem Argument beginnen, wenn wir für alle vorgebrachten Schlußregeln nach einer Stützung verlangen« (Toulmin 1975, S. 97). Deshalb müssen wir »einige Schlußregeln provisorisch« immer schon akzeptiert haben (Toulmin ebd.), wenn wir argumentieren wollen, weil ohne diese Unterstellung gültiger Schlußregeln auch keine Äußerung in der Weise argumentativ funktionalisierbar wäre, daß aus ihr als D eine andere Äußerung als K sich ableiten ließe.
Ergänzt man den bisherigen Rekonstruktionsversuch der Berechtigungsbedingung, p als Argument für q zu verwenden, noch um die differenzierte Angabe des Schlüssigkeitsgrades, den A für die Konklusion K aus D aufgrund der durch S gestützten SR selbst beansprucht – sprachlich etwa realisierbar durch die Modaloperatoren (O): sicherlich, wahrscheinlich, vermutlich, notwendig usw.[24] – dann wäre damit die allgemeine Struktur (»layout«) des Toulminschen Argumentationsschemas rekonstruiert (S. 95), in dem, unabhängig von der Art der jeweiligen Geltungsansprüche und unabhängig von den bereichsspezifischen Geltungsstandards, der Prozeß bzw. das Verfahren rationaler Geltungseinlösung schlechthin abbildbar ist:

Abb. 15:

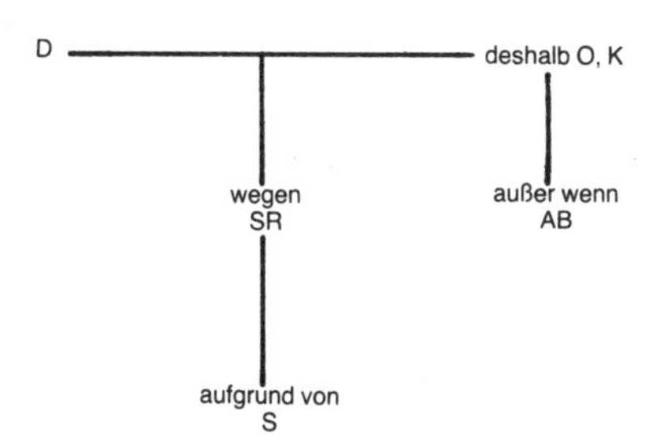

Der heuristische Wert dieses Argumentationsschemas – historisch ist es bereits im rhetorischen Schema des »Epicheirems« vorgebildet[25] – liegt ersichtlich in seiner Leistung, das komplexe Strukturgefüge funktional differenzieller Äußerungen explizit rekonstruieren zu können, das in jeder argumentativen Verwendung einer Äußerung p als Argument für bzw. gegen q implizit immer schon unterstellt ist[26], mag es auch in konkreten Argumentationsprozessen nur selten in all seinen Strukturelementen entfaltet sein. Vielmehr gründet in der Regel die praktische Möglichkeit von Argumentation gerade in der Entbindung von solcher rigiden Explikationspflicht, so daß sich das komplexe argumentative Strukturgefüge auch situationsbezogen auf argumentative Abbreviaturen verkürzen kann, wie sie die antike Rhetorik etwa unter dem Titel »Enthymem« reflektiert hat[27].

Doch ebenso wie solche argumentativen Abbreviaturen nur vor dem Hintergrund eines entfalteten argumentativen Strukturmodells verstehbar sind, so ist die bisher verwendete argumentative Kurz- bzw. Grundform: q, weil p nur als Verdichtung eines komplexen Beziehungsgefüges zwischen Äußerungen interpretierbar, wie es mit Hilfe der zitierten Toulminschen Kategorien rekonstruiert wurde. Ähnliches gilt für die aus der klassischen Syllogistik bekannte Differenzierung zwischen »Konklusion« und »allgemeiner Oberprämisse« bzw. »singulärer Unterprämisse«, auf die Toulmin ja schon mit seinem Begriff »Konklusion« zugleich Bezug nimmt, wie er sie differenzierend erweitert (vgl. bes. S. 98ff., dazu Wunderlich 1974, S. 73ff.), so daß auch Ableitungszusammenhänge zwischen Äußerungen, die strikt formalen (bzw. deduktiven) Gültigkeitsanforderungen nicht entsprechen – und dies ist die Normalform umgangssprachlich-praktischer Argumentation – in ihrer argumentativen Funktion reflektierbar und in ihrer Gültigkeit überprüfbar werden[28]. Zudem ist die logische Differenz zwischen D und SR, d.h. zwischen einer informationshaltigen singulären Tatsachenaussage und einer formale Schlußoperationen ermöglichenden allgemeinen Regel (Toulmin, S. 91f., 103ff.) in dem syllogistischen Schema unter dem gemeinsamen Titel »Prämisse« ebensowenig abbildbar, wie die funktionale Differenz zwischen S und SR, d.h. zwischen der Stützung einer Regel durch singuläre Tatsachen und ihrem allgemeinen Regelanspruch unter dem gemeinsamen Titel der »allgemein« bzw. »Oberprämisse« benennbar (S. 96) oder die Rollendifferenz zwischen D und S explizierbar, die – obwohl sie beide singuläre, informationshaltige Tatsachen zitieren – doch prinzipiell unterschiedliche Funktionen erfüllen (S. 96f.): Während die singuläre Tatsachenaussage in der Rolle von D die Geltung einer problematisierten Äußerung mit Hilfe einer als gültig unterstellten Regel SR deduktiv dadurch rechtfertigt, daß D als exemplarischer Einzelfall unter die allgemeine Regel SR subsumiert bzw. eine allgemeine Regel auf D angewendet wird,[29] soll die singuläre Tatsachenaussage in der Rolle von S die Gültigkeit einer Regel SR rechtfertigen, indem die in S aufgezählten singulären Einzelfälle über das »Brückenprinzip« der Induktion nomologisch generalisiert werden (Toulmin, S. 110f.).[30] Man kann diese letzte kategoriale Differenzierung mit Toulmin (S. 109) in der kategorialen Unterscheidung zwischen »Schlußregel gebrauchenden« und »Schlußregel begründenden Argumentationen« abbilden bzw. mit Wunderlich (1974, S. 74) von »zwei Argumentationsschritten« sprechen, die in jeder Argumentation implizit enthalten sind: Nämlich in dem Argumentationsschritt von SR/D zu K bzw. in dem Argumentationsschritt von S zu SR (vgl. Habermas 1973/3, S. 244).

In der induktiven Verallgemeinerung (vgl. Toulmin, S. 205ff.) einer Teilklasse zu einer Gesamtklasse (Modellfall der bekannte Syllogismus: Alle Menschen sind sterblich) ist freilich ein seit Aristoteles virulentes logisches Problem (das sogenannte Induktionsproblem) impliziert, insofern ja die allgemeine nomologische Aussage nicht bloß als tautologische Reformulierung der sie stützenden informationshaltigen Tatsachenaussage zu verrechnen ist, sondern selbst rechtfertigungsbedürftige (und durch singuläre Tatsachen widerlegbare) theoretische Annahmen enthält (Toulmin, S. 191 u.ö.), die einen entsprechenden logisch unterschiedlichen Status von S und K bedingen (ebd. S. 112). Auf unser Beispiel bezogen heißt das: Das bisherige Verhalten von Klaus (= S: »Denk an . . .«) rechtfertigt eine allgemeine Regel (= SR: »Klaus hat immer sein Wort gehalten«), mit deren Hilfe aus einem bestimmten Verhalten von Klaus (= D: »Klaus hat angerufen«) zukünftiges Verhalten von Klaus abgeleitet wird (= K: »Klaus kommt heute nachmittag nach Köln«). Toulmin nennt solche, theoretische Annahmen implizierenden, Argumente »substanziell« im Unterschied zu »analytisch« (S. 111ff.) – Habermas spricht von »triftig« im Unterschied zu »zwingend«[31] –, weil sie die genuine Leistung von Argumentation abbilden

als eines rationalen, aber nicht nur deduktiven Verfahrens mittelbarer und produktiver Gewißheitsfindung und Gewißheitssicherung, das in methodisch nachkontrollierbarer Weise mit Hilfe akzeptierter Voraussetzungen situative Ungewißheit abbaut bzw. neue Gewißheit ermöglicht (Toulmin, S. 113f.): »Substantiell nennen wir nur die Argumente, die bei logischer Diskontinuität, d. h. trotz eines Typensprungs zwischen S und SR Plausibilität erzeugen« (Habermas 1973/3, S. 243).
Dagegen sind bei analytischen Argumenten die Konklusionen bereits in der informationshaltigen Stützung (S) ihrer SR logisch impliziert (Toulmin, S. 112f., Wunderlich,S. 69f.), so daß auch eine Unterscheidung zwischen S und SR in dem Maße unnötig ist, als SR gegenüber S nicht informativ ist (Habermas ebd.): »Ein gültiger analytischer Syllogismus kann uns in seiner Schlußfolgerung nichts mitteilen, was nicht schon in den Daten und in der Stützung für die SR enthalten ist« (Toulmin, S. 135, S. 148ff.: »Die Irrelevanz analytischer Kriterien«).

Abgesehen von der Sonderklasse analytischer Argumente, die das bevorzugte Paradigma klassischer Logik dargestellt haben, können in der Regel Argumentationen ohne substantielle Argumente nicht auskommen, deren Rekonstruktionsinteresse den Toulminschen Paradigmawechsel motiviert hat: Das Gericht ersetzt die Mathematik als Modell der Logik, die formale Logik erweitert als forensische ihren Zuständigkeitsbereich.
3.27 Auf die Ausgangsfrage des letzten Abschnittes nach den spezifischen Gültigkeits- bzw. Eignungsbedingungen von p als Argument für q – was macht eine *gültige Äußerung* zu einem *gültigen Argument*? – läßt sich jetzt (noch vorläufig) antworten: Eine (als gültig unterstellte) Äußerung p kann berechtigterweise *als* Argument *für* den problematisierten Geltungsanspruch (bzw. *gegen* den erhobenen Geltungsanspruch) einer anderen Äußerung q beansprucht werden, wenn es gelingt, die beiden Äußerungen p und q *innerhalb* eines – nach Bedarf prozessual explikationsfähigen – argumentativen Funktionszusammenhanges so zu vermitteln, daß p als Datum (D) rekonstruiert werden kann, aus dem in Übereinstimmung mit einer – selbst wieder durch S stützbaren bzw. gestützten – Schlußregel (SR) die zunächst problematisierte Äußerung q *als* Konklusion (K) abgeleitet werden kann.
Oder kürzer formuliert, da jede Äußerung p in der Rolle von D eine entsprechende Schlußregel SR impliziert, in Übereinstimmung mit der aus ihr überhaupt erst q als Konklusion erschlossen werden kann (»Welche Daten wir anführen, . . . hängt von den Schlußregeln ab, die wir in diesem Bereich anzuwenden bereit sind«, Toulmin, S. 91):
Eine (als gültig unterstellte) Äußerung p kann dann berechtigterweise als Argument für q beansprucht werden, wenn es eine

entsprechende Schlußregel gibt, nach der die problematisierte Äußerung q als K aus der betreffenden Äußerung p als D abgeleitet werden kann. Oder noch kürzer:

Die Gültigkeit von p als Argument für q hängt von der Gültigkeit einer entsprechenden Schlußregel für die Ableitung von q aus p ab.

Äußerungen, deren argumentative Verwendung in Diskurszusammenhängen solchen Geltungsbedingungen entspricht, nennen wir hinsichtlich ihrer Leistung für die Rechtfertigung problematisierter Geltungsansprüche *»überzeugungskräftig«*, – ähnlich wie Äußerungen in kommunikativen Handlungszusammenhängen, die den implizierten Geltungsbedingungen kommunikativen Handelns (Wahrheit, Richtigkeit, Wahrhaftigkeit, Verständlichkeit) entsprechen, hinsichtlich ihrer kommunikativen Leistung *»informativ«* heißen. Wenn mithin »überzeugungskräftig« die spezifische Qualität gültiger Argumente meint, dann läßt sich schließlich die oben versuchte Definition der Gültigkeit von Argumenten wie folgt reformulieren:

Die Überzeugungskraft von p als Argument für q hängt von der Gültigkeit einer entsprechenden Schlußregel für die Ableitung von q aus p ab.

Daß die mit Hilfe einer solchen Schlußregel vorgenommene Ableitung in formal richtiger Weise erfolgt, was heißt: Daß die Schlußregel korrekt angewendet wird, benennt doch keine spezifische Qualität einer Argumentation, sondern nur – analog zur gerichtlichen Verfahrenskorrektheit – die notwendige »Vorbedingung für eine rationale Beurteilung« (Toulmin, S. 152) überhaupt. Fehlende Korrektheit bzw. mangelnde Konsistenz mindert nicht die mögliche Überzeugungskraft einer Argumentation, sondern disqualifiziert die Argumentation als Verfahren argumentativer Geltungseinlösung schlechthin (Toulmin, S. 151), ähnlich wie eine Äußerung, deren implizierter Geltungsanspruch selbst noch stützungsbedürftig ist, sich als stützfähige Äußerung für den problematisierten Geltungsanspruch einer anderen Äußerung *als* Argument disqualifiziert. Umgekehrt gilt dann freilich auch, daß das Fehlen solcher Inkonsistenz und Widersprüchlichkeit noch kein Präjudiz für die Gültigkeit einer Argumentation darstellen kann (vgl. Toulmin, S. 180 u. ö.).

Für diese Gültigkeit bzw. Überzeugungskraft einer Argumentation gilt entsprechend, was für die Gültigkeit bzw. Überzeugungskraft eines Argumentes gesagt worden ist: Sie hängt von der Gültigkeit einer prozessual entfalteten Schlußregel ab. Dies zumindest, wenn es sich nicht um eine *komplexe*, sondern *einfache* Argumentation handelt. Dabei meint »komplex« im Unterschied zu »einfach«, daß eine Argumentation nicht mit der prozessualen Entfaltung eines *einzigen* Argumentes zusammenfällt (= einfache Argumentation), so daß die Überzeugungskraft eines Argumentes sogleich die Überzeugungskraft der genannten Argumentation impliziert, sondern daß verschiedene – freilich in ihrer argumentativen Rechtfertigungsleistung konvergente (vgl. Perelman 1970, S. 624ff.) – Argumente und deren prozessuale Entfaltung in entsprechend verschiedenen Argumentationssträngen zusammen erst die Struktur eines argumentativen Funktionszusammenhanges abbilden, und daß sich entsprechend die Überzeugungskraft solcher komplexen Argumentation erst aus der Summe bzw. erst aus dem Vergleich der Überzeugungskraft ihrer integralen Argumente ergibt (vgl. Göttert, S. 27, zu entsprechenden Beispielen ebd., S. 43ff., und Frankena,S. 17ff.).

Im Anschluß an die oben versuchte Definition der Gültigkeit einer Argumentation können wir nun sagen: Die Überzeugungskraft einer komplexen Argumentation hängt von der Gültigkeit der in ihr konvergent verwendeten Schlußregeln ab. In unsere oben zitierte argumentative Kurzformel übersetzt, ließe sich diese Definition wie folgt abbilden: q, weil $p_1, p_2 \ldots p_n$.

Wie die möglicherweise unterschiedliche Überzeugungskraft einzelner Argumente innerhalb einer komplexen Argumentation durch ihre entsprechende Anordnung berücksichtigt bzw. durch entsprechende Stellungsvorteile (»law of primacy«) beeinflußt werden kann, untersucht die empirische Wirkungs- bzw. Persuasionsforschung (vgl. Dröge u.a., S. 83ff.).

Neben der Unterscheidung zwischen einfacher und komplexer Argumentation müssen wir eine weitere Differenzierung einführen, die sich an der Leistung von Argumenten sowohl *für* die Stützung problematisierter wie *gegen* die Gültigkeit erhobener Geltungsansprüche orientiert. Je nachdem, wie die in einer Argumentation verwendeten Argumente dem einen oder dem anderen Funktionstyp von Argumenten zuzuordnen sind, sprechen wir von stützenden bzw. widerlegenden, oder gebräuchlicher: von *Pro-* bzw. *Contra*-Argumenten (zu deren Auflistung sich das von Naess entwickelte Verfahren eignet, vgl. S. 142ff.). Dieser Unterscheidung zwischen Pro- und Contra-Argumenten entspricht die rhetorische Differenz zwischen »probatio« und »refutatio« als Teilen der »argumentatio« (vgl. Lausberg 1960, § 34).

Entsprechend dieser Differenzierung zwischen Pro- und Contra-Argumenten lassen sich nun komplexe Argumentationen genauerhin danach unterscheiden, ob sie ausschließlich Pro- bzw. Contra-Argumente oder – dies die Regel in komplexer Argumentation – beide Argumentationstypen in Anspruch nehmen; im einen Fall sprechen wir von *reinen,* im anderen von *gemischten* Argumentationen (Göttert, S. 34ff., spricht von »alternativ« bzw. »kontrovers«). Dabei soll unter »gemischt« genauerhin eine Argumentation verstanden werden, in der ein erhobener Geltungsanspruch (in unserer Abb. 16: G_1) sowohl *direkt* durch Pro-Argumente wie *indirekt* durch Contra-Argumente gestützt wird (Entsprechendes gilt natürlich auch für die Schwächung erhobener Geltungsansprüche), wobei die Contra-Argumente sich gegebenenfalls sowohl *unmittelbar* auf die Gültigkeit eines konkurrierenden Geltungsanspruchs (in Abbildung: G_2) beziehen können wie *mittelbar* auf die Überzeugungskraft der argumentativen Bestreitung des jeweils erhobenen Geltungsanspruchs (Naess spricht statt von »mittelbar« bzw. »unmittelbar« von Pro- bzw. Contra-Argumenten erster, zweiter usw. Ordnung (vgl. S. 140ff.), während Savigny und Grewendorf »Argumente, welche Argumentationen beurteilen«, »A-Argumente« nennen (Savigny, S. 32 u. 35) und von »inhaltlichen« Argumenten unterscheiden).

Komplexe und besonders gemischte Argumentationen sind zwar mit Hilfe des Toulminschen Argumentationsschemas analysierbar, doch ist dazu eine vorgängige Rekonstruktion des *makrostrukturellen* Argumentationszusammenhanges in der Weise nötig, daß die integralen Argumentationsstränge der komplexen Argumentation einer *mikrostrukturellen* Analyse – eben sie ist das Thema des Toulminschen Buches und ihre kategoriale Ermöglichung seine eigentliche Leistung – zugänglich werden. Eine solche makrostrukturelle Rekonstruktion haben etwa Savigny und Grewendorf an exemplarischen literaturwissenschaftlichen Argumentationszusammenhängen (Interpretationen) versucht, deren Methode – obwohl sie primär eine wissenschaftstheoretische Frage nach den geltenden Regeln wissenschaftlicher Tätigkeit beantworten soll – insofern für unsere Fragestellung adaptierbar ist, als bei dieser Rekonstruktion sowohl von der Voraussetzung mehrerer Argumente innerhalb einer komplexen Argumentation ausgegangen wird wie von der Voraussetzung funktionstypologisch differenzierbarer (z. B. textkritischer, historischer, poetologischer usw.) Einzelargumente.

Die funktionstypologische Unterscheidung von Argumenten legt eine enumerative Auflistung der in einem komplexen Argumentationszusammenhang jeweils verwendeten Argumenten nach Pro- bzw. Contra-Argumenten nahe (»Argumentationsliste«), deren strukturelle Beziehung zueinander dann in einem »Argumentationsdiagramm« abbildbar ist (vgl. Savigny, S. 28ff. und unsere Abb. 16). (Dabei meinen die Argumentepfeile im einzelnen: 1→G: 1 ist ein Argument für den Geltungsanspruch, 1–<G: 1 ist ein Argument gegen einen Geltungsanspruch; $^{1}_{2}$>→G: 1 und 2 sind zusammen Argumente für einen Geltungsanspruch usw.) Ersichtlich ist jede dieser solchermaßen symbolisierten Beziehungen wieder mikrostrukturell in das Toulminsche Argumentationsschema transformierbar, wobei etwa 1→G als eine – noch um SR und S ergänzbare – Beziehung zwischen D und K reformulierbar wäre.

Zugleich ist an diesem Diagramm des makrostrukturellen Argumentationszusammenhangs – neben der Unterscheidungsmöglichkeit zwischen direkten (1 bis 3) und indirekten Argumenten (4 bis 9) – an der jeweiligen Stellung eines Argumentepfeiles ablesbar, auf welcher logischen Stufe ein Argument innerhalb eines funktionalen Argumentationszusammenhanges steht, ob es unmittelbar einen Geltungsanspruch stützt (1) bzw. schwächt (6) oder ob es das einen Geltungsanspruch stützende (1, 8) bzw. schwächende (4, 6) Argument selbst wieder mittelbar stützt (2, 3 bzw. 7) oder schwächt (5 bzw. 9).
Abb. 16 (Argumentationsdiagramm):

Abb. 16:

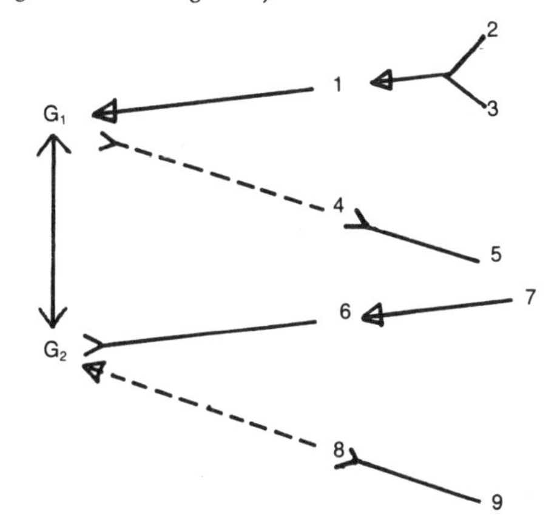

Die gestrichelten Linien repräsentieren jeweils gegnerische Argumente, auf die sich die betreffenden Argumente beziehen. Natürlich kann dieses Argumentationsdiagramm auch Argumentationszusammenhänge abbilden, die nicht nur die Beziehung zwischen den einzelnen Argumenten *eines* Sprechers, sondern zwischen den verschiedenen Argumenten *verschiedener* Sprecher berücksichtigen).

Die Grobunterscheidung der Argumentation nach einfach bzw. komplex oder rein bzw. gemischt läßt sich im folgenden Schema (Abb. 17, s. S. 100) zusammenfassen.

3.28 Wir hatten »Argument« als Funktionskategorie erläutert, insofern mit diesem Begriff die Rolle einer Äußerung *als* Argument *für* den problematisierten Geltungsanspruch einer anderen Äußerung (bzw. *gegen* die Gültigkeit eines erhobenen Geltungsanspruches) *innerhalb* eines – je nach Bedarf explikationsfähigen – Funktionszusammenhanges zwischen Äußerungen gekennzeichnet wird, der mit Hilfe des Toulminschen Argumentationsschemas und dessen Kategorien (K, D, SR und S) rekonstruierbar ist. Wir hatten weiter gesagt, daß die Überzeugungskraft als spezifische Qualität

Abb. 17:

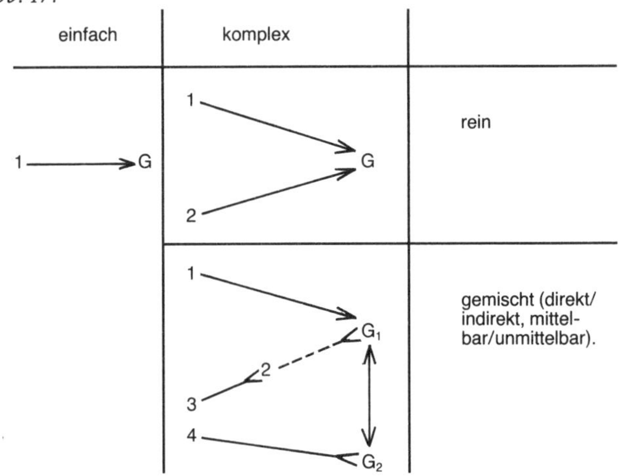

gültiger Argumente und damit auch: gültiger Argumentationen von der Gültigkeit entsprechender Schlußregeln abhängt. Mit dieser Bestimmung der Gültigkeitsbedingungen von Argumenten bzw. von Argumentationen sind aber zugleich auch Chancen und Grenzen rationaler, nämlich argumentativer Problem- und Konfliktlösung benannt:
Die *Chancen*, weil die Bedingung möglicher Argumentation nicht mit der Bedingung analytischer Argumentation zusammenfällt, sondern von Bedingung gültiger bzw. als rechtfertigungsfähig unterstellter Schlußregeln abhängt:

»Wenn wir die Frage stellen, wie weit die Kompetenz des Gerichtshof der Vernunft reicht, müssen wir deshalb die Frage beiseite lassen, wieweit in jedem Bereich Argumentationen analytisch sein konnen. Statt dessen mussen wir unsere Aufmerksamkeit auf die davon ganz verschiedene Frage konzentrieren, in welchem Ausmaß es bereits begründete Schlußregeln ... gibt« (Toulmin 1975, S. 156).

In der Konsequenz dieses an der forensischen Analogie sich paradigmatisch orientierenden Ansatzes ist impliziert, daß der – so die Kantianische Ausdruckweise – »Gerichtshof der Vernunft« auch dort Zuständigkeiten beanspruchen kann, wo analytische Folgerungsbeziehungen zwischen Äußerungen nicht möglich sind, was »kein Zeichen ihrer Schwäche, sondern Konsequenz aus den Problemen (ist), mit denen sie sich befassen« (Toulmin ebd.). Daß mit dieser – durchaus Aristotelischen – Rückbindung der Rationalitätsanforderungen an die Rationalitätschancen der jeweiligen materia-

len Problembereiche der gesamte Bereich praktisch-normativer Handlungsorientierungen für die Vernunft und damit für den Diskurs als Medium ihrer operativen Wirksamkeit reklamierbar wird, ist offenkundig (vgl. explizit bei Toulmin, S. 155 u. ö.) und erklärt unter anderem die Bereitschaft, mit der auch Habermas in seiner »Logik des (theoretischen wie praktischen) Diskurses« das Toulminsche Argumentationsschema als allgemeines Organisationsmuster von argumentativ funktionalisierten Äußerungen rezipiert und adaptiert hat. Und dies, ohne die Differenz zwischen den in theoretischen Diskursen (rechtfertigungsbedürftige Behauptungen) als SR verwendeten allgemeinen (und durch das Induktionsprinzip gestützten) Gesetzeshypothesen einerseits und den in praktischen Diskursen (rechtfertigungsbedürftige Empfehlungen und Wertungen) als SR benötigten allgemeinen (und durch das Universalisierungsprinzip gestützten) Handlungsnormen andererseits einzuschleifen (vgl. zu diesen »Brückenprinzipien 1973/3, S. 245f. Ebd., S. 244, zu einer beispielhaften Analogisierung zwischen theoretischem und praktischem Diskurs. Zum Universalisierungs-Prinzip vgl. u. a. Singer, Hare 1972, 1973).
Zugleich gilt aber auch – und das betrifft die *Grenzen* möglicher argumentativer Rationalität –: Wenn Diskursteilnehmer »keine gemeinsame Grundlage haben, von der sie ausgehen können, dann ist eine rationale Bewältigung (von Problemen) nicht mehr möglich« (Toulmin, S. 156, vgl. S. 91).

So insistiert – um das von Frankena zitierte Beispiel aufzugreifen – Sokrates im Platonischen Dialog »Kriton« seinem gleichnamigen Partner gegenüber darauf, daß die Übereinstimmung in der (ethischen) Grundüberzeugung, daß Unrechttun prinzipiell ein Übel sei, explizit als Basis gemeinsamer argumentativer Reflexion bestätigt wird; denn »zwischen denen, die dies annehmen, und denen, die dies nicht annehmen, gibt es keine gemeinsame Beratschlagung; sie müssen notwendig einander geringachten, wenn einer des anderen Entscheidung sieht« (49d).
Ungeachtet der fraglichen Notwendigkeit eines solchen resignativen Kommunikations- bzw. Diskursabbruchs ist in der Sokratischen Beurteilung der Argumentationschancen gleichwohl die elementare Funktion einer basalen Übereinstimmung zwischen den Diskursteilnehmern als notwendige Bedingung möglicher Argumentation richtig eingeschätzt, eine Übereinstimmung, die heute – auf gesamtgesellschaftlicher Ebene – unter dem Problemtitel »Grundwerte« aktueller Gegenstand politischer, soziologischer, philosophisch-ethischer wie rechtstheoretischer Diskussionen geworden ist.[32]
Sieht man sich freilich den Platonischen Dialog genauer an, dann bemerkt man recht bald, daß die Sokratische Frage nach den Chancen einer solchen basalen Übereinstimmung, von der eine Argumentation »ihren Anfang« nehmen müßte (49d), sich gar nicht so sehr auf die einzelnen von Kriton

angeführten Argumente für eine Flucht aus dem Staatsgefängnis – so das Thema dieses Gespräches – bezieht; vielmehr wird die prinzipielle *Angemessenheit* eines argumentativen Problemzugangs problematisiert, der sich an dem Urteil der öffentlichen Meinung orientiert und aus ihr – ohne deren Rechtmäßigkeit überprüft zu haben – Entscheidungshilfen für das eigene Handeln ableiten zu können glaubt. Denn eben diese Divergenz in der kategorialen Problemreflexion ist das eigentliche Motiv der Sokratischen Frage, nämlich: Welche Argumente bzw. genauer: welche *Art* von Argumenten überhaupt für eine angemessene Entscheidungsfindung in Betracht kommt, was heißt: Welche Argumente denn überhaupt problemspezifische *Relevanz* beanspruchen können.

Diese Frage nach der Relevanz von Argumenten sprengt ersichtlich den Rahmen der bisher reflektierten Rekonstruktionschance von Äußerungen *als* Argumente *innerhalb* eines argumentativen Funktionszusammenhanges. Denn diese Frage zielt auf die in jeder solchen Argumentation implizit immer schon ratifizierte Vorentscheidung über die Angemessenheit bzw. Relevanz des jeweils gewählten kategorialen Rahmens, innerhalb dessen sich die argumentative Problemreflexion bewegt. Eben diese Vorentscheidung zu explizieren und die mögliche Übereinstimmung über sie zwischen sich und dem Diskurspartner zu überprüfen, ist das eigentliche Ziel der Sokratischen Frage im Platonischen Dialog, dessen befriedigende Beantwortung schließlich mit dem Satz konstatiert wird:

»Also keineswegs . . . haben wir das so sehr zu bedenken, was die Leute sagen werden von uns, sondern, was der eine, der sich auf Gerechtes und Ungerechtes versteht, und die Wahrheit selbst. So daß du schon hierin die Sache nicht richtig einleitest (!), wenn du vorträgst, wir müßten auf die Meinung der Leute . . . Bedacht nehmen« (48 a).

In diesem Satz werden nicht nur negativ Kritons bisherige Argumente für die Flucht aus dem Gefängnis als problemunangemessen disqualifiziert, sondern in ihm wird auch positiv eben die basale Übereinstimmung, die jeder möglichen argumentativen Übereinstimmung vorausliegt, als Einverständnis über die *Angemessenheit* eines kategorialen – diesfalls: ethischen statt pragmatischen – Problemverständnisses expliziert.
Dieses basale Einverständnis ist für die Möglichkeit von Argumentation deshalb so wichtig, weil die interpretative Zuordnung der jeweiligen Problemfrage zu einem bestimmten material-inhaltlichen (diesfalls: ethischen) Problembereich die *Problemlage* definiert und damit ein Problem *als* spezifisches Problem überhaupt erst identifizierbar macht. Die traditionelle Rhetorik hat an eben dem von Toulmin favorisierten Modell des forensischen Prozesses

die Definition solcher Problemlagen als Definition und Qualifikation des gerichtlichen Falles (»quaestio«) innerhalb der sogenannten Statuslehre reflektiert.[33] In der Definition der Problemlage ist zugleich die Entscheidung für ein bestimmtes, in einem entsprechenden »Sprachsystem« abbildbares, kategoriales »Begriffssystem« (Habermas 1973/3, S. 244) impliziert, das sowohl die Ebene der kategorialen Problemreflexion präjudiziert wie den Rahmen einer möglichen Problemlösungschance absteckt wie schließlich die materiell-inhaltliche Kohärenz – nicht: formale Konsistenz – zwischen den verschiedenen Elementen einer Argumentation sichert:

»Die Argumentation dient der Entfaltung von Implikationen, die in der Beschreibung des Phänomens dank des zugehörigen Sprach- und Begriffssystems enthalten sind. Nur als Elemente ihres Sprachsystems sind Behauptungen, Empfehlungen begründungsfähig. Begründungen haben nicht mit der Relation zwischen einzelnen Sätzen und der Realität zu tun, sondern zunächst einmal mit der Kohärenz zwischen Sätzen innerhalb eines Sprachsystems« (Habermas ebd., S. 245).

Zugleich benennt die Definition der Problemlage über die implizite Entscheidung für ein bestimmtes kategoriales Begriffs- bzw. Sprachsystem die Geltungsbedingungen, denen Äußerungen zu genügen haben, die innerhalb einer Argumentation zur Stützung problematisierter Geltungsansprüche verwendet werden können. Toulmin nennt solche Geltungsbedingungen – etwa für ethische Äußerungen in dem zitierten Platonischen Beispiel – *»Standards«* bzw. »Kriterien«, die – anders als die funktionalen *»Rollen«*, die Äußerungen innerhalb von Argumentationszusammenhängen übernehmen – problembereichsspezifisch bzw. feldabhängig sind (Toulmin, S. 37ff.).

»Erst dann, wenn man Klarheit über die Art der in irgendeinem Fall enthaltenen Probleme besitzt, kann man feststellen, welche Schlußregeln, welche Stützung und welche Kriterien der Notwendigkeit und Möglichkeit relevant für den Fall sind« (Toulmin, S. 156).
Auf das zitierte Beispiel aus dem Platonischen »Kriton« bezogen heißt dies: Erst innerhalb eines ethischen Reflexionsrahmens wird der Sokratische Satz, daß Unrechttun prinzipiell ein Übel sei, ein möglicher und sinnhaft verstehbarer Satz; erst aufgrund einer als ethisch definierten Problemlage kann diese Äußerung in der Rolle einer Schlußregel für die Problemlösung beansprucht werden; und erst innerhalb eines ethischen Kategoriensystems kann die Gültigkeit einer als solche funktionalisierten Äußerung gegebenenfalls gestützt oder problematisiert werden. Denn von Gültigkeit läßt sich nur reden mit Bezug auf ein kategoriales Bezugssystem, in dem die *Kriterien möglicher Gültigkeit* material verortet sind.

Eben dies meint Toulmin, wenn er sagt, daß »Gültigkeit« einer

Äußerung – anders als ihre Rolle innerhalb eines Argumentationszusammenhangs (S. 37) – »ein bereichsabhängiger Begriff« sei (S. 222), und daß entsprechend die Geltungskriterien für Äußerungen mit den kategorialen Begriffssystemen, die jeweils gewählt werden, auch wechseln.[34] Ob die als Schlußregel verwendeten Äußerungen solchen Gültigkeitsbedingungen tatsächlich entsprechen, ist genau die im Argumentationsprozeß zwischen den jeweiligen Diskurspartnern zu entscheidende Frage, von deren positiver Beantwortung die Akzeptabilität einer Schlußregel abhängt und darin vermittelt: die Überzeugungskraft eines Arguments bzw. einer gesamten Argumentation. Doch diese Entscheidung hat zur Voraussetzung ihrer Möglichkeit bereits ein Einverständnis über die problembereichsspezifischen Geltungskriterien, mithin: Über die als »Problemlage« terminologisierte Definition und Qualifikation der zugrundeliegenden Problemfrage und ihrer angemessenen Zugänglichkeit.
Man kann die Leistung solcher kategorialen Begriffssysteme mit den von Kuhn analysierten »Paradigmen« für die Möglichkeit der Theoriebildung in wissenschaftlicher Kommunikation und Argumentation vergleichen, insofern beide die allgemeinen Rahmenbedingungen bzw. »begrifflichen Netzwerke« (Kuhn, S. 141) buchstabieren für die mögliche Identifikation von etwas *als* etwas innerhalb bestimmter Theorien, wie für die mögliche Äußerung über etwas, wie schließlich für die möglichen Prüfbedingungen ihres Geltungsanspruchs. Und ebenso wie die Paradigmen, wissenschaftsgeschichtlich gesehen, zeitlich begrenzte und durch wissenschaftliche Revolutionen (»Paradigmenwechsel« S. 223) ablösbare Rahmenbedingungen möglicher wissenschaftlicher Theoriebildung benennen, sind die kategorialen Begriffssysteme nicht nur bereichsabhängig, sondern auch zeitgebunden und deshalb veränderbar (Toulmin, S. 221, 54 ff., Göttert, S. 49 ff.). D. h.: Gültigkeit ist nicht nur ein »bereichsabhängiger«, sondern auch ein »historischer« Begriff (Toulmin, S. 223), der nur in Relation zu den jeweils geltenden bereichsspezifischen Standards bestimmbar ist. Damit wird die bisher vorrangig *funktionale* Analyse von Äußerungen, bezogen auf ihre Rolle bzw. Stellung (als K, D, SR, S) *innerhalb* konsistenter Funktionszusammenhänge komplettiert durch eine *inhaltliche* Analyse der als Argumente verwendeten Äußerungen, bezogen auf ihre materiale Zugehörigkeit zu kategorial kohärenten Begriffssystemen (ethisch, politisch, ökonomisch usw.), in deren Rahmen sich die prozessuale Entfaltung von Argumenten in Argumentationen immer schon bewegt. Entsprechend dieser doppelten Bestimmung von Äußerungen sind sie jeweils *funktional* definiert

durch ihre Rolle innerhalb eines Argumentationssystems und *material* definiert durch ihre kategoriale Zugehörigkeit zu einem Begriffssystem. Äußerungen, die hinsichtlich ihrer materialen Definition zu einem gleichen kategorialen Begriffssystem gehören, bilden zusammen einen sogenannten »Argumentetyp«.

Damit wird die oben versuchte Unterscheidung von Argumenten nach funktionstypologischen Merkmalen (Pro- bzw. Contra-Argumente) ergänzt durch eine inhaltstypologische Unterscheidung: Komplexe Argumentationen können mithin nicht nur funktionstypologisch, sondern auch inhaltstypologisch »rein« bzw. »gemischt« sein. Von anderen einschlägigen typologischen Unterscheidungen bzw. Klassifikationen der Argumente sei nur noch eine erwähnt, die u.a. Klaus/Buhr in ihrem Lexikonartikel »Argument« verwenden, obwohl es sich bei ihrer »Argumente-Klasse« nicht um eine Klassifikation von Argumenten nach ihrer Leistung für Geltungsansprüche (Pro- bzw. Contra-Argumente) handelt, noch um eine Klassifikation von Argumenten nach ihren materialen Merkmalen (»Argumentetypen«), sondern um eine Klassifikation von Argumenten nach der Methode ihrer Auffindung, wie sie besonders in der antiken Topik entwickelt und reflektiert worden ist[35]. Da freilich die Unterscheidung zwischen einem rein formalen und einem inhaltlichen Toposbegriff geschichtlich selten durchgehalten worden ist (»argumentum« = »locus« vgl. Lausberg 1960, § 203), sind die Namen für die »Suchformen« von Argumenten (ebd. § 209) – eben dies sind die »topoi« bzw. »loci« als »sedes argumentorum« (Sitze von Argumenten) (vgl. Quintilian V 10.20) – zu Namen für die mit ihrer Hilfe zu findenden Argumente selbst geworden. Das von Klaus/Buhr exemplarisch zitierte »argumentum ad verecundiam« (Autoritätsbeweis) (Bd. 1, S. 124f.) oder »argumentum ex contrario« (Argument aus dem Gegenteil) sind in Wahrheit Titel für bestimmte Verfahren der Argumentsuche.

3.29 Auf unsere Ausgangsfrage, was eine gültige Äußerung zu einem gültigen Argument macht, hatten wir geantwortet: Die Gültigkeit entsprechender Schlußregeln. Wir haben in dem letzten Abschnitt weiter betont, daß die Frage nach der Gültigkeit einer Äußerung allgemein und einer Schlußregel im besonderen nicht unabhängig von dem kategorialen Begriffssystem zu stellen, geschweige denn zu beantworten ist, in dem die bereichsspezifischen Gültigkeitskriterien bzw. -standards allein verortet sind. Und schließlich ist gesagt worden, daß mit der Definition der Problemlage zugleich eine kategoriale Problemebene definiert ist, über deren problemspezifische Angemessenheit ein vorgängiges Einverständnis zwischen den Diskursteilnehmern bestehen muß. Freilich kann die Angemessenheit eines gewählten kategorialen Begriffssystems nicht eine zur Gültigkeitsbedingung von Äußerungen hinzukommende weitere Eignungsbedingung sein, weil von Gültigkeit einer Äußerung überhaupt nur innerhalb eines kategorial kohärenten Begriffssystem gesprochen werden kann. Vielmehr expliziert der Begriff »Angemessenheit« nur den Anspruch, der in jeder Wahl eines kategorialen Begriffssystems als Rahmen einer Problemreflexion bereits implizit erhoben ist, daß nämlich das jeweils gewählte kategoriale Begriffssystem einen geeigneten Problemzugang eröffnet, der zugleich problemrelevante Argumente bereit hält. Insofern kann mit Habermas gesagt werden, daß die »konsensstiftende Kraft eines Argumentes mit der Angemessenheit der zu Argumentationszwecken verwendeten Sprache und des entsprechenden begrifflichen Systems zusammenhängt« (1973/3, S. 244).

Aber auch nur »zusammenhängt«; denn die Angemessenheit des jeweils gewählten Begriffs- und Sprachsystems impliziert so wenig schon die mögliche Akzeptabilität der in ihm verorteten Argumente, wie die Konsistenz ihrer korrekten Applikation schon die Überzeugungskraft einer Argumentation präjudiziert. Umgekehrt freilich gilt, daß mit dem Urteil über die Unangemessenheit eines kategorialen Begriffssystems in eins auch alle in ihm verorteten Äußerungen ihre argumentative Relevanz und mithin ihre mögliche Akzeptabilität eingebüßt haben. Exemplarische Belege für diese These lassen sich aus den verschiedenen aktuellen Diskussionen – etwa zur Reform des § 218 oder zur Aufhebung der Verjährungsfrist, zur Frage der Sterbehilfe und zur Frage der Neutronenbombe[36] bzw. genauer: der Neutronenwaffe – entnehmen, die aufgrund der weltanschaulichen Virulenz ihrer Implikate geeignet sind, den jeweiligen kategorialen Rahmen explizit zu machen, in denen sich die entsprechenden Argumentationsprozesse immer schon bewegen und in Relation zu dem die Gültigkeit von Argumenten überhaupt erst bestimmbar wird.

Stellvertretend für viele analoge Beispiele sei aus einer Stellungnahme in der Wochenzeitung »Die Zeit« zitiert (Nr. 32 vom 29. 7. 1977), in der ihr Chefredakteur Theo Sommer sich unter dem Titel »Atomkrieg ohne Tränen?« mit einem seinerzeit viel beachteten Aufsatz des SPD-Bundesgeschäftsführers Egon Bahr im SPD-Organ »Vorwärts« (Nr. 29 vom 21. 7. 1977) unter dem Titel »Ist die Menschheit dabei, verrückt zu werden?« auseinandersetzt. Die im Untertitel von Theo Sommers Aufsatz geforderte »Nüchternheit« der Diskussion wird im Text selbst in der Weise operationalisiert, daß »nüchterne Prüfung ... nicht in erster Linie moralisch-theologische Begutachtung« bedeuten könne, sondern »Untersuchung der technischen Funktionsfähigkeit, der Konsequenzen für die Abschreckung, schließlich der möglichen diplomatischen Folgen.« Damit werden einmal die eigenen drei kategorialen – im folgenden noch genauer erläuterten – Problemzugänge terminologisch gekennzeichnet und zum anderen gegenüber einem als »moralisch-theologisch« bestimmten Problemzugang abgegrenzt, der schließlich – gemessen an einem wie auch immer verstehbaren

Nüchternheitspostulat – als unangemessen bzw. zumindest sekundär (»nicht in erster Linie«) abgelehnt und zum Teil mit bewährten Abwertungsstrategien (vgl. Zimmermann, S. 161) disqualifiziert wird.
Was Sommer als »moralisch-philosophische« Reflexionsebene des Bahrschen Aufsatzes apostrophiert, ist bei Bahr genauerhin verstanden als Reklamierung eines Rechtes, militärtechnische Entwicklungen – ungeachtet ihrer strategischen Einschätzung – auch unter einem nicht-militärischen Gesichtspunkt reflektieren zu dürfen, weil er überhaupt erst in der Lage ist, den latenten Zynismus einer die »Perversion des Denkens« abbildenden Sprache bewußt zu machen, die eine Waffe als »sauber« zu nennen ermöglicht (vgl. Marcuse 1967, S. 112). »Es geht« – so Bahr – »um die Skala unserer Werte und nicht um Strategien oder Bündnisprobleme . . . Ich habe alle diese Fragen als untergeordnet dem zentralen Problem, der Mutation des menschlichen Denkens, bezeichnet«.
Ersichtlich ist hier – die Signifikanz der den Bahrschen Artikel bestimmenden ethischen Grundprädikate wie »Gewissen«, »Qualität des Lebens«, »Ziel der Gesellschaft«, »Perversion«, »Persönlichkeit«, »Mensch«, »Menschheit«, »Menschheitsfrage« usw. beweist es – ein kategorialer Problemzugang gewählt, der sich von den Sommerschen nicht nur prinzipiell unterscheidet (»Abschreckung«, »taktische Atomdrohung«, »Anforderungs-Freigabeverfahren«, »Einsatzkontrolle«, »vorwärtige Postierung«, »Aufstockung«, »Herabrüstung«, usw.), sondern zugleich Geltungspräjudize und materiale Relevanzkriterien impliziert (vgl. Göttert S. 57ff.), die mit denen des Bahrschen Problemzugangs notwendig kollidieren müssen: »Was« – so Bahr – »ich philosophisch ablehne, kann dennoch militärisch nötig und gleichzeitig politisch unerwünscht sein. Oder umgekehrt: Das philosophisch Richtige kann militärisch zweifelhaft, politisch erwünscht, aber praktisch nicht erreichbar sein.«

Hier wird offensichtlich ebensowenig wie im oben zitierten »Kriton«-Beispiel die Gültigkeit von Äußerungen, oder die Konsistenz ihrer argumentativen Funktionalisierung, oder schließlich die Konvergenz zwischen verschiedenen Argumentationssträngen *innerhalb* eines kategorial kohärenten Begriffssystem thematisiert, sondern hier wird die Kommensurabilität zwischen verschiedenen kategorialen Begriffssystemen als möglichen problemdefinierenden wie -qualifizierenden Systemen selbst thematisch. Doch damit drängt sich über die zunächst notwendige und im Bahr-Text empfohlene kategoriale Differenzierung zwischen »verschiedenen Ebenen« der Diskussion – so wird in einem späteren Aufsatz von Bahr unterschieden zwischen der »ethisch-philosophischen, militärischen und politischen« Diskussionsebene (»Neutronenwaffe und Entspannung« in: Flensburger Tageblatt vom 4. 2. 1978) – die Frage auf, wie denn die jeweils favorisierten und mehr oder weniger explizit verbalisierten Diskussionsebenen bzw. kategorialen Problemzugänge sich noch rational rechtfertigen lassen (vgl. Göt-

tert S. 58ff.) bzw. prägnanter gefragt: Gibt es eine Verständigungsmöglichkeit – nicht *innerhalb* eines kategorialen Begriffssystems, sondern – *über* seine Angemessenheit? Gibt es eine argumentativ legitimierbare Entscheidung zwischen konkurrierenden kategorialen Problemzugängen, oder gibt es eine argumentativ legitimierbare Hierarchisierung zwischen verschiedenen Problemzugängen?
Zwei Antwortversuche seien kurz zitiert, ein empirischer und ein normativer: Der emprische Antwortversuch ist an den bereits oben zitierten literaturwissenschaftlichen Analysen von Grewendorf und Savigny[37] exemplarisch ablesbar, deren zentrales Interesse ja gerade die Frage betrifft, ob wissenschaftliche Argumentationen (in diesem Fall: Lyrikinterpretationen) »Argumentationsregeln« folgen, die zwischen typenverschiedenen Argumenten (etwa textkritischen, historischen, politologischen usw.) noch eine rationale Abwägung und Gewichtung zulassen bzw. über deren Rangfolge zu entscheiden erlauben (Grewendorf S. 12ff.).

Empirisch verfahren diese Untersuchungen, weil sie die Frage, wie bei Argumentationen auf »heterogener Basis« (Savigny S. 13ff.), das heißt: wie bei Diskussionen mit verschiedenen und zum Teil kollidierenden Argumentetypen noch rational über deren Priorität und Rangfolge entschieden werden kann, über die Analyse der tatsächlichen Durchsetzungserfolge von bestimmten Argumentetypen in faktischen Argumentationszusammenhängen zwischen entsprechend beteiligten Wissenschaftlern zu beantworten versuchen (Grewendorf S. 38ff.). Die methodische Einlösung dieses Versuches, nämlich die relative Stärke eines Argumentetypes über den Stärkequotienten zu ermitteln, der wieder über eine Relationierung zwischen Gewinner- und Verliererargumenten bestimmbar ist (Grewendorf, S. 52ff.), soll hier nicht weiter erläutert werden; der Hinweis mag genügen, daß sich mit Hilfe dieser Methode (zumindest relativ zu bestimmten Textcorpora) eine Skalierung von Argumentetypen – im zitierten literaturwissenschaftlichen Beispiel etwa von ästhetischen bis zu textkritischen (Grewendorf S. 70) – ermitteln läßt, die über die zumindest implizit wirksamen Regeln solcher Diskussionen auf »heterogener Basis« Auskunft geben (zu analogen rechtswissenschaftlichen Untersuchungen vgl. Savigny 1967/1).

Der andere – normative – Antwortversuch kann sich an Habermas' Konzept der »Diskursebenen« orientieren (1973/3, S. 252ff.), ein Konzept, nach dessen Willen die eben erwähnte »Angemessenheit« von kategorialen Begriffs- und Sprachsystemen – Habermas spricht von »Begründungssprachen« (ebd. S. 244ff., vgl. Göttert S. 49ff.) – selbst noch Thema des Diskurses sein muß: »Ob eine Sprache einem Objektbereich angemessen ist . . ., diese Frage muß selbst Gegenstand der Argumentation sein können« (S. 250).
Damit ist die oben zitierte »ideale Sprechsituation« als letzter Maßstab für die Wahrheit eines faktisch erzielten Konsenses in der

Weise reformuliert, daß die – solche ideale Sprechsituation definierende wie qualifizierende – strukturelle Gewalt- und Herrschaftstilgung positiv die Möglichkeit meint, ein zunächst gewähltes kategoriales Sprachsystem modifizieren und gegebenenfalls ersetzen zu können: »Die reflexive Erfahrung mit der Unangemessenheit der Interpretation unserer Erfahrungen muß in die Argumentation eingehen können« (S. 250). Diese strukturelle Möglichkeit meint operationell die Chance, zwischen den verschiedenen »Diskursebenen« wechseln zu können, bis ein von den Diskursteilnehmern akzeptiertes kategoriales Begriffssystem gefunden ist, innerhalb dessen eine rationale Problemlösung angegangen werden kann. Dabei buchstabieren die verschiedenen Diskursebenen einen schrittweisen Radikalisierungsprozeß der Problemreflexion, der mit dem Übergang des kommunikativen Handelns in den Diskurs (erste Ebene) beginnt, über die argumentative Rechtfertigung problematisierter Geltungsansprüche (zweite Ebene: theoretischer bzw. praktischer Diskurs) und über die reflexive Einbeziehung der jeweils gewählten kategorialen Begriffssysteme[38] (dritte Ebene: metatheoretischer bzw. metaethischer Diskurs) bis zur prinzipiellen Rekonstruktion theoretischer Erkenntnismöglichkeit (Erkenntniskritik) bzw. praktischer Willensbildung und ihrer jeweiligen evolutionären Entwicklungslogik (vierte Stufe) reichen können muß. Insofern die strukturelle Ermöglichung dieses Diskursebenenwechsels die Gewähr dafür bietet, daß *prinzipiell* keine – in die Vorbedingungen von Argumentationen eingegangenen – theoretischen wie praktischen Annahmen (nomologische Theorien bzw. handlungsleitende Normen und Prinzipien) sich dogmatisch verfestigen können, ist die ideale Sprechsituation in der Tat sowohl das Maß für die Chance rational-argumentativ gestützter und konsensuell ratifizierter Problemlösung wie der Garant ihres Gelingens: »Vernunft im Sinne des Prinzips vernünftiger Rede ist der Fels, an der bisher faktische Autoritäten eher zerschellt sind, als daß sie auf ihm sich gegründet hätten« (Habermas 1970/1, S. 101).

3.3 Zur konsensuellen Geltungsratifikation oder: Das Ziel der Argumentation

> »Wer auf Argumentation ... insgesamt verzichtet, wer sich nicht zwingen lassen will, der muß bereit sein, auf das Denken zu verzichten.« (*Strecker* 1974)

3.31 Nachdem wir über die versuchte Rekonstruktion der ersten beiden Diskursphasen *Voraussetzung* und *Methode* der Argumentation analysiert haben, soll jetzt noch ihr *Ziel* genauer bestimmt werden, das wir bereits als konsensuelle Ratifikation diskursiv versuchter Geltungseinlösung inhaltlich definiert haben. In solcher Ratifikation wird über Äußerungen, und zwar über Äußerungen in ihrer Rolle *als* Argumente *für* den problematisierten Geltungsanspruch von Äußerungen, was meint: Über die spezifisch *argumentative Qualität* (bzw. Validität) von Äußerungen entschieden. Diese spezifisch argumentative Qualität von Äußerungen haben wir *Überzeugungskraft* genannt.

Die Rückbindung solcher argumentativen Qualität von Äußerungen an ihre entsprechende Qualifizierung durch den bzw. die jeweiligen Kommunikationspartner trägt der Tatsache Rechnung, daß – so das Motto des Kapitels 3.2 – »nicht *ich* entscheide, was ein triftiger Grund für etwas sei« (Wittgenstein 1971/1, Nr. 271). Seine Qualität beweist ein Argument vielmehr dadurch, daß es *andere* zu überzeugen vermag und so eine Gemeinsamkeit der Urteilenden stiftet, die wir Übereinstimmung bzw. *Konsens* nennen. Insofern jedes Argument im Interesse solcher Übereinstimmung an das Urteil des bzw. der jeweiligen Kommunikationspartner appelliert, kommt in ihm die pragmatische Grunddimension kommunikativer Sprachverwendung exemplarisch zum Ausdruck, weshalb Huth (S. 82) mit Recht das Argumentieren ein (im Sinne von Georg Klaus) »dreistelliges Prädikat« nennt: Argumente werden *von A zur* Stützung von q *gegenüber B* verwendet. In dieser pragmatischen Struktur der Argumentation bildet sich ihr Charakter als »genuin dialogisches Verfahren« ab (Schecker S. 104), dessen Gelingen eine dezidiert kooperative Leistung beschreibt.

In der Ratifikation eines Arguments als überzeugungskräftig bringt sich genauerhin eine Zustimmungsnötigung zur Geltung, die Quintilian in der oben zitierten Definition »fides« (Beglaubigung) oder »probatio« (Zustimmung) nannte bzw. als »verisimile« (wahrscheinlich), »probabile« oder – so die spezifisch argumentative Qualität (»virtus«) – als »credibile« (glaubwürdig) (IV 2,31) qualifizierte. Was meint: Argumente sind weder stringent (»necessaria« V 8.6) bzw. total unbezweifelbar (»indubitata«) noch völlig bezweifelbar (»dubitata«), sondern ihnen eignet der »eigentümlich zwanglose Zwang« (Habermas s. u. 3.22) einer *Zustimmungsnötigung*, in der sich die konsensstiftende Überzeugungskraft (»persuasio«) diskursiver Geltungseinlösung zum Ausdruck bringt. Wären nämlich Argumente völlig unbezweifelbar, dann verlöre die Problematisierung von Geltungsansprüchen ihren Ernsthaftigkeitscharakter (»quaestio non est«); wären die Argumenten aber ebenso anzweifelbar wie die Geltungsansprüche, die sie abstützen sollen, dann bedürften sie selbst einer solchen argumentativen Abstützung (»non sunt argumenta, sed ipsa argumentis egent« V 9,2).

Die kategoriale Eigenständigkeit solcher argumentativen Qualität bzw. Überzeugungskraft, die kein bloßes Derivat logischer Qualität von Äußerungsbeziehungen meint, bestätigt Quintilians Versuch, Argumente nach Maßgabe ihrer jeweiligen Überzeugunskraft graduell zu differenzieren: Je nach der Stärke der Zustimmungsnötigung argumentativ funktionalisierter Äußerungen ist die Überzeugungskraft argumentativer Stützung von problematisierten Geltungsansprüchen entweder *sehr stark* (»firmissimum«), *stark* (»propensius«) oder *schwach* (»non repugnans«) (»credibilium autem genera sunt tria: unum firmissimum, ... alterum velut propensius ..., tertium tantum non repugnans« V 10,15).

Diese graduelle Differenzierung der Überzeugungskraft von Argumenten stellt zugleich den Argumentierenden Modalisierungschancen zur Verfügung, mit deren Hilfe sie – vergleichbar den logischen Modalitäten (notwendig, möglich, unmöglich) – den Verbindlichkeitsgrad formal anzeigen können, den sie jeweils für ihre diskursive Geltungseinlösung erheben (vgl. Toulmin S. 91ff., S. 150ff.). Habermas nennt diese Modalitäten »diskursiv« im Unterschied zu »logisch« und bestimmt sie entsprechend als »zwingend« (logisch: notwendig), »triftig« (logisch: möglich), bzw. »unstimmig« (logisch: unmöglich), wobei freilich »zwingend« wie »unstimmig« ausschließlich analytische Konsistenzbeziehungen zwischen argumentativ funktionalisierten Äußerungen meinen, während allein »triftig« die – bereits oben als »substantiell« bestimmten – Argumente auszeichnet, die für die konsensstiftende Kraft von Argumentationen entscheidend sind (1973/3, S. 241ff.).

3.32 In seinem viel zitierten und viel geschmähten Oxymoron »*zwangloser Zwang* des besseren Arguments« ist es Habermas (1973/3, S. 240, 1971/1, S. 137, 1970/1, S. 100 u. ö.) – allen seinen Kritikern zum Trotz – gelungen, den spezifisch dialektischen Charakter einer *kognitiven Nötigung* stilistisch abzubilden, die nur für den *als* Nötigung wirksam werden *kann*, der in ihr den Verbindlichkeitsanspruch seiner eigenen Einsicht abgebildet erkennen *muß;* denn wie Argumente nur dessen Urteil zu beeinflussen vermögen, der sich überhaupt auf Argumentation eingelassen hat (vgl. Strecker 1974, S. 120ff.), so können Argumente auch nur den zwingen, der sie für zwingend hält. Doch indem er sie für zwingend hält, können sie ihn auch nicht mehr zwingen, weil der Zwang nur den nötigenden Charakter eigener Einsicht ratifiziert. Darum schränkt – so Toulmin (1975/1, S. 92) – das Nachgeben gegenüber überzeugungskräftigen Argumenten auch nicht die Freiheit der Urteilenden ein, sondern setzt sie im Gegenteil voraus, ja sichert und erweitert sie, wenn denn die Weigerung eines Menschen, sich

von Argumenten zwingen zu lassen, das »letzte ist, was ihm möglich ist; denn damit verläßt er den Raum, in dem es Möglichkeiten gibt« (Strecker ebd., S. 129).
Doch dieser »eigentümlich zwanglose Zwang« zwingender Argumente besteht weder in der bloßen analytischen Konsistenz argumentativer Funktionszusammenhänge noch in der Evidenz empirischer Daten:

»Der Ausgang eines Diskurses kann weder durch logischen noch durch empirischen Zwang allein entschieden werden, sondern durch die Kraft des besseren Arguments. Diese Kraft nennen wir *rationale* Motivation« (Habermas 1973/3, S. 240, 1973/1, S. 147f. u. ö.).
Die Bedingungen, unter denen die Kraft rational motivierender Zustimmungsnötigung wirksam werden kann, haben wir oben als Geltungsbedingungen überzeugungskräftiger Argumentation erläutert und operativ an die Gültigkeit einer Argumentation überhaupt erst ermöglichenden Schlußregel rückgebunden.

Die rational motivierende Zustimmungsnötigung macht sowohl die spezifische »Eigentümlichkeit« des »argumentativen Zwangs« (Strecker ebd., S. 117 u. ö.) aus, wie sie argumentativen Zwang von allen anderen Formen *nicht-argumentativen* Zwangs prinzipiell unterscheidet (vgl. Johnstone), dessen Wirksamkeit ebensowenig *von* der Ratifikation durch die jeweils Betroffenen abhängt, wie er *durch* diese Ratifikation im Sinne nötigender Einsicht seinen Charakter qualitativ verändert. Dies gilt ebenso für den Zwangscharakter kausal determinierter naturhafter Prozeßabläufe, die nach einem berühmten Wort Bacons nur dadurch (technologisch) überlistet werden können, daß man ihnen strategisch gehorcht (»natura nonnisi parendo vincitur« vgl. Teil I, S. 53), wie für den (hier allein interessierenden) Zwang im engeren Sinne, den Menschen auf andere Menschen ausüben, um ihren Willen bzw. ihre Interessen durchzusetzen (vgl. Abb.18).

Wir können die »Chance, . . . den eigenen Willen auch gegen Widerstreben durchzusetzen«, mit Max Weber[1] als »Macht« definitorisch bestimmen, wobei – besonders im Unterschied zu der eine kooperative Gehorsamsbereitschaft legitimatorisch ermöglichenden »Herrschaft« – unbestimmt bleiben mag, »worauf diese Chance beruht«, innerhalb einer ebenso amorphen wie einseitigen wie instabilen sozialen Beziehung seinen Willen durchzusetzen: Solcher als »Macht« terminologisierte Zwang kann sowohl auf *sprachloser* physischer Gewalt wie *sprachlicher* Drohung, auf *unmittelbarer* Steuerung (Befehl) wie *mittelbarer* Beeinflussung (Ideologie) beruhen, deren Technik eine bestimmte Art von Rhetorik seit der antiken Sophistik bis in die Gegenwart hinein perfektioniert hat. Die Webersche Machtdefinition bindet zwar nicht Macht kriteriell an die Existenz von Widerstand, doch rechnet sie mit seiner Möglichkeit und unterstellt damit die latente Problem- und Konfliktträchtigkeit einer sozialen Beziehung, in der Zwang als Mittel der Willensdurchsetzung zur Geltung kommt, weshalb Holm auch die Konflikttheorie als geeigneten theoretischen Rahmen einer Machtkonzeption qualifiziert (Holm S. 276 ff.).

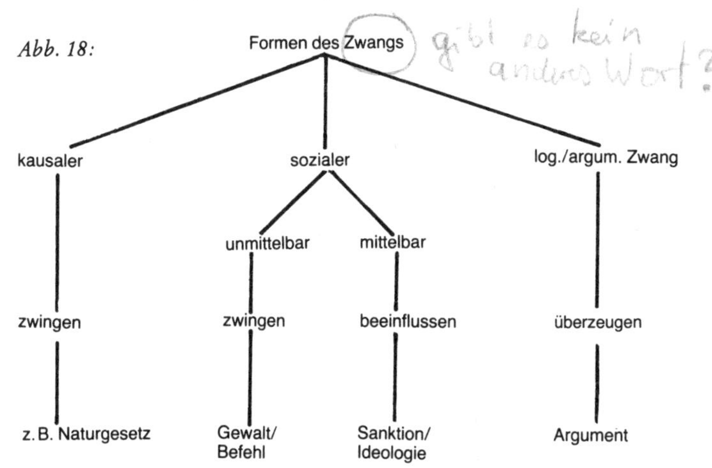

Abb. 18:

Doch als Problemsituation, die sich unter Umständen konfliktös zuspitzen kann (vgl. Kommunikationsabbruch), hatten wir auch die Eingangsphase des Diskurses bezeichnet, insofern in ihr die bisher kommunikatives Handeln ermöglichenden Geltungsbedingungen problematisiert werden. Und auch die diskursiv verwendeten Argumente versuchen ja, die Problemsituation zu verändern, indem sie auf die beteiligten Subjekte einwirken (vgl. Strecker 1974 S. 115 f.) und an ihre Zustimmung im Interesse gelingender *Übereinstimmung* appellieren.

Weder also die allgemein situative Voraussetzung (Spannung zwischen A und B), noch die allgemeine funktionale Zielbestimmung (B unterstützt A) unterscheiden argumentativen von nicht-argumentativen bzw. sozialen Zwang, sondern die Art, *wie* das Ziel erreicht wird. Dabei ist freilich das Wie solcher Problemlösung in der Regel bereits durch das Was der sozialen Beziehung zwischen A und B präjudiziert,

ob A nämlich *Macht über* B hat, oder ob A auf die *Kooperation von* B angewiesen ist,

ob A seinen eigenen Willen gegenüber B *durchsetzen* kann, oder ob er mit B einen *gemeinsamen* Willen finden muß,

ob A B zum *Gehorsam* gegenüber seinen *Befehlen* zwingen kann, oder ob er um die *Zustimmung* von B mit *überzeugungskräftigen Argumenten* werben muß.

Denn in der Tat! Wer *gehorchen* muß, kann nicht mehr *zustimmen*, und wer *befehlen* kann, muß nicht erst mit Argumenten zu *überzeugen* versuchen. Dies ist der wahre Kern von Wolf Schneiders so suggestivem Dictum, daß »die Mächtigen befehlen, die Ohnmächtigen argumentieren« (S. 114).

Doch man darf die Pointe dieser Formulierung nicht unterlaufen, die sich in dem semantischen Durchbruch dieser formal strengen Antithese sprachlich anzeigt: Sie verdammt nämlich die *Ohnmacht* der Ohn-Mächtigen nicht zum *Gehorsam* gegenüber den *Befehlen* der *Mächtigen*, sondern sie benennt in Wahrheit die *Bedingungen*, unter denen Argumente ihre ohnmächtige Macht erst entfalten können: Nur wenn die Mächtigen nicht das Wort haben, kann das Wort seine argumentative Macht entfalten.

Diese Bedingungen sind oben als formale Strukturmerkmale der »idealen Sprechsituation« als Abbildung der »idealen Lebensform« beschrieben worden, insofern in ihr jeder Zwang zugunsten des zwanglosen Zwangs überzeugungskräftiger Argumente getilgt und Geltung nur konsensuell bestätigten Ansprüchen zukommt. Diese konstitutive Verortung von Argumenten in der »idealen Sprechsituation« komplettiert freilich nur den oben bereits erwähnten reziproken Verweisungszusammenhang zwischen Argumentation und kommunikativem Handeln durch den reziproken Verweisungszusammenhang zwischen Argument und Konsens; denn nur wo Macht und Gewalt in jeder ihrer medialen Erscheinungsformen getilgt sind, *kann* überhaupt erst kommunikatives Handeln – im emphatischen Wortsinn verstanden – stattfinden; und nur wo kommunikatives Handeln möglich ist, *können* die normativen Geltungsbedingungen dieses Handelns konsensuell und das heißt: durch überzeugungskräftige Argumente überhaupt erst gestützt und in ihrem Wahrheitsanspruch gerechtfertigt werden. Insofern »die Idee der Wahrheit, die sich am wahren Konsensus bemißt, die Idee des wahren Lebens« impliziert (Habermas 1970/1, S. 100), setzt auch die Idee der argumentativen Einlösung dieses Wahrheits- bzw. Richtigkeitsanspruchs, dessen rational motivierte Bestätigung ja der gelungene Konsens meint, die Idee des wahren Lebens voraus. Dies ist freilich keine deskriptive Aussage über die faktischen Verständigungsverhältnisse in einer Gesellschaft, sondern eine den impliziten Selbstanspruch jedes faktischen Verständigungsprozesses explizierende normative Aussage: Ebenso wie »Verständigung« und »Konsens«, so ist auch »Argumentation« als terminologische Kennzeichnung des Verfahrens rational motivierender Zustimmungsnötigung ein *normativer* Begriff, der – statt faktischer Argumentationsprozesse abzubilden – die normativen Bedingungen ihres Gelingens reflektiert, woraus folgt: Ein solcher Argumentationsbegriff kann auch nur in einer entsprechend normativen Argumentationstheorie reflektiert werden, die einer empirischen Argumentationstheorie (Habermas unterscheidet zwischen »Universalpragmatik« und »Empirischer Pragmatik« vgl. 1971/1, S. 101f.) nicht widerspricht, sondern nur die Voraussetzungen einer empirischen Argumentationsanalyse benennt, solange diese jedenfalls mehr sein will, als die bloße Rekonstruktion der argumentationspraktischen Strategien (= strategische Argumentation) sowie der methodisch angeleiteten »Kunst, Recht zu behalten« (Erdmann), deren Systematisierung im Rahmen einer technologisch interessierten wie behavioristisch orientierten Persuasionstechnologie durchaus erfolgreich leistbar ist.

Auch Geissners mit Recht geforderte Analyse der »Überzeugungshindernisse« bzw. »Kommunikationsbarrieren« (S. 239ff.) oder die von Lübbe versuchte Rekonstruktion der pragmatischen Diskursschwierigkeiten (Zeitmangel, Inkompatibilität kognitiver Orientierungen, vgl. oben) müssen noch diesseits ihres vergleichbaren Interesses an der Aufklärung argumentationspraktischer Restriktionen (die in der Tat nicht schon in der stilistischen Alternative »mad or bad« abbildbar sind, vgl. Geissner S. 239) einen normativen Begriff gelingender Argumentation immer schon implizit unterstellen.

3.33 Nun bindet freilich die Sprache, und nicht nur die deutsche (vgl. Hellwig S. 33, Lausberg 1963, S. 36f.), den bisher verwendeten und als Zieldefinition terminologisierten Begriff »überzeugen« – ursprünglich der Gerichtssprache zugehörig[2] – in eine semantische Relation ein, die nicht nur »überzeugen« gegenüber »informieren« oppositiv abgrenzt (»Mitteilungen austauschen« versus »Einstellungen verändern« Habermas 1970/1, S. 75), sondern noch mehr »überzeugen« gegenüber »überreden«[3]. Die semantische Merkmalsdifferenz dieser beiden Begriffe (vgl. Kopperschmidt 1977/2), deren konnotative Differenz in stilistisch wirksamen Antithesen gern genutzt wird, ist geeignet, die bisher unterstellte kategoriale Trennschärfe zwischen argumentativen und nicht-argumentativen Problemlösungsverfahren zu relativieren; denn beide Begriffe beziehen sich offensichtlich sowohl auf die gleiche Leistung argumentativer Rede wie sie diese zugleich unterschiedlich bewerten:

»In der merkwürdigen Ambivalenz zwischen Überzeugung und Überredung, die dem rhetorisch hervorgebrachten Konsensus anhängt, zeigt sich ... das Moment der Gewalt, das bis auf den heutigen Tag an den, wie auch immer diskussionsförmigen Willensbildungsprozessen nicht getilgt worden ist« (Habermas 1970/1, S. 76).

Was Habermas hier in Erinnerung an eine seit Plato verdächtigte Disziplin als »Ambivalenz« kennzeichnet, meint das praktische »Ineinander von Überzeugung und Überredung« (Apel 1973/1, S. 64; vgl. Perelman 1970 S. 38, S. 615) im Prozeß faktischer Konsensbildung, das eben den »Schein von Gewaltlosigkeit« befördert, durch den überhaupt erst »Gewalt Penetranz gewinnt« (Habermas ebd. S. 101). Das analytische Aufbrechen dieses Scheins setzt freilich eine Theorie voraus, die die zitierte Ambivalenz überhaupt erst einmal kategorial zu identifizieren fähig ist und die zugleich die Chance zu klären vermag, warum sich solche Ambivalenz faktisch so erfolgreich unkenntlich zu machen vermag.

Die kategoriale Unterscheidung zwischen »überzeugen« und »überreden« wird ersichtlich durch die Tatsache erschwert, daß »überreden« offensichtlich keine eigenständige und von »überzeugen« unterscheidbare Leistung argumentativer Rede benennt, sondern daß in beiden Begriffen das identische Ziel der argumentativen Rede, nämlich Zustimmung zu erzielen, benannt wird. Freilich mit einem ebenso entscheidenden wie signifikanten Unterschied: Während die explizite Benennung des argumentativen Redeziels als »überzeugen« (»Ich will dich überzeugen«) risikofrei gegenüber dem Argumentationspartner geäußert werden darf, impliziert die Angabe der Überredungsabsicht (»Ich will dich überreden«) ebenso die Torpedierung des möglichen argumentativen Redeerfolgs wie – auch dies im Gegensatz zu »überzeugen« – die nachträgliche Interpretation eines argumentativen Redeerfolgs als Überredungserfolgs (»Er hat mich überredet«) die Annullierung des Redeerfolges impliziert. Wenn aber die explizite Angabe der Redeabsicht den möglichen Redeerfolg von vorneherein zum Mißlingen verurteilt bzw. ihn im nachhinein annulliert, dann ist dies – in vergleichbarer Weise delegitimiert schon Kant den »Aufruhr« mit Hilfe des »transzendentalen Prinzips der Publizität«[4] – ein sicheres Indiz dafür, daß der mögliche Redeerfolg sich der gelungenen Verschleierung der eigentlichen Redeabsichten verdankt. Weil sie nämlich als nicht-konsensfähig erkannt sind, bleiben sie »nicht-verbalisierte Kommunikationsinteressen«, die durch konsensfähige »Kommunikationsintentionen« substituiert werden müssen (zu dieser Unterscheidung vgl. Badura S. 51 f.).
Solche Verschleierung kann man mit Wunderlich (1972, S. 40ff. Schlieben-Lange S. 88ff. u.a.) »Pervertierung« nennen und darunter den bewußten Verstoß gegen Geltungsbedingungen kommunikativer Verständigung verstehen, deren Einlösung bloß strategisch prätendiert wird (ähnlich wie bei Lüge, Täuschung, Manipulation, Hintergehen usw.). So gesehen ist »überreden« nicht nur ein *argumentationsbeschreibender* Ausdruck, der – statt als explizit-performative Vollzugsform einer entsprechenden Sprachhandlung selbst zu fungieren (wie etwa »versprechen«) – das Ziel bzw. den perlokutiven Erfolg solcher Argumentation bloß benennt, sondern »überreden« ist weit mehr ein *argumentationskritischer* Ausdruck bzw. – so K.

Lorenz, S. 120f. – ein »Beurteilungsprädikator«, der eine Argumentation nach Maßgabe der normativen Bedingungen ihres regelhaften Gelingens kritisch beurteilt.

D.h. aber: Ebenso wie die sprechakttheoretische Analyse des Lügens – und hier liegt ersichtlich der heuristische Gewinn des Vergleichs zwischen Lügen und Überreden bzw. Persuasion (im negativen Sinne) – die Kenntnis der Geltungsbedingungen gelingender Kommunikation voraussetzt (vgl. Apel 1976, S. 118f.), um an der Regelhaftigkeit gelingender Verständigung die als Lüge charakterisierte Regelverletzung bestimmen zu können, so setzt die Analyse der überredenden Argumentation die Kenntnis der Gültigkeitsbedingungen überzeugender Argumentation voraus. Denn wie der Lügner die Wahrhaftigkeit der Rede bloß strategisch prätendiert, während er sich in Wirklichkeit der tatsächlichen Einlösung impliziter kommunikativer Verpflichtungen entzieht, so muß die überredende Argumentation den genuinen Selbstanspruch jeder Argumentation bloß erfolgreich prätendieren, nämlich *die* rationale Motivation authentisch zu explizieren, auf die sich das Urteil des Argumentierenden über die Gültigkeit eines erhobenen Geltungsanspruchs stützt[5]. Der strategische Prätentionscharakter solcher überredenden Argumentation verhindert daher nicht nur, daß eine mögliche Zustimmung zu solcher Argumentation eine echte Überein-Stimmung zwischen den Argumentierenden zu stiften vermag, sondern dieser Prätentionscharakter verdinglicht zugleich die mögliche Zustimmung des Argumentationspartners zum strategischen Mittel der Interessendurchsetzung statt sie als konsensuelles Bewährungskriterium erhobener Geltungsansprüche zu werten. D.h.: Wo nicht die »kooperative Wahrheitssuche« (Habermas 1973/3, S. 221) das Grundziel der Argumentation bestimmt, sondern strategische Interessendurchsetzung (vgl. Ahlborn, S. 14), wird Argumentation pervertiert und das Verfahren rationaler Geltungseinlösung und rationaler Problemlösung zum subtilen Instrument rationalisierter Durchsetzung rational nicht rechtfertigungsfähiger Interessen verfälscht.

Solche strategische Verfälschung der Argumenation ist freilich ebensowenig metadiskursiv wie die strategische Verfälschung kommunikativen Handelns diskursiv thematisierbar, weil solche Thematisierung die Authentizität rationaler Zustimmungsmotivation ebenso wie die Wahrhaftigkeit kommunikativer Selbstdarstellung bereits ratifiziert haben müßte, um sie diskursiv bzw. metadiskursiv überprüfen zu können. Denn wie erst die Fortsetzung kommunikativen Handelns über die Wahrhaftigkeit des Redenden entscheidet, so kann auch erst die Fortsetzung konsistenter Argumentation und entsprechend gestützten kommunikativen Handelns über die Authentizität des Argumentierenden entscheiden.

3.34 Der kategorialen Unterscheidung zwischen »überreden« und »überzeugen« entspricht bei Perelman die terminologische Distinktion zwischen »persuader« und »convaincre« (1970, S. 34 ff.), wobei »persuader« die Wirkung eines Arguments (»efficace«) und »convaincre« seine Gültigkeit (»valable«) benennt. Mit dieser Unterscheidung zwischen der Wirksamkeit und der Gültigkeit eines Arguments wird zugleich implizit die Faktizität seiner konsensuellen Ratifikation als ausreichendes Kriterium seiner Gültigkeit entwertet und statt dessen ein Geltungsmaßstab gesucht, der – vergleichbar der Habermasschen »idealen Sprechsituation« – nicht am faktischen *Konsens* als Ergebnis eines erfolgreichen Argumentationsprozesses, sondern an den strukturellen Bedingungen argumentativer *Konsensfindung* orientiert ist. Mit den Worten von Perelman: Die Entscheidung, ob die Zustimmung zu einer Argumentation bloß der Suggestivität ihrer Wirkung erliegt (»persuader« bzw. Überredung) oder seine Gültigkeit ratifiziert (»convaincre« bzw. Überzeugung), bemißt sich an der *Chance* ihrer Akzeptabilität (»accord«) durch einen potentiell *universalen Adressatenkreis* (»auditoire universel«) (S. 40 ff.).

Dabei soll der Begriff »potentiell« der Tatsache Rechnung tragen, daß dieses Kriterium gültiger Argumentation keine Methode empirischer Geltungsüberprüfung abbildet, sondern – und das verweist auf den normativen Charakter der Perelmanschen Argumentationstheorie (vgl. Alexy 1968, S. 203) – den normativen Maßstab benennt, der als kritischer Vorbehalt gegenüber allen faktischen Geltungsansprüchen wirksam bleibt (»l'accord d'un auditoire universel n'est donc pas une question de fait, mais de droit« (S. 41, vgl. Alexy, S. 203 ff.). Insofern in solche Universalität die Argumentierenden selbst mit einbezogen sind, sichert sie zugleich die eben genannte Authentizität ihres diskursiven bzw. argumentativen Engagements (vgl. Perelman, 1967, S. 58), wie sie in der uneingeschränkten Zugänglichkeit zum Diskurs die uneingeschränkte diskursive Reflektierbarkeit aller Geltungsansprüche garantiert.

Die *prinzipielle* Universalität solcher geforderten *Zustimmungschance* – nicht freilich die Universalität *tatsächlicher Zustimmung* – als Gültigkeitskriterium sowohl der Argumentation wie eines sich ihr verdankenden Konsenses einzuklagen, impliziert zugleich (und das macht die Operationalisierbarkeit dieses idealen Geltungskriteriums aus) einen legitimationskritischen Vorbehalt gegen jede – wie auch immer praktizierte – Restriktion solcher Zustimmungschancen und gegen jeden darin begründeten partikularen Konsens.

Diese prinzipielle Universalität der Zustimmungschancen nennt Perelman das »Streben nach Universalität« (1967, S. 160ff.), womit sowohl der kontrafaktische Selbstanspruch »rationaler Argumentation« (ebd.) expliziert wie das programmatische Ziel praktisch-gesellschaftlicher Ermöglichung benannt ist (»la réalisation de l'idéal de communion universelle« Perelman 1960, S. 238).
Die Konvergenz dieses kritischen Maßstabes gültiger Argumentation, der die kategoriale Unterscheidung zwischen *überredender* und *überzeugender* Argumentation als Unterscheidung zwischen *partikularer* und *universeller* Zustimmungschance reformuliert, mit dem Habermasschen konsenstheoretischen Wahrheitskriterium einerseits (»Die Bedingungen für die Wahrheit von Aussagen ist die potentielle Zustimmung *aller* Anderen« (1971/1, 124 u. ö.) und mit der an der Sokratischen Dialogik anschließenden Erlanger Homologietheorie der Wahrheit andererseits (»Die Wahrheit einer Aussage wird erwiesen durch Homologie«, Kamlah-Lorenzen, S. 120), ist offenkundig. Ebenso offenkundig ist die Konvergenz dieses kritischen Maßstabs gültiger Argumentation mit dem Kantschen Unterscheidungskriterium zwischen der »Privatgültigkeit eines Urteils« und seiner »Wahrheit«, auf das sich Perelman ebenso explizit beruft (1970, S. 37f.), wie Habermas in ihm die Instanz einer »pragmatischen Wahrheitskontrolle« benannt sieht (1969, S. 122):

»Der Probierstein des Fürwahrhaltens, ob es Überzeugung oder bloße Überredung sei, ist also, äußerlich, die Möglichkeit, dasselbe mitzuteilen und das Fürwahrhalten für jedes Menschenvernunft gültig zu befinden; denn alsdenn ist wenigstens eine Vermutung, der Grund der Einstimmung aller Urteile, ungeachtet der Verschiedenheit der Subjekte unter einander, werde auf dem gemeinschaftlichen Grunde, nämlich dem Objekte, beruhen, mit welchem sie daher alle zusammen stimmen und dadurch die Wahrheit des Urteils beweisen werden« (Kant, Kritik der reinen Vernunft A 821).

Wenn aber die Faktizität einer erfolgreichen Argumentation und die Faktizität eines gelungenen Konsenses selbst noch dem Kontingenzverdacht ausgesetzt bleiben, ist dann der argumentativ gestützte Konsens – was ein konsenstheoretischer Begriff der Wahrheit bzw. der Richtigkeit ja unterstellt – als Wahrheits- bzw. Richtigkeitskriterium nicht selbst destruiert? Erliegt nicht eine konsenstheoretische Rekonstruktion von Wahrheit, die diesen Begriff zugleich zur Unterscheidung zwischen einen »wahren« und »falschen Konsens« beanspruchen muß (vgl. Bollnow, bes. S. 59ff.), einer sich selbst disqualifizierenden Zirkularität (vgl. Habermas 1973/3, S. 240)?

Es ist hier weder möglich noch nötig, die Sonderproblematik eines konsenstheoretischen Wahrheitsbegriffs zu explizieren;[6] denn unabhängig von der Berechtigung des Anspruchs der »Konsensustheorie der Wahrheit«, den Schwierigkeiten anderer konzeptioneller Wahrheitstheorien zu entgehen bzw. deren immanenten Verwechslungsfehlern nicht zu erliegen[7] – unabhängig von solcher Anspruchsberechtigung ist für eine Argumentationstheorie als Theorie diskursiver, und das heißt: dezidiert dialogischer statt monologischer Geltungseinlösung ein Konsensbegriff nicht nur zur *terminologischen* Kennzeichnung gelungener diskursiver Geltungseinlösung qua *Geltungsratifikation* unabdingbar. Der Konsensbegriff ist auch unabdingbar für die *Definition* des diskursiven *Geltungskriteriums*, das den geltungslogischen Sinn kommunikativ erhobener Geltungsansprüche ebenso expliziert wie es über deren Berechtigung zu entscheiden ermöglicht: »Zwischen Wahrheit und Diskurs besteht ein notwendiger und unabdingbarer struktureller Zusammenhang« (Puntel, S. 147, vgl. Habermas 1973/3, S. 218).

Da der Konsens innerhalb einer normativen Argumentationstheorie aber nicht die bloße *Faktizität* einer gelungenen Übereinstimmung zwischen den Argumentierenden begrifflich kennzeichnen bzw. die in »reflexiver Ko-Orientierung« begründete Verhaltenskoordination interagierender Subjekte (so Siegrist, bes. S. 55) beschreiben kann, sondern als *normatives* Geltungskriterium solcher Übereinstimmung fungieren muß, kann die »Idee der Übereinstimmung ... die Unterscheidung zwischen wahrem und falschem Konsensus nicht ausschließen« (Habermas 1970/2, S. 58):

Denn der »Sinn von Wahrheit ist nicht der Umstand, daß überhaupt ein Konsensus erreicht wird, sondern: Daß jederzeit und überall, wenn wir nur in einen Diskurs eintreten, ein Konsensus unter Bedingungen erzielt werden kann, die diesen als begründeten Konsensus ausweisen« (Habermas 1973/3, S. 439/40). D. h.: Nur ein »begründeter Konsens« kann als »Wahrheitskriterium« fungieren (ebd.).

Diese Unterscheidung zwischen einem »wahren« (bzw. »wahrheitsverbürgenden«, »begründeten«, »wirklichen«, »vernünftigen« usw.) und einem faktisch-kontingenten Konsens zu ermöglichen, ist die eigentliche strategische Funktion des oben bereits genannten Konstrukts einer »idealen Sprechsituation«, die ja eben *die* strukturellen Bedingungen explizieren soll, unter denen ein *faktischer* Konsens rechtens beanspruchen kann, ein *wahrer* Konsens zu sein: Wahrheit wie Richtigkeit – so Habermas 1970/1, S. 99 – sind »nur durch den Konsens verbürgt ..., der unter den idealisierten Bedingungen uneingeschränkter und herrschaftsfreier Kommunikation erzielt worden wäre«. Diese Bedingungen sichern nicht nur innerhalb der Argumentation den oben bereits erwähnten *Wechsel* zwischen den verschiedenen Diskursebenen, sondern sie sichern auch den ungehinderten und uneingeschränkten *Zugang* zum Diskurs, so daß ein unter solchen idealen Bedingungen erzielter Konsens in der Tat nur auf dem – wie es 1970/1, S. 100 noch hieß – »eigentümlichen Zwang zu zwangloser universaler Anerkennung« beruht. Der Habermassche Begriff der »idealen Sprechsituation« ist ersichtlich nur eine andere terminologische Reformulierung der Perelmanschen Idee des »universalen Auditoriums« (vgl. auch Alexy 1978, S. 206f.), insofern dieser Begriff eben die Bedingungen expliziert, unter denen *Vernunft* – und mit diesem traditionell-philosophischen Begriff identifiziert Perelman die Idee des »universalen Auditoriums« (1967, S. 159) – in ihrer gesellschaftlich-geschichtlichen Existenzweise als Prinzip *vernünftiger Rede* allein praktisch wirksam werden kann.

3.35 Wenn nach Perelman, Habermas u. a. die potentiell universale Akzeptabilität als letzter Maßstab für den Gültigkeitsanspruch von Argumentation und damit für den Wahrheitsanspruch eines gelungenen Konsenses fungiert, dann impliziert dieses Gültigkeitskriterium – so war gesagt – einen prinzipiellen Vorbehalt gegen jede faktisch erzielte Übereinstimmung. Diese – nicht als Relativierung mißdeutbare – prinzipielle Revisionsbedürftigkeit bzw. Historizität jeder argumentativ gestützten und rational motivierten Verständigung mit dem Fallibilitätsprinzip des kritischen Rationalismus bzw. Kritizismus (Popper, Lakatos, Albert) in Beziehung zu setzen, ist insofern nicht ohne heuristischen Gewinn, als diesem Prinzip zufolge die grundsätzliche *Fallibilität* menschlichen Erkennens und Entscheidens (»Ich kann irren, du kannst recht haben, und wir werden zusammen vielleicht der Wahrheit auf die Spur kommen« Popper 1977/2, S. 276, Albert 1971, S. 70) dazu nötigt, die Geltungschance empirisch-theoretischer Aussagen wie praktisch-normativer Entscheidungen als falsifikationsriskante Bewährungschance zu reformulieren und entsprechend Gültigkeit als präsumtiven Anspruch zu interpretieren, gegenüber Falsifikations- und Bewährungsproben resistent zu sein (vgl. Popper 1969, S. 47ff., Albert 1969, S. 73ff.).

So gesehen folgt in der Tat »aus der Diskurstheorie (selbst) . . . die fallibilistische Maxime, daß wir jederzeit versuchen können, retrospektiv festzustellen, ob ein vermeintlicher Diskurs tatsächlich unter verzerrenden Restriktionen abgelaufen ist« (Habermas bei Alexy, S. 176 Anm. 423, ders. 1973/4, S. 381). Freilich impliziert dieses fallibilistische Implikat der Diskurs- bzw. Konsensustheorie – und darin liegt ein entscheidender Unterschied – nicht eine abstrakte Widerlegungs-*Pflicht* (»Suche stets nach relevanten Widersprüchen!« Albert ebd., S. 43), sondern nur das »*Recht*, nach Widerlegungen zu suchen« (Alexy, S. 176). Wir hatten in diesem

Zusammenhang bereits oben analog zwischen dem Frage- bzw. Problematisierungsrecht und der Frage- bzw. Problematisierungspflicht unterschieden und die sogenannte »Beweislastverteilungsregel« zitiert, nach der von einer im Einzelfall widerlegbaren Vermutung zugunsten der Vernünftigkeit anerkannter Geltungen auszugehen sei, wenn denn soziales Handeln nicht einem allgemeinen und abstrakten Problematisierungsdiktat unterworfen werden und damit soziales Handeln in seiner Möglichkeit aufgehoben werden soll.

Wenn man solche prinzipielle Widerlegungsmöglichkeit in dem prinzipiell »hypothetischen Charakter« von Geltungsansprüchen verortet (Albert 1961, S. 516), dann ist damit fraglos der geltungslogische Status sowohl theorieabhängiger Aussagen wie normativ orientierter Entscheidungen bestimmbar und eine entsprechende methodologische Maxime ihrer prinzipiellen Revisionsbedürftigkeit begründbar. Doch diese geltungslogische Bestimmung würde nicht nur – was Kuhns *wissenschaftsgeschichtlich* orientierte Kritik an Poppers *Wissenschaftslogik* betrifft – mit der tatsächlichen Geltungsweise paradigmaabhängiger theoretischer Annahmen im Sonderbereich wissenschaftlicher Kommunikation und Argumentation zu Schwierigkeiten führen, sondern allgemein den *geltungspragmatischen* Sinn theoretischer Aussagen wie besonders praktischer Entscheidungen widerstreiten. Denn der pragmatische Sinn der mit ihnen unabdingbar verbundenen Geltungsansprüche erschöpft sich ja nicht in dem bloßen Anspruch auf Falsifikationsresistenz oder Bewährungskraft in möglichen Prüfungssituationen, sondern er impliziert die – argumentativ rekonstruierbare und überprüfbare – Unterstellung bzw. Vermutung ihrer *positiven* Rechtfertigungsfähigkeit durch die Überzeugungskraft konsensstiftender Argumente:

»Der Sinn von Wahrheit (bzw. Richtigkeit) besteht in der Möglichkeit, in Diskursen über die Berechtigung des problematisierten Geltungsanspruchs eine positive (!) Entscheidung herbeizuführen ...« (Habermas 1973/3, S. 240).

Die kritizistische Substitution des potentiell universalen *Konsenses* (als Übereinstimmungschance eines potentiell universalen Auditoriums) durch eine potentiell universale *Kritik* macht Argumentation zwar nicht sinnlos, doch sie verändert ihren funktionalen Sinn radikal, insofern sie – statt die kommunikativen Existenzbedingungen vergesellschaftlichter Subjekte zu sichern – diese einem permanenten Problematisierungsdiktat aussetzt, wodurch der Diskurs – statt der situativen Einlösung problematisierter Geltungsansprüche zu dienen – zur Problematisierungsinstanz aller Geltungsansprüche umfunktionalisiert wird und die seit der antiken Rhetorik tradierte Doppelleistung der Argumentation, nämlich sowohl der »confirmatio« (Stützung) wie »refutatio« (Schwächung) von Geltungsansprüchen zu dienen, restriktiv zugunsten der »refutatio« ausgelegt wird.

Die dem Kritizismus immanente Verzichtsbereitschaft auf jede *positive* Rechtfertigungsleistung von Argumentation (vgl. Stöcker, S. 77ff., Albert 1977, S. 42) erleichtert freilich eine pointierte Antithetik zwischen einem als »Bewahrung« diskreditierten diskursiven Rechtfertigungsanspruch und einem kritizistischen »Bewährungs«-Anspruch (Albert 1971, S. 17, bes. S. 35ff., Lenk 1971, S. 37ff.), zwischen dem »Prinzip der zureichenden Begründung« und dem »Prinzip der kritischen Prüfung« (Albert 1961, S. 227f. u. ö.), zwischen »Rechtfertigung« und »Kritik« (Albert ebd., S. 228), zwischen »Certismus« und »Fallibilismus« (Spinner, S. 24ff., S. 43ff.) usw., eine Antithetik, die die vielen unleugbaren Gemeinsamkeiten zwischen diesen beiden sich oppositiv verhärtenden konzeptionellen Ansätzen fast zu verdecken geeignet ist.

Dies gilt besonders, wenn der kritizistische Dogmatisierungsverdacht nur vermittels einer strategischen Entstellung konkurrierender Ansätze aufrechterhalten werden kann, wie es u. a. R. Posner versucht, wenn er das diskursive »Legitimationsverfahren« zum antirationalen, kritikimmunisierenden Gegenprinzip eines rationalen »Falsifikationsverfahrens« hochstilisiert (S. 298) und die konsensstiftende Überzeugungskraft argumentativer Geltungseinlösung mit den geschichtlich diskreditierten autoritären »Legitimationsinstanzen« und deren letztinstanzlichen Gewißheitsansprüchen in Beziehung bringt (ebd. S. 299). Ungeachtet der strategischen Ausblendung einer längst eingeübten kategorialen Unterscheidung zwischen monologischen Gewißheiten, die Subjekte für sich haben, und intersubjektiven Geltungsansprüchen, die sie nur dialogisch erheben und argumentativ einlösen können, ignoriert solche im Namen des Kritizismus vorgetragene Kritik, daß im konsenstheoretischen Begriff der Wahrheit bzw. Richtigkeit bereits konzeptionell ein letztinstanzlicher Rechtfertigungs- bzw. Gewißheitsanspruch in dem Maße einen Selbstwiderspruch impliziert, als der – horizontal wie vertikal entgrenzbare – universale Geltungsanspruch jedes begründeten Konsenses eine revisionsfreie Selbstinterpretation ausschließt: »Wahrheit läßt sich nicht revisionsfrei definieren« (Habermas 1970/2, S. 58).

Die fatale Einschleifung des prinzipiellen Unterschiedes zwischen einer ebenso monologischen wie strikt deduktiv verfahrenen Gewißheitssicherung (wie sie am klassischen Rationalitätsbegriff Descartes' modellhaft ablesbar ist und mit Recht kritizistisch abgelehnt wird), und einer ebenso dialogisch-argumentativ wie nicht-deduktiv, nämlich reflexiv verfahrenen Geltungsrechtfertigung muß freilich den Diskurs in eben die Fetischrolle eines »Legitimitätsverleihers« (Posner S. 297) drängen, die ihn dem Albertschen »Münchhausen-Trilemma« aussetzt.[8] Denn entweder wird ein solchem Letztbegründungsanspruch nachjagender Diskurs sich in eine logische Zirkelstruktur verwickeln oder in die Aporie eines infiniten Rechtfertigungsregresses geraten oder schließlich dem Pragmatismus des willkürlichen Abbruchs eines solchermaßen gar nicht durchführbaren infiniten Rechtfertigungsregresses erliegen. Doch ein als Argumentation expliziertes nicht-deduktives Verfahren rationaler Geltungseinlösung ist ja gerade dadurch ausgezeichnet, daß es die Voraussetzungen, Standards und Kriterien noch in den Prozeß rationaler Selbstaufklärung (über den oben genannten Wechsel der Diskursebenen) mit einzubeziehen vermag, die Argumentation überhaupt erst ermöglichen:

»Die Argumentation zeichnet sich vor der bloßen Deduktion dadurch aus, daß sie die Prinzipien, nach denen sie verfährt, stets mit zur Diskussion stellt . . . Das ist die Dimension umfassender Rationalität, die einer Letztbegründung unfähig (!), sich gleichwohl in einem Zirkel der reflexiven Selbstrechtfertigung entfaltet« (Habermas 1970/2, S. 58, Apel 1973/2, S. 326ff., 405f., 1973/1, S. 13ff.).

Von dem abstrakten Falsifikations- und Bewährungspostulat des Kritizismus unterscheidet sich solche noch diskursiv leistbare prozessuale Aufklärung der Argumentation selbst erst ermöglichenden Voraussetzungen durch die – als pragmatische Beziehung zwischen Diskurs und kommunikativem Handeln rekonstruierbare – Rückbindung der reflexiven Aufarbeitung präreflexiver Geltungspotentiale an die gemeinsame *Kommunikationsgeschichte* argumentierender Subjekte. Sie benennt überhaupt erst sowohl die Rahmenbedingung für die mögliche Problematisierung von Geltungsansprüchen, wie sie die Kriterien akzeptabler Geltungseinlösung bereitstellt – statt sie zu »erfinden« nötigt (Albert 1961, S. 513ff.) – wie sie schließlich (entgegen Poppers irrationalem Glauben an die Vernunft) die Entscheidung für Vernunft und für das rationale Verfahren argumentativer Geltungeinlösung zu einem sinnhaft verstehbaren Akt werden läßt (vgl. Apel 1973/2, S. 326 u. ö.).

3.36 Ohne die konzeptionell bedingten Unterschiede zwischen einem positiven »Rechtfertigungsrationalismus« und einem »kritischen Rationalismus« bzw. zwischen einer diskurs- oder konsenstheoretischen und einer kritizistisch orientierten Argumentationstheorie einschleifen zu wollen, so bleiben doch – jenseits wechselseitiger Verdächtigungspolemiken eines totalitären Vernunftanspruchs hier (»Der Mythos der totalen Vernunft«, Albert), eines amputierten Vernunftverständnisses dort (»Gegen einen positivistisch halbwerten Rationalismus«, Habermas) – genügend relevante Gemeinsamkeiten reklamierbar.

Unter ihnen hätte – neben einem gemeinsamen antipositivistischen Selbstverständnis – als nicht geringste die zu gelten, daß in beiden Konzeptionen Argumentation als rationales Aufklärungsverfahren *aller* Geltungsansprüche verstanden wird, was – auf den Bereich praktischen Handelns appliziert – meint, daß »auch ethische Systeme sich mehr oder weniger bewähren können« (Albert 1961, S. 512) bzw. – in Habermas' Sprache reformuliert – daß auch »praktische Fragen wahrheitsfähig sind« (1973/1, S. 140ff.).

Gegenüber dieser – sei es optimistischen oder idealistischen – gemeinsamen Grundannahme, die entsprechende theoretische Konsequenzen für die Möglichkeit einer kritischen und nicht bloß analytisch-neutralen Ethik impliziert (vgl. Albert 1961, S. 497ff.), nimmt sich Luhmanns Bemerkung, daß angesichts des hohen Komplexitätsgrades moderner Gesellschaftssysteme die Unterstellung eines solchen rational einlösbaren Geltungsanspruchs normativer Handlungsorientierungen ebenso naiv wie obsolet sei, wie eine provokative Ernüchterung aus:

»Kein Mensch ist in der Lage, für alle aktuellen Entscheidungsthemen Überzeugungen zu bilden. Jene Auffassung (die an der Legitimation durch Überzeugung festhält) verkennt die hohe Komplexität, Variabilität und Widersprüchlichkeit der Themen und Entscheidungsprämissen, die im politisch-administrativen System moderner Gesellschaften jeweils behandelt werden müssen. Dieser Komplexität moderner Gesellschaften kann nur durch Generalisierung des Anerkennens von Entscheidungen Rechnung getragen werden. Es kommt daher weniger auf motivierte Überzeugungen als vielmehr auf ein motivfreies, von den Eigenarten individueller Persönlichkeiten unabhängiges (und insofern wahrheitsähnliches!) Akzeptieren an, das ohne allzuviele konkrete Informationen typisch voraussehbar ist« (1969, S. 32).

Ohne die Frage hier weiter zu verfolgen, ob Luhmann in der Tat hier einen neuen Legitimationsmodus (Legitimation durch reine Verfahrenslegalität) aufzeigt und technokratisch adaptiert, oder ob das von Luhmann beschriebene motivlose Akzeptieren nur das Symptom einer radikal erfahrenen Krise tradierter Orientierungsmuster benennt (vgl. dazu Habermas 1971/1, S. 257ff., 1973/1, S. 131ff., Alexy, S. 161ff.), so läßt sich doch für die Argumentation, wie wir sie bisher verstanden haben, soviel sagen: Ihr prinzipieller Anspruch wäre nach den Luhmannschen Prämissen nicht nur – wie im Fall der kritizistischen Entlastung der Argumentation von jeder positiven Rechtfertigungsleistung – methodologisch in

seiner Einlösbarkeit bestritten, sondern funktionalistisch in seiner Möglichkeit annulliert und allein noch als ein vorzeitliches Anspruchsniveau historisch rekonstruierbar (vgl. Luhmann 1971, S. 326).
Entscheidungstheoretisch läßt sich diese systemtheoretische Opposition zwischen »Legitimation durch Überzeugung« und »Legitimation durch Verfahren« (so ein signifikanter Luhmannscher Buchtitel) wie folgt dezisionistisch pointieren und zugleich institutionspragmatisch extrapolieren:

Da »der Zwang zur Dezision prinzipiell weiterreicht als unsere Chance, diesen Zwang seinerseits materiell durch Konsens zu legitimieren«, ist es »vernünftig, prophylaktisch Entscheidungskompetenzen zu institutionalisieren, deren Dezisionen, gegebenenfalls, nicht wegen der einen Universal-Konsens stiftenden Evidenz ihrer Fälligkeit gelten, sondern deswegen, weil sie zur Entscheidung institutionell autorisiert sind« (Lübbe 1978, S. 70).
Die Stoßrichtung dieses Textes von Hermann Lübbe zielt ersichtlich auf ein Geltungsverständnis, das den pragmatischen Sinn von (in diesem Fall: praktischer) Geltung exklusiv an ihren Anspruch rückbindet, durch die konsensstiftende Überzeugungskraft des zwanglosen argumentativen Zwangs – dies eine Reizvokabel für Lübbe (vgl. S. 61, 67, 77, 92 u. ö.) – rational einlösbar zu sein. Dagegen will die an die Hobbessche Friedensformel »autoritas non veritas facit legem« ideengeschichtlich anschließende und mit Descartes' »morale par provision« liebäugelnde pragmatische »Trennung von Geltung und Wahrheit« bzw. von »kognitiver« und »sozialer Geltung« den politischen Geltungsanspruch von eben diesem argumentativ einzulösenden Wahrheitsanspruch entlasten, und zwar im Interesse des »politischen Willens zum Frieden« zu Lasten »des Willens zum Triumph der Wahrheit« (Lübbe S. 65). Denn die Pragmatik dieser Trennung entlastet – so Lübbe – die Akzeptabilität sozial-politischer Geltungsansprüche von ihrer Zustimmungsnötigung bzw. Zustimmungszumutung, und sie nimmt zum anderen den Machthabern das gute Gewissen, sich als »Rechthaber« aufspielen zu können (S. 14). In eben dieser Legitimierungschance der Macht durch das Recht sieht Lübbe die totalitaristische, ja »terroristische« (58 ff., 1978/2, S. 188) Viruelenz einer »Identifizierung der Verbindlichkeit politischer Entscheidungen mit der Verbindlichkeit diskursiv ermittelter Wahrheit« (1978, S. 62), womit er freilich nur die kritische Spannung zwischen faktischem und wahrem Konsens, zwischen faktischer Geltung und legitimer Geltung affirmativ mißdeutet.

Die kategoriale Unterscheidung zwischen »sozialer« und »kognitiver« Geltung wäre durchaus zustimmungsfähig, wenn sich in ihr die theoretisch notwendige Unterscheidung zwischen der Faktizität sozialer Geltung und ihrer (an den Bedingungen wahrer Geltung orientierten) Legitimität abbilden ließe, und wenn diese Unterscheidung ebenso die Mißdeutung der Faktizität geltender Normen als Maß ihrer Richtigkeit abwehren würde wie die Mißdeutung der Richtigkeit von Normen als ausreichende Ursache ihrer faktischen sozialen Geltung. Die in Lübbes Unterscheidung zwischen »sozialer« und »kognitiver« Geltung angezeigte Unterscheidung zwischen Fragen der »Normenbegründung« und Fragen der »Normendurchsetzung« (1978, S. 77, 1978/1, S. 38ff., 1978/2, S. 118ff., 184ff.) ist ebenso notwendig wie die tendenzielle Entkoppelung beider Verfahren problematisch ist: Denn so richtig es ist, daß eine »getroffene Entscheidung nicht wegen der Gründe (gilt), die für sie sprechen, sondern kraft der Legitimität des Verfahrens« (1978, S. 75f.), so unhaltbar ist es, diese *pragmatische* Feststellung *legitimatorisch* durch die Aussage zu sanktionieren, daß »nicht die Diskussion die normative Verbindlichkeit (stiftet), sondern die Abstimmung, die der Diskussion folgt« (S. 76).

Mögen auch – um eine Lieblingsopposition von Lübbe zu zitieren vgl. 1978/2, S. 121 u. ö.) – bei der Abstimmung Stimmen »gezählt« und nicht »gewogen« werden, so ist die Anerkennung mehrheitlicher Entscheidungen durch Minderheiten entgegen ihren darin nicht repräsentierten eigenen Interessen doch nur verständlich, wenn in den Stimmen, die gezählt werden, noch die Entscheidungen gewichtet werden, deren rational motivierter Charakter sich auf Diskussionen gründet, die der Abstimmung verfahrenstechnisch vorausgehen (anders Lübbe 1978/2, S. 204). Und weiter: Wenn unterstellt werden kann, daß solche Entscheidungen, wenn sie offengehalten würden, und wenn ohne Zeitlimitierung diskutiert werden könnte, hinsichtlich ihrer argumentativen Rechtfertigungsfähigkeit prinzipiell rekonstruierbar sein müßten. Ohne die Unterstellung einer *prinzipiell* möglichen diskursiven Rekonstruierbarkeit solcher Entscheidungen, die der Dezisionsismus geflissentlich unterschlägt, wäre die Bereitschaft zu einer limitierten Delegation eigener Entscheidungskompetenz an die dafür institutionell vorgesehenen Instanzen auf Dauer nicht zu sichern (allenfalls noch ideologisch über die legitimationsstiftende Kraft von diskursentzogenen Weltbildern erschleichbar) und Entscheidungen könnten nicht mehr über reine Verfahrenslegalität legitimiert werden. Denn »das letzte Motiv für die Annahme von Entscheidungen, und das heißt für die legitime Geltung von Handlungsnormen *bleibt* die Überzeugung, . . . daß ich mich im Zweifelsfalle diskursiv überzeugen lassen kann« (Habermas 1971/1, S. 264). Auf dieses Motiv kann nur die gewaltsame Interessendurchsetzung verzichten wie der gewaltfreie Interessenkompromiß unter Bedingungen bestehenden Machtgleichgewichts und fehlender Verallgemeinerungschance partikularer Interessen (vgl. Habermas 1973/1, S. 153ff., 1971/1, S. 254).

3.37 Freilich ist nach Lübbe der »dezisionistische Standardakt« der Abstimmung (1978/2, S. 121) nicht so sehr negativ als *Abbruch* des Diskurses bestimmbar; vielmehr kommt in ihm positiv der »Pragmatismus einer *Diskursbegrenzung«* (ebd., S. 118ff., S. 184ff.) zur Geltung, der selbst zwar nicht aus der *Logik* diskursiver Geltungs-

einlösung, wohl aber aus den empirischen *Bedingungen* legitimierbar ist, unter denen Diskurse faktisch ablaufen, solange sie noch auf dem offenen Markt der »Republik« und nicht in esoterischen Zirkeln der »Akademie« stattfinden (1978, S. 77). Und diese Bedingungen heißen: »Temporalität« menschlicher Existenz (Zeitmangelargument) und »Inkompatibilität kognitiver Orientierungssysteme«, die allen Argumentationsprozessen vorausliegen (vgl. 1978/2, S. 138ff., S. 184ff.) und die wir oben (vgl. S. 103) als kategoriale Begriffssysteme bzw. als Begründungssprachen in ihrer Funktion für die Möglichkeit von Argumentationen rekonstruiert haben.
Lübbes Versuch, solchen Pragmatismus noch in der – für jede historisch nicht blinde Argumentationstheorie so interessanten – Aristoteleschen »Dialektik« bzw. »Topik« selbst zu verorten (vgl. ebd., S. 123ff., 1978, S. 127ff.), vermag in der Tat funktional vergleichbare *diskurspragmatische* Regeln aufzudecken, deren Ziel es offensichtlich ist, die Effektivität von Diskursabläufen gerade dadurch zu sichern, daß ihre materiale *Zuständigkeit* (»Man soll nicht über alles diskutieren«) wie personelle *Zugänglichkeit* (»Man soll nicht mit jedem diskutieren«, vgl. Aristoteles, Topik I 11 u. VIII 14) limitiert wird:

»In ihrer strukturellen Quintessenz« – so Lübbes Adaption der entsprechenden Aristotelischen Stellen – »bestimmen diese Regeln *Grenzen,* jenseits derer Sprüche nicht Widersprüche, sondern die Weigerung, sich auf sie einzulassen, Widerstände also, erfordern« (1978/2, S. 123f.).

In dieser kommunikationspragmatischen und stilistisch pointierten Antithetik von »Widerspruch« und »Widerstand« bringt sich die Einsicht zur Geltung, daß die Chance jeder Verständigung in der Rede *auch* davon abhängt, daß man nicht über alles reden muß. Es ist von unmittelbarer Plausibilität, mit Lübbe in dem »Traditionsverlust« der Moderne (statt in dogmatischer Traditionsgeltung) die eigentliche »Orientierungskrise« bzw. – so Habermas – »Legitimationskrise« zu verorten, die sich zunächst nur symptomhaft als »Fortschrittskrise« aktuell zur Sprache bringt (Lübbe 1978, S. 123ff.). Denn mit dem Verlust »entlastender« tradierter Sinn- und Geltungsgehalte entfällt zugleich auch die Chance, über vieles nicht reden zu müssen, weil das, worüber geredet werden muß, sich nicht mehr an dem bemißt, was der Rede nicht bedarf, sondern – so Aristoteles (Topik I 11) – dem »gesunden Menschenverstand« bzw. – so Lübbe (1978/2, S. 123f.) – der strikten Diskursverweigerung überantwortet werden kann:

»Die Totalität des Systems unserer jeweiligen Orientierungen ist viel zu groß und strukturell viel zu komplex, als daß wir, und sei es in kollektiver

Bemühung, imstande wären, die Last traditionsfreier, sozusagen harter Legitimierung aller Elemente dieses Orientierungssystems auf unsere Schultern zu laden. Wir können diese Last nur stets partiell auf uns nehmen und müssen im übrigen bis zum detaillierten Beweis des Gegenteils in die Zuverlässigkeit des überlieferten Systems unserer Orientierungen vertrauen« (1978, S. 130. Zur Unterscheidung zwischen »harter«, nämlich argumentativer und »weicher« Legimitierung vgl. ebd. S. 131).
Die terminologische Signifikanz des Begriffs »Vertrauen«, den Lübbe mit explizitem Bezug (vgl. S. 130f.) auf Luhmanns funktionalistische Analyse des Vertrauens als Mechanismus sozialer Komplexitätsreduktion zitiert (vgl. Luhmann 1968), bestätigt die bereits oben angemerkte systemtheoretische Virulenz der Lübbeschen Überlegungen. Doch sie macht zugleich auch die Problematik ihres historischen Bezugs auf die Aristotelische »Topik« offenkundig, die ja mit der – ebenfalls von Lübbe explizit zitierten (S. 127ff.) – definitorischen Kurzbestimmung dessen, was als »endoxon« (Topik I 1), d.h. als allgemein gesellschaftlich anerkannte Meinungen unterstellt und entsprechend diskursiv/argumentativ aktualisiert werden kann, nicht so sehr diskurspragmatische *Begrenzungsregeln* aufzählen will, sondern eigentlich ein dezidiert konsensuelles *Geltungsprinzip* entfaltet, das die Gültigkeit von Meinungen (doxa) an die Inter-Subjektivität ihrer Akzeptabilitätschance (endoxa) rückbindet: »Wovon alle Menschen überzeugt sind, davon behaupten wir, daß es wahr sei« (Aristoteles, Nikom. Ethik X 1).
Doch dieses konsensuelle Geltungsprinzip favorisiert nicht, was seine Lübbesche Interpretation als »Aristotelische Traditionstheorie« (1978, S. 129) suggeriert, einseitig einen Modus »traditionaler Legitimation«, der über die Berufung auf »orientierungssichernde Wirklichkeitsannahmen« problematisierte Geltungsansprüche überzeugungskräftig zu stützen vermag, als würde Tradition tatsächlich schon »aus der Evidenz der Unmöglichkeit, ohne sie auszukommen« gelten, statt – was Lübbe ihr bestreitet – »aus der Evidenz ihrer guten Gründe« (ebd., S. 69) bzw. vorsichtiger: aus ihrem glaubhaften Versprechen, mit »guten Gründen« rechtfertigungsfähig zu sein. Der Aristotelische traditionale Legitimationsmodus ist vielmehr eine exemplarische Aktualisierung des konsensuellen Geltungsprinzips unter historisch-gesellschaftlichen Bedingungen, die der Tradition (und den in ihr anerkannten Autoritäten) noch eine fraglos identitätssichernde Rolle zusprechen, weil die in ihr vermittelten Sinngehalte noch die »Evidenz ihrer guten Gründe« für sich reklamieren dürfen.
Sogar die Relevanz philosophischer Reflexionsanstrengung sieht Aristoteles in der gelingenden Übereinstimmung mit der Tradition und nicht in der gelingenden Befreiung von ihr nach Descartesschem Muster methodisch gewährleistet (vgl. Ritter, S. 38ff.).

Wenn man so die »Aristotelische Traditionslehre« interpretiert, dann erleichtert man sich zugleich den Zugang zu funktional analogen Legitimationspotentialen, die ihre pragmatische Wirksamkeit auch nicht erst der erfolgreichen Prüfung in »harten Legitimationsverfahren« durch Diskurse verdanken, sondern einer »praktisch wirksamen Vermutung ihrer Richtigkeit« (Lübbe 1978, S. 131). Doch das Subjekt solcher »Vermutung« ist kein isoliertes Individuum, sondern ein – wie auch immer differenzierungsbedürftiges – gesellschaftliches Wir. Ohne den erkenntnistheoretischen Aspekt des Aristotelischen »endoxon«-Begriffs unterschlagen zu wollen, impliziert er doch auch einen eminent »soziokulturellen Bedeutungsgehalt« (Bornscheuer, S. 49):

»Im Blick auf ihren spezifischen Gewißheitsgrad indizieren die für die topisch-dialektische Argumentation grundlegenden endoxa aus Aristotelischer Sicht keinen mystischen Realgrund einer allmenschlichen Logos-Natur oder ewigen Wahrheit, sondern allein die gesellschaftliche Wahrheit nach Maßgabe der jeweils historisch-konkreten Bildungs- und Herrschaftselite.«

So gesehen lassen sich solche »endoxa« als sprachlich verfestigte Repräsentanzen allgemein gesellschaftlicher oder gruppen-, klassen- oder schichtspezifisch differenzierter Orientierungsmuster interpretieren, die sowohl entsprechende gesellschaftliche Erfahrungen verdichtet abbilden, wie sie die Bedingungen solcher Erfahrung strukturieren. Als Begriff für diese gesellschaftlichen Orientierungspotentiale hat sich – ungeachtet der oben bereits genannten Problematisierung solcher historischen Bezugnahme – der antike Begriff der »Topik« eingebürgert, womit sowohl die funktionale Leistung eines allgemeinen präreflexiven Verständigtseins (so die hermeneutische Begriffsrezeption besonders bei Apel)[9] benannt wird wie (so die sozialwissenschaftliche Begriffsrezeption besonders seit Popitz u.a.) die gesellschaftlich verorteten und entsprechend differenzierten Strukturierungsmuster sozialer Erfahrung (»soziale Topik«) bestimmbar werden (vgl. Popitz u.a., S. 81ff., Negt, S. 62ff., Quasthoff, S. 124ff., Bornscheuer, S. 129ff.):

»Die im Begriff der sozialen Topik zusammengefaßten sprachlich verfestigten, von der individuellen Erfahrung, ja vom Alter, besonders Berufsqualifikation usw. (relativ) unabhängigen Gebilde, die weder bloße Vorurteile noch zufällige Meinungen noch wissenschaftliche Einsichten sind, besitzen für die im Medium der öffentlichen Sprache Denkenden eine zentrale Bedeutung, weil ein wichtiger Teil der rationalen Bewältigung der komplizierten ökonomischen und politischen Vorgänge durch sie vermittelt ist« (Negt, S. 63).

Sie können diese Bedeutung aber nur besitzen, weil die in ihnen abgelagerten und objektivierten gesellschaftlichen Erfahrungen nicht *weniger*, sondern *mehr* an Wirklichkeitsgehalt enthalten, als durch individuelle Erfahrung abgegolten werden kann. Freilich macht es auch die immanente Ambivalenz bzw. »Zwieschlächtigkeit« (Fischer, S. 284) solcher sozialen Erfahrungs- und Interpretationsmuster aus, daß ihre (für eine emanzipatorische Bildungspolitik aktualisierbare, vgl. Negt) Orientierungsleistung zugleich die Gefahr ideologisierender Verdinglichung des Denkens impliziert, sobald nämlich eine soziale Topik ihren »Realitätsbezug« (Popitz u.a., S. 84) einbüßt und soziale Erfahrung durch sie nicht mehr *ermöglicht*, sondern *verstellt* wird.

Wenn diese immanente Gefahr sozialer Topik – wie bei Maas – zu ihrem exklusiven Definiens wird, dann wird Topik mit Stereotypik identifizierbar (vgl. Braunroth u.a., S. 197ff.) und dann wird „topische Argumentation" insgesamt zum emphatischen Gegenbegriff zu »rationaler Argumentation«, weil sie sich von Orientierungsmustern abhängig macht, die ein selbstverantwortetes Handeln nicht mehr abzustützen vermögen (vgl. Maas, S. 273).

3.38 Ist also – um das hier anstehende Problem auf diese Frage abschließend zu reduzieren – die *Topizität* der Argumentation mit dem kritischen Selbstanspruch *rationaler* Argumentation inkompatibel oder ist vielmehr die Topizität die Bedingung möglicher Argumentation (vgl. Göttert, S. 10ff., S. 88, Kopperschmidt 1977/2, S. 231f., ders. 1979 passim).
Wenn unsere bisherigen Überlegungen haltbar sind, daß es nämlich keine voraussetzungslose Argumentation gibt, was heißt: daß jede Argumentation schon aufgrund ihrer immanenten Prozeßdynamik Geltungsansprüche im Fall ihrer situativen Problematisierung methodisch nur mit Hilfe von Geltungen zustimmungsfähig abstützen kann, die selbst nicht wieder problematisiert werden, dann ist in der Tat – wie Huth gegen Maas und dessen Abwertung »topischer Argumentation« betont – »rationale Argumentation . . . notwendig topisch« (S. 97), was genauerhin meint: Jede Argumentation bewegt sich bereits innerhalb eines Rahmens pragmatisch unterstellter Geltungen, die als sozial verbürgte und geschichtlich tradierte selbst zwar partiell und sektoral rekonstruiert werden können (kritische Genese), deren totale Verantwortbarkeitszumutung jedoch Subjekten jede Chance möglicher Verständigung nehmen müßte. *Antwortenkönnen* – so mag man das Lübbesche Theorem der Diskursbegrenzung reformulieren – setzt bedingten *Verantwortungsverzicht* voraus.

Die oben erläuterte Wechselbeziehung zwischen Diskurs und kommunikativem Handeln sollte gerade diese Dialektik zwischen der diskursiven Problematisierungschance von kommunikativ »naiv« unterstellten Geltungen und dem diskursiven Unterstellungszwang eben solcher »Naivität« als

Voraussetzung möglicher reflexiver Einholung und partikularer Aufhebung von »naiver« Geltungsunterstellung explizieren.
Ob man solche »Naivität« mit Habermas (1971/1, S. 115 u.ö.) für die Unterstellung eingelöster Geltungsbedingungen kommunikativen Handelns reklamieren oder mit diesem Begriff die allgemeine Struktur einer »gemeinsamen Verständigungswelt« (Gadamer) oder eines präreflexiven Verständigtseins von Subjekten in einer immer schon sinnhaft erschlossenen (Apel) oder sinnhaft aufgebauten (Alfred Schütz, Schütz/Luckmann) oder gesellschaftlich konstruierten Wirklichkeit (Berger/Luckmann) abbilden will, ob mit »Naivität« die allgemeine Geltungsweise einer vom alltäglichen Entscheidungsdruck entlastenden »Verständigungsbasis« bzw. eines reflexionsfreien »Routinewissens« (Bielefelder Arbeitsgruppe) oder ob mit diesem Begriff der Evidenzcharakter des »Alltagswissens« oder des »common-sense-thinking« (Schütz, Berger/Luckmann) bzw. »common-sense-knowledge« (Garfinkel) benannt werden soll, – »Naivität« (im Sinne präreflexiver Gewißheit) charakterisiert nicht nur die Unmittelbarkeit (nicht Unvermitteltheit) selbstverständlicher kommunikativer Handlungsgewißheit, vor der sich gleichsam als Hintergrund die Reflexionshelle situativer Argumentationsanstrengung abhebt. »Naivität« benennt auch den Charakter möglicher Gewißheiten, die gleichsam den Rahmen abstecken, innerhalb dessen sich diskursive Reflexion erst entfalten kann. Um es energietechnisch zu umschreiben: Argumentationen verbrauchen als Verfahren mittelbarer Gewißheitsfindung mehr Gewißheit als sie selbst erzeugen können. Aus diesen Rahmenbedingungen kann sich der Diskurs nicht nach Descartesschem Modell *herausargumentieren,* allenfalls vermag er auf seinen verschiedenen Ebenen über die reflexive Selbstaufklärung der Bedingungen seiner eigenen Möglichkeit diese Bedingungen, wenn auch nicht aufzuheben, so doch reflexiv einzuholen.[10]

Wenn man solche reflexive Selbstaufklärung legitimerweise Kritik nennen darf, dann wären »Topik« und »Kritik« keine oppositiven Begriffe mehr, sondern in ihnen ließe sich die fundamentale Dialektik kommunikativer Existenzbedingung von Subjekten authentisch abbilden: Was Cicero als ein am Erkenntnisprozeß abgelesenes Sequenzmuster verteidigt (erst das »invenire« (auffinden), dann das »iudicare« (beurteilen von Erkenntnis), Topica II 6; vgl. Apel 1963, S. 138ff., 1973/1, S. 128f.) und was Gian Battista Vico als sowohl ontogenetisches wie phylogenetisches bzw. geschichtsphilosophisches Gesetz reformuliert (zuerst »topica«, dann »critica«, S. 29 u.ö.; vgl. zu Vico Apel 1963, S. 318ff.) – eben darin artikuliert sich eine prinzipielle, in Vicos Kontroverse mit Descartes bereits anklingende, hermeneutisch-philosophische Einsicht, die Apel als den »transzendental-philosophischen Aspekt der Topik« freilegt (1963, S. 144 u.ö.): Verständigung setzt zwar Verständigtsein als Bedingung ihrer Möglichkeit voraus, doch die Kontingenz des *immer* schon Verständigtseins (»apriorisches Perfekt«) benennt

weder das Maß noch die Grenze ihres *erst noch* einzulösenden Verständigungsanspruchs (appellatives Futur).
Dieses Dialekt haben wir in Teil I unserer Reflexion (vgl. S. 92 f.) als die Vermittlung des *Prius* der *Topik* vor der Kritik mit dem *Primat* der *Kritik* gegenüber der Topik zu rekonstruieren versucht (vgl. auch Kopperschmidt 1980): Wenn das kommunikative Verständigtsein – so eine griffige Formel Gaddamers für das »wirkungsgeschichtliche Bewußtsein« – auch »mehr Sein als Bewußtsein« meint (1967, S. 127), das reflexive Bewußtmachen solchen Verständigtseins arbeitet sich an den Bedingungen seiner eigenen Voraussetzung nicht ohnmächtig ab:

»Sie (die Reflexion) ist zur Nachträglichkeit verurteilt, doch im Rückblick entfaltet sie nachwirkende Kraft« (Habermas 1970/2, S. 285).

Ohne die Unterstellung solcher Kraft wäre Ideologiekritik a limine ausgeschlossen und Auflärung als praktisch folgenreiches Bewußtwerden des zuvor Unbewußten bliebe – entgegen dem Kantschen Imperativ »sapere aude« – ein nicht einlösbares Versprechen.

4. Zu den Chancen der Argumentation

»In der Geschichte haben bessere Waffen, nicht bessere Argumente den Aufstieg oder Fall von Göttern entschieden. Dasselbe gilt natürlich von innergesellschaftlichen Konflikten.«

(Berger/Luckmann, die gesellschaftliche Konstruktion der Wirklichkeit)

4.1 »Die Mächtigen befehlen, die Ohnmächtigen argumentieren.« Die Plausibilität dieses bereits oben zitierten und interpretierten Satzes von W. Schneider gründet in der offenkundigen Inkompatibilität zwischen Macht und Rechtfertigungsverpflichtung, zwischen der Möglichkeit dominativ-monologischer Interessendurchsetzung und der Nötigung kooperativ-dialogischer Interessenlegitimation; denn wo die Macht das Wort hat, kann das Wort seine Macht nicht mehr entfalten: Zwischen Herr und Knecht gibt es keinen Raum für Argumentation: »Herren und Knechte sind selten gute Sprecher«.[1]
Doch – so bleibt endlich zu fragen – wer ist denn das Subjekt solcher Nötigung? Wie kann Argumentation als rationales Verfahren konsensueller Geltungsrechtfertigung und Konfliktlösung gesellschaftlich durchgesetzt werden? Wie können Diskurse institu-

tionalisiert werden (vgl. Habermas 1971/2, S. 31ff., Koreng, S. 71ff.) in einer Gesellschaft, die weder eine reine Argumentations- bzw. Diskursgemeinschaft darstellt, noch bloß Subjekte umfaßt, die von Kopf bis Fuß auf Argumente eingestellt sind oder ausschließlich als »potentielle Quelle von Argumenten« (Popper 1977/2, S. 277) definiert werden können?

»Die Möglichkeit der kommunikativen Verständigung (steht) unter Bedingungen, die nicht selbst wieder durch Gespräch geschaffen werden können« (Gadamer 1973, S. 306).

Was dieser Satz, der in der Tat nicht der hermeneutischen Gefahr eines Sprachidealismus erliegt, an dem heuristisch gewählten Gesprächsmodell abliest, läßt sich, auf die Chancen argumentativer Verständigung bezogen, wie folgt reformulieren: Die Möglichkeit von Argumentation, als deren gelungene historische Einlösung immer noch der Sokratische Dialog gilt (vgl. Bubner 1972, S. 53f., Weinrich, S. 159 u.a.), setzt Bedingungen voraus, die *durch* Argumente nicht selbst wieder geschaffen werden können.
Diese Bedingungen, die im Folgenden noch kurz bestimmt werden sollen, betreffen einmal die

- *Fähigkeit* von Subjekten, überhaupt an Diskursen teilnehmen zu können (= *Diskursfähigkeit*), zum anderen die
- *Bereitschaft* von Subjekten, sich auf Diskurse und damit auf argumentative Geltungsrechtfertigung einlassen zu *wollen* (= *Diskursbereitschaft*), wie schließlich die
- *Nötigung* von Subjekten, ihre Konflikte diskursiv austragen zu *sollen* (= *Diskursnötigung*).

4.2 Diskursfähigkeit

4.21 In ihrer einflußreichen »Logischen Propedeutik« haben Kamlah/Lorenzen solche Diskursfähigkeit über die Explikation des Begriffs »vernünftig« und »sachkundig« zu bestimmen versucht (vgl. S. 118ff.). Dabei qualifiziert »vernünftig« einen Menschen, »der dem Gesprächspartner und den besprochenen Gegenständen aufgeschlossen ist, ferner sein Reden nicht durch bloße Emotionen oder durch bloße Traditionen bestimmen läßt« (S. 118), während »sachkundig« die Kompetenz eines Menschen meint, geeignete Methoden (etwa der Wissenschaft) zur Überprüfung des Wahrheitsanspruchs von Behauptungen benutzen und die Berechtigung ihres Geltungsanspruchs beurteilen zu können.

So unproblematisch solche oder ähnliche[2] Begriffsexplikationen auch erscheinen mögen, so legen sie doch Prädikatorenregeln fest, die mit der normierten Zu- und Absprache von solchen Prädikaten zugleich über Teilnahmechancen von Subjekten an Diskursen entscheiden. Doch *wer* soll über die Beurteilungskompetenz möglicher Diskursteilnehmer (sieht man einmal von dem Sonderfall wissenschaftlichen Sachverstandes ab) urteilen? Und *wie* soll solche Beurteilungskompetenz selber festgestellt werden, wenn das Verfahren der Kompetenzbeurteilung bereits die konsensuelle Bestätigung der von den Beurteilenden für sich selbst jeweils beanspruchten Beurteilungskompetenz notwendig voraussetzen muß?

Wenn es aber ein diskursunabhängiges Beurteilungskriterium der Kompetenzbeurteilung nicht gibt, dann wird Habermas' Konsequenz plausibel, daß »wir einen Diskurs nicht führen können, ohne zu unterstellen, daß die Bedingungen für das Eintreten in den Diskurs erfüllt sind« (1971/1, S. 135, Anm. 32). Diese Unterstellung meinte der oben erläuterte – in der Regel kontrafaktische – Vorgriff auf die »ideale Sprechsituation«; ein Vorgriff, der – weil er die Bedingungen möglichen Diskurses benennt – nicht selbst wieder zum Thema des Diskurses gemacht werden kann: ein Vorgriff mithin, der eine »praktische Hypothese« (ebd., S. 141) bleibt, die sich sowenig bestätigen *muß*, wie sie ein historisch tradiertes Einverständnis vor seiner kritischen Revision schützen kann. Dieser Vorgriff vermag und soll allein den untilgbaren Selbstanspruch von Verständigung erklären, wahre Verständigung zu sein.

4.22 Solcher Erklärungsversuche bedarf man freilich nicht, wenn man die Verständigungschance nicht mehr als Selbstanspruch kommunizierender Subjekte interpretiert, sondern mit Luhmann als funktionale Leistung eines als »Diskussion« terminologisierbaren »sozialen Systems« rekonstruiert (1971, S. 316ff., vgl. dazu Göttert, S. 82ff.), dessen Leistungskapazität sich nicht an kontrafaktischen Selbstansprüchen von Subjekten bemißt, sondern funktionalen Imperativen gehorcht, die keine handlungstheoretische, sondern allenfalls eine systemtheoretische Analyse freizulegen vermag.

Die damit angesprochene und einen der interessantesten Diskursversuche der letzten 10 Jahre abbildende Auseinandersetzung zwischen Habermas und Luhmann[3] über den angemessenen konzeptionellen bzw. paradigmatischen Rahmen einer Gesellschaftstheorie (kritische »Theorie der Gesellschaft« versus »Sozialtechnologie«) sei hier nur insoweit zitiert, als in ihr – weit radikaler als ein der kritizistischen Destruktion des positiven Beweis- bzw. Rechtfertigungspostulats – der fundamentale Unterschied zwischen zwei Vernunftkonzeptionen auf den Begriff gebracht ist, der zugleich fundamental unterschiedliche kategoriale Rahmenbedingungen einer möglichen Argumentationstheorie buchstabiert (handlungs- bzw. kommunika-

tionstheoretisch-systemtheoretisch). Löst man nämlich – Luhmann folgend – *den Vernunftbegriff aus seiner »alteuropäisch«* eingeübten Rückbindung an den Subjektbegriff, und zwar so sehr, daß man den »vernünftigen Konsens« von dem »Konsens der Vernünftigen« zu dissoziieren vermag (Luhmann, S. 327 Anm. 61) und reformuliert man Vernunft bzw. »Vernünftigkeit« »systemimmanent funktional«, dann buchstabiert dieser Begriff in der Tat »nichts weiter als die im Diskussionssystem moralisierten Teilnahmebedingungen, als Umsetzung struktureller Systemerfordernisse in Rollenvorschriften, die im System überwacht und sanktioniert werden« (S. 333).
Solche als »Sanktionsregeln« systemtheoretisch reformulierbaren funktionalen Anforderungen von Diskussionssystemen ersetzen denn ersichtlich nicht nur Kamlah/Lorenzens Prädikatorenregel für die Vergabe des Titels »vernünftig« (vgl. Luhmann ebd.), sondern sie machen auch jede kontrafaktische Idealisierung überflüssig, indem sie die auf »kooperative Wahrheitssuche« abonnierten Subjekte aus den »kommunikativen Himmel des Diskurses« auf den »irdischen Boden« wahrheitssuchender Sozialsysteme zurückholen (vgl., Weinrich S. 149, Luhmann, S. 332), und die handlungsbezogenen Postulate herrschaftsfreier und symmetrischer Verständigungsbedingungen durch systemfunktionale Imperative ersetzen, die die Stabilität solcher sozialen Subsysteme gewährleisten.

Nur verschiebt sich in solcher systemtheoretischen Rekonstruktion des dezidierten *Nicht-Systems* Diskurs als *Diskussionssystem* die diskurstheoretisch leitende Frage nach der Wahrheit möglicher Verständigung zur Frage nach der Leistungskapazität des sozialen Verständigungssystems (zum funktionalen Wahrheitsbegriff vgl. Luhmann, S. 342 ff.; dazu Habermas 1971/1, S. 221 ff.), und die diskurstheoretische Explikation des normativen Sinns von Verständigungsansprüchen verschiebt sich zur systemtheoretischen Bestimmung der Stabilitätschancen eines Verständigungssystems, das seine – Komplexität reduzierende – Effektivität nur *steigern* kann durch die *Beschränkung* seiner (zeitlichen, thematischen, personalen usw.) Belastungszumutung (zu dieser Dialektik vgl. Luhmann, S. 329).
Die systemtheoretische Kritik an der Diskurstheorie erliegt freilich genau dem Mißverständnis, dessen Möglichkeit Luhmann selbst in Erwägung zieht, daß nämlich der Diskurs als »realisierbares Interaktionsmodell« (S. 342) begriffen wird statt als kritischer Maßstab realer Interaktion, der als solcher nur *wirksam* bleiben kann, wenn er nicht *wirkliche* Interaktionen abzubilden beansprucht.

So gesehen können auch weder die Plausibilität der Luhmannschen funktionalen Diskursanforderungen (etwa: Trennung zwischen der Allgemeinheit des Themas und der Subjektivität individueller Beiträge, »Aufhebung der Bindung der Teilnehmer an ihre eigene Vergangenheit«, »Trennung des

Themenbezugs und der Quelle von Beiträgen« usw. S. 329ff.) noch der pragmatische Hinweis auf die gar nicht zu leugnende Gefahr einer »Herrschaft durch Diskurs«, die eine idealisierende Opposition zwischen »Herrschaft« und »Diskurs« nur allzu leicht unterschlägt (»Dominanz ist auch *in* Diskussionssystemen strukturell bedingt und daher im Prinzip unvermeidlich« S. 332, vgl. Weinrich, S. 157), den eigentlichen Kern einer diskurstheoretisch konzipierten Argumentationstheorie treffen.
Das gleiche gilt für Luhmanns sprachkritischen Vorbehalt gegen die implizite Herrschaftsanfälligkeit normativer Globalansprüche (»Einschüchterungsverfahren« S. 334f.); das gleiche gilt für die von ihm eingeklagte Gefahr der taktischen Prätention von Machtansprüchen als Moralansprüchen (S. 335, vgl. oben ähnlich Lübbe) und für den von ihm reklamierten Kontingenzcharakter des Diskursendes (S. 337, ähnlich wie oben Lübbe; vgl. Weinrich, S. 156: »Komplexität ist immer größer als der Diskurs lang sein kann«) wie schließlich für Weinrichs witzige Dechiffrierung »des Konsenses in der Wahrheit« als »Konsens im Weiterreden«, der bloß die »Diktatur des Sitzfleisches« installiert (ebd.).

Diese Vorbehalte belegen nur den gar nicht zu leugnenden kontrafaktischen Charakter der Antizipation der »idealen Sprechsituation«, sie widerlegen noch nicht die Notwendigkeit solcher Antizipation, auf die Habermas allein insistiert bei seinem Versuch, die »erklärungsbedürftige« Möglichkeit kommunikativer Verständigungsansprüche zu reflektieren (1971/1, S. 135f.). Wäre solche Antizipation überflüssig hinsichtlich der Explikation des Sinns kommunikativer Verständigungsansprüche, dann brauchte man über sie kein Wort mehr zu verlieren. Doch der bloße Hinweis auf die »erschreckende Irrealität« (Gadamer 1973, S. 314) solcher antizipierten Idealität bestätigt nur die Spannung zwischen *realer* Kommunikation und der immer schon als Bedingung ihrer Möglichkeit antizipierten *idealen* Kommunikation (Apel). Ob die Spannung – was Luhmann unterstellt – durch die systemtheoretisch angeleitete Einsicht in die »unvermeidbaren, letztlich absoluten Schranken jedes Diskussionssystems« ihren irritierenden Charakter verliert (Luhmann, S. 336) oder ob sie – so Apel und Habermas – im Appell zu ihrer Überwindung zugleich »wirksam« werden kann, das mag als offene Frage unentschieden bleiben. Hingewiesen sei zumindest noch auf einen dem Idealisierungsverdacht der Diskurstheorie korrelierenden Affirmationsverdacht der Systemtheorie, insofern sie – dem Realismusgebot zuliebe – nur zu leicht als prinzipielle Systemgrenzen objektiviert, was vielleicht doch nur die kontingenten Rahmenbedingungen historischer Gesellschaften und ihrer Teilsysteme buchstabiert.

Daß aber solcher Realismus – eine Lieblingsvokabel von Luhmann – einer ganz anderen, nämlich *pragmatisch* orientierten Argumentationstheorie[4] und einer schuldidaktisch interessierten Argumentationslehre[5] gut anstünde, sei unbestritten; denn »erst eine Kenntnis dieser Strukturen und Folgeprobleme ermöglicht realistische Einsichten und Zurechnungen entstehender Schwierigkeiten, gezielte Strukturkritik und Strukturpolitik für diskutierende Systeme und das Ausfindigmachen und Lernen einer brauchbaren Diskursmoral« (Luhmann, S. 339, vgl. 333 »Diskussionsethos«)[6]. Und es sei darüber hinaus nicht bestritten, daß eine solche »brauchbare Diskussionsmoral« weniger am dikaktisch so suggestiven Toulminschen Argumentationsschema sich bilden läßt – von der kritischen Sprachrekonstruktion in stilisierten Lehr- und Lernsituationen nach dem Erlanger Modell ganz zu schweigen – sondern nur »im Prozeß der Sozialisation durch häufige Diskussionsteilnahme« (Luhmann, S. 340) vermittelbar ist. Doch auch hier gilt, daß eine als »Diskussionsmoral« brauchbar gemachte »kommunikative Ethik« (Apel, Bülow) – will sie nicht technologisch mißdeutet werden – nicht von der Erfahrung zu trennen ist, die dialogisch gelingende Verständigung bereit hält, und die mehr meint als die Gemeinsamkeit der Erfahrung des »kontrollierten Wagnisses eines problematisierenden Denkens«, wie Luhmann »Dialog« rekonstruieren möchte (S. 341).

4.23 Gleichwohl! Der Diskursfähigkeit kommt – auch bei Habermas – nicht nur der Status einer für die Möglichkeit diskursiver Verständigungsanstrengung notwendigen Unterstellung zu, sondern – vergleichbar der Verständlichkeitsbedingung kommunikativen Handelns – gibt es für Diskursfähigkeit auch in bestimmtem Umfang eine unmittelbare Erfahrungsbasis.
Der oben zitierte Fall pathologisch bedingter Diskursunfähigkeit war nur ein besonders illustratives (und auf kollektive Zusammenhänge ideologischer Verblendung adaptierbares) Beispiel subjektiver Insuffizienz, die Geltungsbedingungen kommunikativer Verständigung – in diesem Fall besonders: der Wahrhaftigkeitsbedingung – wegen systematischer Selbsttäuschungen der Redenden über ihre eigenen Handlungsmotivationen überhaupt einlösen zu können. Das nicht-pathologische Gegenstück solcher Diskursunfähigkeit wäre ein Subjekt, das aufgrund seines kognitiven, sprachlichen und interaktiven Entwicklungsniveaus noch nicht (oder prinzipiell nicht) fähig wäre, die für Diskurse konstitutive Problematisierung der im kommunikativen Handeln naiv unterstellten Geltungsbedingungen selbst vornehmen bzw. deren Problematisierung überhaupt verstehen und sie argumentativ aufheben zu können.
Da solche Geltungsproblematisierung nach unserer bisherigen Erläuterung die Virtualisierung bzw. Modalisierung, ja Negation des Wahrheits-, Richtigkeits- und Wahrhaftigkeitsanspruchs von Äußerungen meint, impliziert die Diskursfähigkeit die kategoriale Unterscheidungskompetenz zwischen wahr/falsch (Sein/Schein), richtig/nicht richtig (Sein/Sollen) und wahrhaftig/nicht wahrhaftig

(Wesen/Erscheinung) (vgl. Habermas 1971/1, S. 135), d.h.: Sie impliziert die Fähigkeit eines *kritischen Vorbehalts* sowohl gegenüber behaupteten Sachverhalten (insofern sie der Fall sein können oder nicht) wie gegenüber empfohlenen bzw. bewerteten Handlungen (insofern sie normativ gültig sein können oder auch nicht) wie schließlich gegenüber sprachlich repräsentierten Selbstdarstellungen (insofern sie authentisch sein können oder auch nicht). Diskurse setzen mithin die Fähigkeit *hypothetischen* Denkens bzw. Verhaltens voraus, vermöge dessen ein Subjekt sich sowohl gegenüber der Objektivität der äußeren Natur wie gegenüber der Normativität der Gesellschaft wie schließlich gegenüber der Authentizität der inneren Natur (insofern auf sie in der Rede Bezug genommen wird) kritisch abgrenzen und in diesen Abgrenzungen seiner Identität bewußt zu werden vermag (Habermas 1974, S. 49ff., 1976/2, S. 150, 1970/1, S. 155ff. Zu den eben verwendeten terminologischen Kategorien vgl. Teil I S. 116f.).

Mit dem Begriff »hypothetisch« – genauer heißt er »hypothetiko-dekuktiv« (Inhelder/Piaget) – kennzeichnet Piaget eine Denkleistung, die ungefähr mit der Adoleszenz erreicht wird und durch die geistige Fähigkeit charakterisiert ist, *formale* Operationen (Gegenbegriff: physische Aktivitäten) durchführen zu können (wie z. B.: Schlußfolgern, Planen, logisch Kombinieren usw.). Mit dieser tendenziellen Loslösung des Denkens aus der Unmittelbarkeit konkret-materieller Gegenständlichkeit und dessen Ausgriff auf den Bereich bloß hypothetischer Möglichkeiten und theoretischer Reflexion wird die Phase gegenständlich gebundenen Denkens überwunden und ein kognitiver Entwicklungsprozeß tendenziell abgeschlossen, der von der »sensumotorischen« (0–2 Jahre) über die »präoperationale« (2–7 Jahre) und »konkret-operationale« (7–12 Jahre) bis zur »formal-operationalen« Phase (ab 12 Jahren) reicht.[7]
Bereits in seiner frühen Arbeit von 1923 über »La langage et la pensée chez l'enfant« hatte Piaget den entwicklungspsychologischen Zeitpunkt solcher formalen Operationsfähigkeit empirisch über die Analyse der Fragen von zwei Vorschulkindern zu bestimmen versucht (1975, S. 191ff.). Die »Logik des Kindes« über die Analyse der »logischen Funktionen« seiner Fragen rekonstruieren zu wollen (ebd.), heißt: den kognitiven Entwicklungsstand des Kindes an dem Differenzierungsgrad seiner (sowohl adaptiven wie aktiven) Auseinandersetzung mit der es umgebenden natürlichen und sozialen Umwelt abzulesen, die in den echten, d. h. nicht-egozentrischen, sondern sozialisierten Warum-Fragen (vgl. zu egozentrischer bzw. sozialisierter Sprache ebd. S. 15ff. und S. 197ff.) als schrittweiser Prozeß abgebildet wird. »Schrittweise« meint, daß diese Auseinandersetzung von der – so Piagets Klassifikation der Warum-Fragen (ebd. S. 194ff.) – (Kausal-finalen) Erklärungsfrage (Warum fallen die Blätter vom Baum?) über die Motivationsfrage (Warum tust du das?) bis zur (logischen) Begründungsfrage fortschreitet (Warum muß man rechts fahren?).

Die Begründungsfrage wird in der Regel nicht vor dem 12. Lebensjahr gestellt (vgl. S. 197ff. und 215ff., vgl. zur Partikel »weil« S. 197 u. ö., 1972), und diese Frage bildet ontogenetisch eben die Kompetenz ab, Wirklichkeit auf die sie bedingenden Gesetze und Regeln zurückzuführen, sie nach ihnen rekonstruieren wie die Gültigkeit solcher Rekonstruktion beurteilen zu können. Ersichtlich benennt diese Kompetenz eben die Fähigkeit, die in der oben erläuterten Problematisierung naiv unterstellter kommunikativer Handlungsbedingungen immer schon beansprucht und für die Möglichkeit des Übergangs vom kommunikativen Handeln zum Diskurs immer schon unterstellt ist (zum Erlernen der »argumentativen Tätigkeitsschemata« vgl. Geier u.a., bes. S. 64ff.).

Es ist von unmittelbarer Plausibilität, wenn Habermas in Anlehnung an die kognitivistische Entwicklungspsychologie die Stufen der *kommunikativen* Entwicklung tentativ zu rekonstruieren versucht und in der – sprachlich als Frage repräsentierbaren – Problematisierung der Geltungsbedingung kommunikativen Handelns wie in der Fähigkeit ihrer argumentativen Einlösung (»argumentative Rede«) eben den Prozeß eines Subjekts ausgereift sehen möchte, in dem es sich aus der imperativen Handlungsbindung seines Redens (»symbolisch vermittelte Interaktion«) befreit und über die Ausdifferenzierung der beiden, in jeder Verständigung *zwischen* Subjekten *über* Sachverhalte aktualisierten Bereiche, nämlich »Gesellschaft« und »Natur« (= »konkret-sprachliche Kommunikation«) bis zur systematischen Entkoppelung von Reden und Handeln gelangt (= »formal-sprachliche Kommunikation«). Erst diese Stufe erlaubt, im handlungsentlasteten und erfahrungsfreien Diskurs die Geltungsbasis kommunikativen Handelns selbst zu hypothetisieren (1974, S. 114ff.) und in ihrer möglichen Einlösungschance argumentativ zu rekonstruieren (ebd. S. 43ff., 1976/2, S. 169ff., 1974/4, S. 118ff., ebd. S. 195ff. u. ö.):

»Sobald aber der Jugendliche die in Behauptungen und Normen enthaltenen Geltungsansprüche nicht mehr naiv akzeptiert, kann er sowohl den Objektivismus einer gegebenen Natur transzendieren und das Gegebene im Lichte von Hypothesen aus zufälligen Randbedingungen erklären, wie auch den Soziozentrismus einer überlieferten Ordnung sprengen und die bestehenden Normen im Lichte von Prinzipien als bloße Konvention verstehen (und gegebenenfalls kritisieren). In dem Maße, wie der Dogmatismus des *Gegebenen* und des *Bestehenden* erschüttert wird, können die vorwissenschaftlich konstituierten Gegenstandsbereiche im Verhältnis zum System der Ich-Abgrenzungen relativiert werden, so daß Theorien auf die Erkenntnisleistungen Forschender, und Normensysteme auf die Willensbildung zusammenlebender Subjekte zurückgeführt werden können« (1976/2, S. 15/16).

Dieser noch sehr vorläufige und hochspekulative Versuch, die *Sprachentwicklung* des Kindes nicht nur mit seiner ***kognitiven Entwicklung*** (sensumotorisch, präoperational, konkret-operational, formal-operational), sondern auch mit der Entwicklung seines *moralischen Bewußtseins* (präkonventionell, konventionell, postkonventionell)[8] zu koordinieren und in einem komplexen Modell der Ich-Bildungsstufen (symbiotisch, egozentrisch, soziozentrisch-objektivistisch, universalistisch) integrativ zu vermitteln (vgl. 1976/2, S. 14ff., 1974, S. 24ff., 1973/4, S. 195), buchstabiert den faszinierenden Anspruch, eine Kompetenztheorie entwicklungslogisch zu reformulieren, und unter dem »einheitsstiftenden Gesichtspunkt der Identitätsentwicklung« (1974, S. 6) sowohl Kommunikation allgemein wie Argumentation im besonderen in ein theoretisches Konzept einzubinden, das *Sprache, Kognition* und *Interaktion* als exemplarische Dimensionen eines »Selbsterzeugungsprozesses« zu verstehen ermöglicht (ebd. S. 10), in dem ein Subjekt sich zu einem erkenntnis-, sprach- und handlungsfähigen Subjekt erst herausbildet; ein Selbsterzeugungsprozeß zumal, der für die Strukturlogik sozialer Identitätsfindung und für die Entwicklungslogik sozialer Evolution überhaupt – so Habermas' kühnste Spekulation (1976/2, S. 12ff., S. 129ff.) – sogar heuristisch relevante Homologien bereit hält (vgl. unten 4.4!).

4.3 Diskursbereitschaft

Die Diskursfähigkeit, wenn sie auch die Voraussetzung möglicher Diskursbereitschaft ist, enthält freilich noch kein Versprechen, daß diskursfähige Subjekte auch bereit sind, ihre Konflikte argumentativ zu lösen. Popper mag recht haben: »Man tötet keinen Menschen, wenn man gewohnt ist, zuerst auf seine Argumente zu hören« (1977/2, S. 293). Doch, so bleibt zu fragen, wie kommt man zu solcher Gewöhnung?

Wir haben oben die reflexive Einsicht in die praktisch immer schon vorausgesetzten Bedingungen kommunikativer Verständigung als die Instanz zu rekonstruieren versucht, an die sich der Appell adressieren läßt, willentlich zu bejahen, was implizit als Bedingung kommunikativer Existenzmöglichkeit immer schon ratifiziert sein muß. Seine Kraft bezieht dieser Appell aus der Konsistenz der von ihm geforderten Entscheidung, derzufolge gelten *soll,* was immer schon gelten *muß,* wenn Verständigung überhaupt *gewollt* wird (vgl. Teil I, S. 99f., Apel 1973/2, S. 413). Der immanente Nötigungscharakter solchen Appells *zur* Vernunft kann freilich, weil er nur die Vernünftigkeit der geforderten Entscheidung zur Vernunft reflexiv abstützen kann, weder die praktische Entscheidung selbst erzwingen (»Hier muß in der Tat der gute Wille zum guten Argument hinzutreten«, Apel ebd., S. 328) noch die bloß taktische Prätention ihres Vollzugs verhindern noch schließlich die Unmöglichkeit vernunftloser Praxis garantieren. Der *Appell* zur Vernunft ist keine Strategie der praktischen Durchsetzung bzw. *Organisation* von Vernunft.

Wenn der Appell zur Vernunft aber seine Kraft aus der Einsicht bezieht, daß Vernunft nicht vernünftig negiert werden kann, – muß er dann nicht bereits eine Einstellung (»Wille zur Argumentation«) implizit unterstellen, die sich vernünftigen Argumenten nicht verschließt? Eben dieser latenten petitio principii erliegt nach Popper ein Appell, der das Prinzip, zu dessen willentlicher Bejahung er aufruft, bereits als Voraussetzung seiner Wirksamkeit unterstellen muß:

»... man muß zuerst (!) eine rationale Einstellung einnehmen und ... erst dann werden Argumente oder Erfahrungen Beachtung finden; woraus folgt, daß jene Einstellung nicht selbst auf Argumente und Erfahrungen gegründet werden kann« (1977/2, S. 284).

D. h.: »Es gibt keine Argumente für Argumentation« (Strecker 1976, S. 22), der *Wille zur Vernunft* ist selbst nicht *durch Vernunft* herstellbar.

Mit diesen Überlegungen versucht Popper den von ihm als »unkritisch« diskreditierten Rationalismus logisch zu widerlegen und statt seiner für einen als »kritisch« qualifizierten Rationalismus zu werben, der aus der Einsicht in die (logische) Unmöglichkeit voraussetzungsloser Selbstbegründung von Vernunft den »irrationalen Entschluß« zur Vernunft als Basis von Vernunft anerkennt:

»Aber das bedeutet, daß ein Mensch, der die rationalistische Einstellung annimmt, so handelt, weil er, ohne rationale Überlegung, einen Vorschlag, einen Entschluß, einen Glauben oder ein Verhalten akzeptiert hat, das daher seinerseits irrational genannt werden muß. Was immer es auch sein mag – wir können es einen irrationalen *Glauben an die Vernunft* nennen« (ebd., S. 284).

Liest man freilich Poppers einschlägiges 14. Kapitel aus »Die offene Gesellschaft« (ebd., S. 275ff.), dann wird zunehmend unverständlich, warum denn ein als »irrational« zugestandener »Glaube an die Vernunft« sich überhaupt noch der Anstrengung unterzieht, »Argumente« (!) aufzusuchen, die eine *Entscheidung für* Vernunft – wie sie Popper für sich in Anspruch nimmt –, wenn schon nicht »determinieren«, so doch plausibel zu machen beanspruchen:

»Angesichts einer mehr abstrakten sittlichen Entscheidung ist es immer hilfreich, wenn man sorgfältig die Folgen analysiert, die wahrscheinlich aus den möglichen Alternativen hervorgehen werden« (ebd., S. 285).

Wenn der Poppersche Versuch, die Entscheidung zwischen Vernunft und Irrationalismus durch die Analyse der jeweiligen Folgen dieser Entscheidung aufzuklären, eben den Sinn hat, die »Blindheit« dieser Entscheidung aufzuheben (S. 286) bzw. positiv: die Motive der getroffenen Entscheidung freizulegen, dann widerlegt die Begründungsfähigkeit einer solchen Entscheidung für die Vernunft ihre Qualifikation als irrational ebenso wie die unterstellte prinzipielle Gleichwertigkeit der Entscheidungsalternativen:

»Indem die Entscheidung von Popper in die *Diskussion* eingeführt wird, wird sie als ein Akt der Vernunft unterstellt, der sich selbst in der Wahl bestätigen oder verleugnen kann« (Apel 1973/2, S. 328, S. 420, allgemein auch Kambartel 1976, S. 76f.).
Die Verteidigung der Irrationalität des Glaubens an die Vernunft gerät Popper unter der Hand zur Verteidigung der Vernünftigkeit des Glaubens an die Vernunft, zumal in dieser Entscheidung für die Vernunft die Entscheidung für die »Vernunft der anderen« (1977/2, S. 293) in dem Maße notwendig impliziert ist, als Vernunft – anders als Platons »autoritärer Intellektualismus« (S. 279) und sozialtechnologischer »Utopismus« (1977/1, S. 213ff.) wollte – nicht das Vorrecht von Göttern und wenigen auserwählten Menschen ist, sondern »das Produkt des sozialen Lebens« (1977/2, S. 277) und die »rationale Einheit der Menschheit« benennt (ebd., vgl. Apel 1973/1, S. 93, S. 99 zur Ethik der Argumentation).

In der Reziprozität von Menschenverachtung (»Misanthropie«) und Vernunft- bzw. Redeverachtung (»Misologie«) – mag sie auch nicht aus der von Popper (S. 291) zitierten »Phaidon«-Stelle des Platonischen Dialogs als Sokratische Dialektik belegbar sein – ist gleichwohl die moralische Dignität einer Entscheidungssituation benannt, die dem Entscheidungsakt selbst seine Irrationalität bestreiten muß. Die Irrationalität des Glaubens an die Vernunft ist nicht der erlösende Ausweg aus Dogmatismus und Skeptizismus, als welchen Popper ihn theoretisch verteidigt und zugleich praktisch desavouriert, sondern die reflexive Selbstbegründung der Vernunft über die Rekonstruktion der Voraussetzungen ihrer eigenen Möglichkeit; eine Selbstbegründung freilich, deren transzendentaler Charakter sie vor jedem Mißverständnis deduktiver Letztbegründungsansprüche schützt (vgl. Apel 1973/2, S. 326ff. u. ö.).

4.4 Diskursnötigung

4.41 Wem solcher Appell zur Vernunft zu wenig ist, weil er das Vertrauen auf den »guten Willen« der Herrschenden angesichts

klassenspezifisch verzerrter sozialer Kommunikationschancen für naiv hält, und wem schließlich die »demonstrative Gewalt«, die Habermas seinerzeit noch als »Erzwingen« von »Aufmerksamkeit für Argumente« empfahl (1969/1, S. 145ff., vgl. 1978/1, S. 54ff., bes. S. 61), zu ohnmächtig erscheint, dem bleibt nur noch der »zumindest zeitweilige« Kommunikationsabbruch, freilich »nicht um das Gespräch überhaupt zu verdrängen, sondern um die Voraussetzungen für ein Verständigung ermöglichendes Gespräch zu schaffen« (Giegel, S. 247).
Im Klartext meint dieser Satz, wenn man ihn aus seiner gesprächshermeneutischen Fremdsprache übersetzt: Wenn der Diskurs nicht *durch* Diskurse gesellschaftlich institutionalisierbar ist, dann müssen seine Bedingungen diskursfrei erzwungen werden. Wörtlich:

»Ohne Rücksicht auf Willen und Bewußtsein der herrschenden Klasse (müssen) die institutionellen Schranken ... zerschlagen (werden), auf denen die Herrschaft dieser Klasse beruht« (ebd., S. 279).

Die Radikalität dieser Konsequenz, die sich theoretisch der Unterstellung prinzipieller Gesprächsunmöglichkeit bzw. prinzipiell fehlender Diskurschancen in einer Klassengesellschaft verdankt, richtet sich nicht nur als expliziter Widerspruch gegen die Gadamersche Annahme einer potentiell universalen Gesprächsbereitschaft (sowohl zwischen den verschiedenen Gruppen in einer Gesellschaft wie zwischen den verschiedenen Epochen ihrer geschichtlichen Tradition), was Giegel als ebenso schwärmerischen wie affirmativen »Traum von einer Solidarität, die alle vereint« (S. 282), diskreditiert, weil er die »prinzipiellen Schranken« eines gesellschaftlichen Klassenantagonismus ignoriert (S. 240), die keine hermeneutische Kraftanstrengung zu durchbrechen vermag (vgl. Gadamers Antwort 1973, S. 283ff.). Dieser Text richtet sich ebenso gegen den Habermasschen Versuch, Ideologiekritik nach dem Modell eines psychoanalytisch abgelesenen Emanzipationsvorgangs durch Selbstreflexion zu konzeptualisieren und entsprechend den Prozeß subjektiver Befreiung von undurchschauten Zwängen als Paradigma sozialer Aufklärung zu beanspruchen.

Anders als der Analysand in der Therapie leidet – so Giegel – die herrschende Klasse nicht an dem ihr »angetanen Zwang«, sondern sie muß jeden Versuch, den Zwangszusammenhang zu durchbrechen, als »Bedrohung ihrer Herrschaft« verstehen, »die sie über die anderen Klassen ausübt« (S. 278). Und anders als in der psychoanalytischen Therapie ist die Gesprächsunfähigkeit der herrschenden Klasse nicht das Produkt *pathologischer* Kommunikationsstörung, sondern sie stellt eine klassenbedingte *prinzipielle* Kommunikationsstörung dar, die sich nur strategisch im Interesse der Erhaltung von Herrschaft unkenntlich macht: «Darum darf die unterdrückte Klasse bei Strafe eines Rückschlags ihrer emanzipatorischen Bestrebungen nicht den psychoanalytischen Weg gehen« (S. 279), d. h. sie darf sich nicht von der nachträglichen Zustimmung zum Kommunikationsabbruch ihre Legitimation erhoffen, wie der Arzt die unterstellte Dialogunfähigkeit des Patienten und die darin begründete Asymmetrie therapeutischer Interaktion durch den Erfolg seiner Therapie gerechtfertigt weiß. »Keinesfalls aber ist eine revolutionäre Klasse für die Rechtfertigung ihres Kampfes auf ein nachträgliches Einverständnis angewiesen« (S. 280).

Was die revolutionäre Avantgarde dann noch vor ihrer »monologischen Selbstgewißheit« allein zu schützen vermag, ist nach Giegel ihre Berufung »auf die Emanzipationsgeschichte der Gattung« (S. 280), die zugleich die interne Verständigungsbasis dieser Avantgarde selbst darstellt. Daß sie sich dabei selber als authentische Interpretin eben *der* evolutionären Emanzipationsgeschichte autorisieren muß, als deren Vollzugsorgan sie zugleich fungiert, ist der Zirkel, in den ein (sowohl temporärer wie prinzipieller) Kommunikationsabbruch Subjekte und Gruppen notwendig verstrickt, die mit der Kommunikation nicht zugleich auch den kritischen Wahrheitsanspruch möglicher Selbstverständigung preisgeben wollen. Denn wenn an die Stelle von prozessualer Aufklärung unter Bedingungen potentiell uneingeschränkter Kommunikation der kommunikationsrestringierende oder sogar -substituierende Kampf der Aufklärer für die Bedingungen möglicher universaler Aufklärung tritt, dann müssen Subjekte und Gruppen für sich solche Selbstaufklärung in eben dem Maße als bereits gelungen beanspruchen, wie sie diese Aufklärungschance ihren politischen Gegnern absprechen müssen. Die Berufung auf die nach eigenen Gnaden interpretierte Emanzipationsgeschichte der Gattung Mensch übernimmt dann strategisch eben die interne Kontrollfunktion und Legitimationschance, die aufgrund restringierter externer Kommunikationschancen entfällt. Ob man mit Gadamer solchen Selbstanspruch als »eigene Art von Verblendung« diagnostiziert (1973, S. 307) oder ob man mit Habermas von einem das politische Handeln authentisch definierenden untilgbaren »Risiko« spricht – » die vindizierte Überlegenheit der Aufklärer über die noch Aufzuklärenden ist theoretisch unvermeidlich, aber zugleich fiktiv . . .« (1971/2, S. 45); fiktiv, weil sie auf der Antizipation eines das evolutionäre Emanzipationsversprechen der Gattungsgeschichte einlösenden Zustandes beruht, der erst die kommunikationsrestringierenden Bedingungen seiner Einlösung dadurch zu legitimieren vermöchte, daß er sie selbst endgültig aufheben würde zugunsten universaler kommunikativer Verständigungschance. Diese Antizipation bleibt (wie das

Urteil über die klassenbedingte Diskursunmöglichkeit) eine Hypothese, in deren Licht politisches Handeln zwar erst interpretierbar und legitimierbar wird, deren Bestätigung jedoch im vorhinein ebenso unmöglich ist, wie sie »die potentiellen Opfer im vorhinein einer weltgeschichtlichen Mission versichert« (ebd., S. 39).
Die theoretische Einsicht in die Bedingungen gelingender, nämlich herrschaftsfreier Verständigung kann politischem Handeln zwar seine notwendige Zielbestimmung geben, doch solche Einsicht enthält kein Konzept der strategischen Durchsetzung solcher Verständigungsbedingungen; und die »Organisation der Aufklärung«, wie sie exemplarisch am Modell der Psychoanalyse als Prozeß einer Aufklärung von Subjekten ablesbar ist, die nur *durch* sie selbst leistbar ist (»in einem Aufklärungsprozeß gibt es nur Beteiligte« Habermas ebd., S. 45) wie sie zugleich nur *gegen* sie durchgesetzt werden muß (vgl. Reimann S. 469ff., besonders S. 476), dieses Organisationsmodell von Aufklärung enthält kein Organisationsmodell politischen Handelns.

Die von Habermas eingeschärfte Unterscheidung zwischen Strategien der Aufklärung (unter Bedingungen aufrechterhaltener Kommunikation) und Strategien des politischen Kampfes (unter Bedingungen abgebrochener Kommunikation) (vgl. ebd., S. 43) schließt freilich als *Möglichkeit* nicht aus, was für Spaemann eine konzeptionell begründete *Notwendigkeit* darstellt, daß nämlich »das Ziel der Ersetzung von Herrschaft durch herrschaftsfreien Konsens . . . zur Legitimationstheorie einer unbeschränkten und unkontrollierten Herrschaft (werden kann)« (S. 752). Deshalb träumt Spaemann auch erst gar nicht von einer solchen utopischen Abschaffung von Herrschaft (»Utopie der Herrschaftsfreiheit«), sondern er setzt an die Stelle der *Substitution* von Herrschaft die Platonische Realutopie einer *Transformation* von Herrschaft zu einer »vernünftigen Herrschaft durch die Herrschaft der Vernünftigen« (bei Plato: Personalunion zwischen Philosoph und König), die den »vernünftigen Konsens aller zu antizipieren im Stande sind« (S. 741), legitimiert zu solcher Antizipation durch den »faktischen Konsens der meisten«.

Diese originelle Differenzierung zwischen faktischem und vernünftigem Konsens bzw. – so ihre ideengeschichtliche Antizipation bei Rousseau – zwischen »volonté de tous« und »volonté générale« hat gegenüber der Lübbeschen Dissoziation zwischen sozialer und vernünftiger Geltung zwar den Vorzug, daß die kritische Spannung zwischen faktischer Geltung und ihrem normativen Selbstanspruch nicht vorschnell preisgegeben wird; doch sie erkauft ihn – anders als Habermas' analoge kategoriale Differenzierung – mit der Dissoziation zwischen Subjekten mit und ohne priviligierten Vernunft- bzw. Wahrheitszugang. Doch wie wäre solche Privilegierung zu rechtfertigen?

4.42 Das Spaemannsche Alternativkonzept zur »Utopie der Herrschaftsfreiheit« gründet sich freilich – wie Habermas' Replik mit Recht geltend macht – auf methodisch zu differenzierende Fragen, die einmal die bereits erwähnte *politisch-strategische* Frage der gesellschaftlichen Institutionalisierung von Diskursen betreffen und zum anderen die *prinzipielle* Frage, »wie Diskurse unter empirischen Bedingungen überhaupt sich realisieren lassen« (1973/4, S. 382). Spaemanns (durchaus Platonische) pessimistische Unterstellung, daß die Ausweitung diskursiver Willensbildungsprozesse prinzipiell an Kapazitätsgrenzen von Persönlichkeits- und Sozialsystemen stößt – »faktisch werden jedoch . . . stets nur wenige dazu imstande und willens sein« (S. 740) –, ist so lange weder anthropologisch noch soziologisch begründbar, als solche Annahmen sich auf keine gesellschaftlich-empirischen Erfahrungsdaten berufen können, als deren theoretischer Reflex sie überhaupt erst legitimierbar wären:

»Wir wissen es nicht und haben darum keine theoretische Berechtigung, Versuche auf einem wie immer pessimistischen Erwartungsniveau wir sie beginnen mögen, zu unterlassen, zu diskriminieren oder zu unterbinden« (Habermas ebd., S. 318 vgl. S. 386).

Vielmehr – und damit wird schließlich der *historische* Frageaspekt (vgl. zu den 3 Frageaspekten ebd., S. 382) benannt – ist Geschichte rekonstruierbar als innovativer Prozeß der schrittweisen »Institutionalisierung von bereichsspezifischen Teildiskursen«, angefangen von der antiken philosophischen Aufklärung über die Durchsetzung der neuzeitlichen Wissenschaft und die politische Emanzipationsbewegung des Bürgertums bis zu den gegenwärtigen Tendenzen diskursiver Anspruchssicherung in den Bereichen von Arbeit (Mitbestimmung) und Ausbildung (Curricula, Schulmitwirkungsgesetze usw.).

Vor dem Hintergrund dieser »Emanzipationsgeschichte der Gattung« Mensch verliert der oben zitierte Appell zur Vernunft ebenso seinen bloß privatistischen Charakter, wie der von Apel apostrophierte »gute Wille« seine dezisionistisch anfällige Beliebigkeit einbüßt, weil nämlich die Diskursbereitschaft vergesellschafteter Subjekte – statt ausschließlich als individueller Entscheidungsakt verrechnet zu werden – als eine situativ-institutionell (in der Regel) vorgegebene soziale Verhaltenserwartung rekonstruierbar wird, deren Enttäuschung nicht ohne Sanktionsfolgen bleibt. Diese gesellschaftliche Rückbindung subjektiver Diskursbereitschaft nimmt der willentlichen Bejahung von Diskursen zwar nicht ihre moralische Qualität (kommunikative bzw. argumentative Ethik), doch sie grenzt die Bereiche aus, für die – wie etwa Wissenschaft und parlamentarisch-demokratische Entscheidungsprozesse – sich historisch (theoretische bzw. praktische)

Verständigungsformen herausgebildet haben, deren Geltung nicht mehr allein von ihrer individuellen Akzeptabilität abhängt. Was heißt, »daß auf der Ebene von Gesellschaftssystemen jene Wahlmöglichkeiten, die wir den Individuen voreilig zuschreiben, normalerweise nicht bestehen: die Möglichkeit zwischen konsensuellen und nicht-konsensuellen Formen der Konfliktregelung zu entscheiden« (1976/2, S. 341).

Solcher Wechsel des Bezugsrahmens, innerhalb dessen die jeweilige individuelle Diskursbereitschaft theoretisch reflektiert wird, entkräftet nicht nur den latenten Dezisionismusverdacht, sondern er gibt zugleich den Blick frei für eine nicht nur ontogenetische bzw. entwicklungspsychologische, sondern auch gattungsgeschichtliche Rekonstruktion von argumentativer Rede[9] als evolutionärer Institutionalisierung eines Rationalitätsprinzips, das sowohl die Objektivierung natürlicher Prozeßabläufe (Arbeit) wie die Moralisierung gesellschaftlich-normativer Handlungsprozesse (Interaktion) umgreift. Das entsprechende Habermassche Theorem lautet: Es gibt nicht nur nicht ein ausschließlich individuelles Dispositionsrecht über konsensuelle und nicht-konsensuelle (strategische) Formen der Konfliktregelung, sondern *innerhalb* der Formen argumentativer Konfliktregelung gibt es eine prinzipiell rekonstruierbare Abfolge von Niveaus[10] möglicher Geltungsrechtfertigung mit korrelierenden »Rechtfertigungsmodi« bzw. »Legitimationstypen«, die »nicht beliebig variieren können«, was positiv meint:

»In Gesellschaften unseres Typs (finden) Geltungsansprüche . . . mit hoher Wahrscheinlichkeit nur Anerkennung, wenn sie die Vermutung für sich haben, daß sie einem universalistischen Rechtfertigungsmodus, letztlich also (im Fall von Normen J. K.) einer diskursiven Willensbildung der Betroffenen standhalten würden« (1976/2, S. 342, vgl. Perelman 1967, S. 153f.).

Insofern diesem »universalistischen Rechtfertigungsmodus« gemäß die Legitimität von Geltungsansprüchen in ihrer konsensuellen Ratifikationschance begründet ist, kann man auch den entsprechenden Rechtfertigungsmodus bzw. Legitimationstyp, in dem dieses konsensuelle Geltungsprinzip dezidiert beansprucht wird, »formal« bzw. »prozedural« im Unterschied zu »inhaltlich« bzw. »klassisch« nennen, weil »an die Stelle inhaltlicher Prinzipien wie Natur und Gott das formale Prinzip der Vernunft tritt« und »*die formalen Bedingungen der Rechtfertigung selber legitimierende Kraft* (erhalten). Die Prozeduren und Voraussetzungen vernünftiger Einigung werden selber zum Prinzip . . .« (Habermas ebd., S. 277f., bzw. allgemein S. 271ff., S. 19f. u. ö.).
Dieser »prozedurale Legitimationstyp« ist ersichtlich das authenti-

sche Explikat des bisher erläuterten diskursiven Vernunftbegriffs, demzufolge – anders als ein objektivistisches Vernunftverständnis unterstellt-*inhaltliche* Vernunftansprüche sich nur durch die gelingende, d. h. konsensuelle Rekonstruktionschance ihrer argumentativen Stützung unter den *formalen* Bedingungen vernünftiger Rede legitimieren lassen. In dieser neuzeitlichen, anti-objektivistischen Reklamierung der Definitionskompetenz dessen, was jeweils als vernünftig zu gelten hat, drückt sich exemplarisch das Reflexivwerden (Habermas 1976/2, S. 299 u. ö.) legitimationskritischer Geltungsstandards aus, dessen praktische Einlösung der »prozedurale Legitimationstyp« meint.

Die Formalität dieses neuzeitlichen Legitimationstyps ist freilich ebenso inhaltlich, wie der Formalismus der Kantschen Ethik konkret ist (Horkheimer, S. 212ff.). Denn die in diesem Legitimationstyp als Prinzip legitimer Geltung ratifizierten »formalen Bedingungen möglicher Konsensbildung« implizieren, daß die Interpretations- und Definitionskompetenz dessen, was als verallgemeinerungsfähige Interessen und Bedürfnisse zu gelten hat, von *allen* muß beansprucht werden dürfen, was schließlich – und das macht die unmittelbar gesellschaftlich-kritische Dimension dieses Geltungsprinzips aus – die Freiheit und Gleicheit aller an diesem Interpretations- und Definitionsprozeß beteiligten Subjekte zur notwendigen Voraussetzung hat: »Die Idee der Vereinbarung, die unter allen, und zwar als Freien und Gleichen zustandekommt, bestimmt den prozeduralen Legitimationstyp der Neuzeit« seit Rousseau und Kant (Habermas ebd., S. 278f.).

Das zitierte Habermassche Theorem von der Abfolge soziokulturell vermittelter Legitimationsniveaus und korrelierender Legitimationstypen enthält ersichtlich einen plausiblen Erklärungsansatz für den Prozeß der Delegitimation bzw. des Legitimationsverfalls, insofern mit der jeweiligen Approbation eines bestimmten Legitimationstyps nicht nur jeweils eine bestimmte Art von Argumenten und ein bestimmtes materiales Argumentationspotential neu erschlossen, sondern auch ein altes Argumentationspotential legitimatorisch entwertet wird. Dies gilt heute etwa für alle narrativmythologischen, kosmologischen und ontologischen Rechtfertigungsmodi, mögen auch aufgrund bereichsspezifischer Phasenverschiebung zeitweilig mehrere Rechtfertigungsmodi interferieren. Solche Delegitimation erklärende Kraft gewinnt das Habermassche Theorem freilich erst aufgrund der impliziten Unterstellung, daß *in* dieser historischen Abfolge von verschiedenen Legitimationstypen, die das jeweilige Potential argumentativ aktualisierbarer Legitimationschancen buchstabieren, sich kein kontingenter, kultur- oder epochenspezifischer Prozeß, sondern eine *evolutionäre* Sequenz abbildet[11], deren irreversibler »Richtungssinn« (Habermas ebd.,

S. 192, 155 u. ö.) in der evolutionären Sequenz von »Weltbildern« verortet ist, insofern durch sie – »Weltbilder« verstanden als »symbolische Schematisierungen der Welt« (Eder 1976, S. 150) – das jeweilige Niveau sanktionierter Legitimationsanforderungen präjudiziert ist (Habermas ebd., S. 342), 1973/4, S. 329 u. ö.).
Die hochspekulativen Versuche von Habermas, Eder und Döbert – bedingt vergleichbar wäre auch Oelmüllers Versuch der Rekonstruktion der drei »Epochenschwellen« der europäischen Geschichte (Oelmüller 1978/1, S. 50 ff.) –, den Strukturwandel von Weltbildern, statt ihn bloß deskriptiv nachzuzeichnen, innerhalb einer evolutionären Entwicklungslogik zu rekonstruieren, ist der anspruchsvolle Versuch, die Gattungsgeschichte des Menschen von den Anfängen mythologisch-archaischer Weltbilder über kosmologische Weltdeutungen hochkultureller bis zu universalistischen theoretischen Erklärungs- und praktisch-normativen Rechtfertigungsprinzipien neuzeitig-moderner Gesellschaften unter der einheitsstiftenden Perspektive der evolutionären Durchsetzung des diskursiven Geltungsprinzips zu rekonstruieren (Habermas 1976/2, S. 18 ff., 144 ff., 1973/4, S. 208 ff., Eder S. 150 ff.).

Die in diesem Rekonstruktionsversuch heuristisch unterstellte Strukturhomologie zwischen ontogenetischen und phylogenetischen Entwicklungsprozessen[12] erlaubt es, die Rekonstruktion der Entwicklungslogik von Weltbildern an dem Muster der Entwicklungs- bzw. Bildungsgeschichte von Individuen zu orientieren und nach deren phasenspezifischem Kompetenzerwerb (in den drei interdependenten Entwicklungsdimensionen: Kognition, Sprache und Interaktion) die evolutionäre Entwicklung von »Gattungskompetenzen« (Habermas 1976/2, S. 217)[13] zu strukturieren. Dieser unterstellten Homologie zwischen Individual- und Gattungsgeschichte kommt für den Rekonstruktionsversuch des Historischen Materialismus eine wichtige Funktion zu. Denn diese Homologie ist geeignet, die verschiedenen Entwicklungsdimensionen freizulegen, in denen sich nicht nur individuelle Bildungs-, sondern auch gesellschaftliche Evolutionsprozesse vollziehen; Entwicklungsdimensionen, die ungeachtet ihrer wechselseitigen Beziehung und Beeinflussung und ungeachtet ihres darin verorteten identischen Richtungssinns gleichwohl kategorial unterscheidungsbedürftige Rationalitätsprozesse abbilden mit je eigener Logik (ebd., S. 163, 1969, S. 98 u. ö.).

Seit seinen frühen diesbezüglichen Arbeiten, gesammelt in »Technik und Wissenschaft als Ideologie«, hat Habermas diese kategoriale Unterscheidung über die verschiedenen grundbegrifflichen Differenzierungen zwischen »Technik« und »Praxis«, »Arbeit« und »Interaktion«, »kommunikativem« und »zweckrationalem Handeln« einzuüben und die verschiedenen Paradigmen zu klären versucht, innerhalb deren die verschiedenen Handlungstypen und ihre je eigenen Rationalitätsmuster überhaupt erst rekonstruierbar werden: Während »zweckrationales Handeln« (technisches und strategisches Handeln) an der Ausweitung der *Verfügungsmacht über* verdinglichte (natürliche und gesellschaftliche) Prozeßabläufe orientiert ist, zielt »kommunikatives Handeln« auf die Ausweitung von *Verständigungschancen zwischen* kooperationsbedürftigen Subjekten auf der Basis herrschaftsfreier Interaktionsbedingungen. Die Insistenz auf solche kategoriale Unterscheidung widerspricht nicht nur der empirisch widerlegten Unterstellung einer naturwüchsigen Koinzidenz zwischen technologischem Fortschritt und praktischer Autonomie (1968, S. 88 u. ö.), sondern sie reklamiert zugleich die Notwendigkeit der zu klärenden Bedingungen, unter denen technologisches »Können« mit praktischem »Wollen« rational vermittelbar ist (ebd. S. 118):

»Die öffentliche, uneingeschränkte und herrschaftsfreie Diskussion über die Angemessenheit und Wünschbarkeit von handlungsorientierenden Grundsätzen und Normen im Lichte der soziokulturellen Rückwirkungen von fortschreitenden Sub-Systemen zweckrationalen Handelns – eine Kommunikation dieser Art auf allen Ebenen der politischen und der wieder politisch gemachten Willensbildungsprozesses ist das einzige Medium, in dem so etwas wie Rationalisierung möglich ist« (ebd. S. 98).

Habermas' Versuch, mit Hilfe der Kategorien »Arbeit« und »Interaktion« bzw. »zweckrationales« und »kommunikatives Handeln« die Marxschen Grundbegriffe »Produktivkraft« und »Produktionsverhältnisse« nicht nur zu reformulieren, sondern zu rekonstruieren (vgl. 1976/2, S. 9ff., 152ff., 1973/2, S. 59ff., S. 332ff., 1968, S. 92ff. u. ö.), ist – so gesehen – der Versuch, den Historischen Materialismus sowohl als umfassende Theorie sozialer Evolution zu verstehen wie seine – nach Habermas – *kategorial,* nicht *materialanalytisch* unzureichende Differenzierung (1973/2, S. 71) zwischen den »beiden Motoren« (1976/2, S. 32) sozialer Evolution zu präzisieren wie schließlich die Frage nach der »Schrittmacher«-Rolle (ebd., S. 35, S. 132, 176 u. ö.) innerhalb eines solchermaßen dimensionierten Prozesses neu zu stellen, in dem sich soziale Evolution vollzieht, nämlich in der »Entfaltung der Produktivkräfte« *und* der »Reife der Formen der sozialen Integration« (ebd., S. 194, 156 und bes. S. 196). Daß Habermas diese »Schrittmacher«-Rolle – anders als Marx – evolutionären Lernprozessen auf der Ebene der Produktionsverhältnisse bzw. der »Verständigungsverhältnisse« (Henrich S. 16 und allgemein S. 10ff.; nämlich: moralisch-praktische Einsicht, Weltbilder, Identitätsformen, Konfliktregelung usw.

ebd., S. 11 f., S. 35 u. ö.) zuspricht, erklärt schließlich den »prominenten« Stellenwert einer (freilich noch nicht vorhandenen) *Kommunikationstheorie* (ebd., S. 12, S. 35, S. 132 f.) allgemein für die theoriestrategische Einlösung dieses ebenso anspruchsvollen wie widerspruchprovozierenden Programms wie der *Argumentations*- bzw. *Diskurstheorie* im besonderen für die methodische Klärung der Bedingungen konsensueller Verständigungschancen.
Ob Habermas in solcher kommunikationstheoretisch versuchten Rekonstruktion des Historischen Materialismus der gleichen Gefahr unterliegt, der nach seinem Urteil Marx unterlag, ob er also seinerseits, wie Marx Praxis auf Arbeit, Praxis auf Kommunikation reduziert, – dieser Vorwurf ist zumindest angesichts der unterstellten Eigenständigkeit zweier Prozeßlogiken sozialer Evolution ebenso problematisch, wie die kategoriale Unterscheidung zwischen »Entwicklungslogik« und »Entwicklungsdynamik« (bzw. »Entwicklungsmechanismus«) (ebd., S. 12, S. 37) den Vorwurf der *dualistischen* Auflösung eines *dialektischen* Beziehungsverhältnisses aufrechtzuhalten erschwert[14]. Jedenfalls ist Habermas' kategorial pointierte Unterscheidung zwischen Arbeit *und* Interaktion/Kommunikation nicht scharf genug von einer – wie sie Harry Pross versucht – Ersetzung von Arbeit *durch* Kommunikation als Bedingung der Anthropogenese abzuheben[15]. Wenn der Mensch auch nicht – wie Pross unterstellt – *durch* Kommunikation entsteht, so ist gleichwohl die Rekonstruktion seiner evolutionären Geschichte – und nur dies behauptet Habermas – nicht möglich ohne die Unterstellung von Kommunikation als eines eigenständigen Innovationspotentials, das strukturelle Veränderungen im Bereich der Produktivkräfte überhaupt erst zu bewältigen erlaubt[16].

5. ». . . Schweigen ist Gold«

»Worüber man nicht schweigen kann, darüber muß man sprechen.«
(Erckenbrecht, Sprachdenken)

»Ein korrektes Argument ist zwingend für jeden, der bereit ist, zu argumentieren. Wenn es darüber hinaus auch jene zwingen soll, die sich auf dieses Spiel nicht einlassen wollen, dann muß Argumentation insgesamt zwingend sein durch die *Rolle,* die sie in menschlichen Gesellschaften spielt« (Strecker 1974, S. 120).

Die beiden Teile unserer Reflexion über das Rahmenthema »Sprache und Vernunft«, nämlich »Das Prinzip vernünftiger Rede« und »Argumentation«, stellen den Versuch dar, die Rolle der Argumentation für die Sicherung kommunikativer Existenzbedingungen vergesellschafteter Subjekte geschichtlich wie systematisch zu rekonstruieren. Sie sind der Versuch, Argumentation als ein nicht-»willkürlich gewählte Verkehrsform« (Strecker, S. 125) aus den immanenten Bedingungen kommunikativen Handelns abzuleiten sowie die Chancen ihrer praktischen Ermöglichung mit dem Prozeß der individuellen Bildungsgeschichte wie der sozialen Evolution zu vermitteln.
Diese Rekonstruktion, wenn sie auch der theoretische Rahmen einer didaktisch interessierten Argumentationslehre sein könnte, ist keine Didaktik der Argumentation. Denn für die Rekonstruktion der argumentativen Kompetenz gilt, was für andere Kompetenzen, exemplarisch etwa für die linguistische, auch gilt: die Kenntnis dessen, was man tut, wenn man argumentiert, verändert nicht notwenig das Tun selbst, allenfalls vermag sie den Bewußtheitsgrad seines Vollzugs verändern.
Und noch etwas: Diese Rekonstruktion kann und will nicht der alltäglich beglaubigten Erfahrung widersprechen, daß zwar, wer argumentiert, reden muß, daß aber, wer redet, Sprache nicht notwendig argumentativ verwenden muß. Es bleibt richtig, daß Rede nicht nur, was der konstitutive Verständigungsbezug kommunikativen Handelns unterstellt, eine *Alternative zur Gewalt* ist, sondern daß Rede (ihre Geschichte von der antiken Sophistik bis in die modernen Erscheinungsformen der »Sprachherrschaft« belegt es)

auch eine, wenn nicht sogar die subtilste und wirksamste *Form der Gewalt* ist.

Gleichwohl! Wer das Praktischwerden von Vernunft nicht deren eigener List zutraut, sondern allein – so das Brecht-Motto über den ersten Teil dieser Reflexion: »Der Sieg der Vernunft kann nur der Sieg der Vernünftigen sein« – der Anstrengung der Vernünftigen verspricht, der unterstellt zugleich, daß Vernunft nur praktisch werden kann, wenn die Vernünftigen sich zumuten, Vernunft *in Rede zur Sprache* zu bringen.

Daß solche Anstrengung ihren möglichen Erfolg nicht allein der Kraft der Reflexion verdankt, sondern daß ihr Erfolg auch von Bedingungen abhängt, die selbst nicht wieder *durch* vernünftige Rede eingelöst werden können, macht die zugestandene Zirkularität eines *Appells* zur Vernunft aus, dessen mögliche Wirkung den *Willen* zur Vernunft bereits voraussetzen muß. Doch nicht solche Zirkularität, die mit dem Wechsel des theoretischen Bezugrahmens ihre irritierende Virulenz weithin einbüßt, begründet schon den latenten Selbstzweifel des vorliegenden Rekonstruktionsversuchs, sondern die von Luhmann unterstellte und oben bereits zitierte Möglichkeit, daß auch ein unter Bedingungen »vernünftiger Rede« argumentativ erzielter »Konsens der Vernünftigen« vielleicht gar kein »vernünftiger Konsens« ist, weil er den funktionalen Imperativen moderner Gesellschaften und ihrer Problemkomplexität nicht mehr gerecht zu werden vermag (Luhmann 1971, S. 372 Anm. 71).

Nicht also – wie Habermas will – Herrschaft, weder in ihrer manifesten Gestalt als Einschränkung bzw. Verhinderung von Kommunikation noch in ihrer latenten Form als ideologisch bedingte Verzerrung von Kommunikation (»strukturelle Gewalt«)[1], verhindert Vernunft, nicht die Macht der Mächtigen – so unsere Interpretation des als Motto dieses Buches gewählten Schneider-Zitats – läßt Vernunft in Rede nicht zur Sprache kommen. Der mit diesen Begriffen implizit zitierte kategoriale Reflexionsrahmen verstellt im vorhinein – so Luhmanns These – die Chance, den gegenwärtig ausgereiften Prozeß überhaupt begreifen zu können, in dem »die Vernunft, die mit dem Unterschied von Herr und Knecht schichtenmäßig festgelegt war, nicht etwa durch diesen Unterschied ruiniert bzw. gebremst worden (ist), sondern dadurch, daß zunehmende gesellschaftliche Differenzierung *beide* Seiten ihrer Vernunft enthob, nämlich die Vernunft des Herrn überspannte, so daß sie nicht mehr glaubhaft behauptet werden konnte, und die Möglichkeit des Knechts, zur Vernunft zu kommen, durch Spezialisierung ausschloß. Diese Veränderung betrifft Herr und Knecht gleichermaßen; das Problem der Vernunft kann daher nicht mehr aus der Beziehung von Herr und Knecht heraus als Problem der Emanzipation gestellt werden« (S. 327/8).

Solche systemtheoretisch begründete »Schweige-Räson« (Magass) müßte freilich – ähnlich ihrer technokratischen und dezisionistischen Empfehlung[2] – im *Schweigen* genau das *Verstummen* unkenntlich machen[3], dessen Erzwingung historisch am eindrucksvollsten der Rede ihre Macht bestätigt und den Mächtigen ihre Angst vorgehalten hat. Schweigen aber aus Einsicht in die Unzulänglichkeit des Redens, Schweigen aus Einsicht in die »epochebedingte längst überholte« Rückbindung von Vernunft an die in vernünftiger Rede sich bewährenden Vernunftansprüche von Subjekten (Luhmann, S. 326ff.), solches Schweigen ist widerspruchslos geworden, affirmativ.
Die Preisgabe konsensueller Geltungslegitimation als eines »obsolet« gewordenen Legitimationsanspruchs fiele freilich leichter und seine Ersetzung durch den neuen Legitimationstyp »motivfreien Akzeptierens« (Luhmann 1969, S. 32) kostete weniger Selbstüberwindung, wenn über die stilistisch pointierte Dissoziation zwischen »Konsens der Vernünftigen« und »vernünftigem Konsens« hinaus erkennbar wäre, woran denn eine »systemimmanent funktional begriffene Vernünftigkeit« (Luhmann, S. 332) anders als an *den* Bestandserhaltungsimperativen von sozialen Systemen festgemacht werden könnte, in denen sich immer schon – anders als bei organischen Systemen – die jeweiligen kulturellen Selbstdifinitionen und Selbstinterpretationen vergesellschafteter Subjekte abbilden. Solange Subjekte die Definitions- und Interpretationskompetenz dessen, was jenseits schieren Überlebens auf den verschiedenen soziokulturellen Entwicklungsniveaus der Gattungsgeschichte Leben heißen *soll*, noch als konstitutiven Bestandteil ihres Selbstverständnisses beanspruchen, wird man den alteuropäischen Glauben an die Möglichkeit vernünftiger Rede und an die Möglichkeit eines in ihr erreichbaren vernünftigen Konsenses nicht leichtfertig aufgeben können, und man wird das emphatische »Jetzt« in Hegels berühmtem Satz aus seiner Rechtsphilosophie nicht vorschnell zu einem »Gestern« des Jahres 1821 historisch relativieren wollen: »Was jetzt gelten soll, gilt nicht mehr durch *Gewalt*, wenig durch *Gewohnheit* und *Sitte*, wohl aber durch *Einsicht* und *Gründe*« (§ 316).

Anmerkungen

Zu Kapitel 1:

1 Vgl. ders. 1978, S. 5ff.. Zur »Kultur des Desinteresses am So-Sein der Wirklichkeit« ebd. S. 30ff.
2 Vgl. Süddeutsche Zeitung vom 30. 8. 78, S. 8.
3 Zu der in diesem Zusammenhang aktuellen »Finalisierungsthese« vgl. G. Böhme u.a. in: Ztschr. f. Soziologie 2/2, 1973, S. 128 ff.; vgl. Starnberger Stud. Bd. 1: Die gesellschaftliche Orientierung des wissenschaftl. Fortschritts, Frankf. 1978.
4 Vgl. S. J. Schmidt in Schecker, S. 175ff., Huth, S. 87f., Alexy, S. 108ff.
5 Außer der bei Alexy zit. Lit (S. 368ff.) vgl. noch Th.-M. Seibt in: Schecker, S. 311, H. Rodingen: Pragmatik der juristischen Argumentation (1977); F. Haft; W. Schreckenberger.
6 Vgl. Kopperschmidt 1973, S. 128ff., Bochenski S. 50ff., Kapp S. 8.
7 Vgl. Alexy 1978, S. 40 Anm. 61, Bien 1972, S. 349, Bornscheuer.
8 Vgl. Aristoteles in »Rhetorik« 1398b; zur Stelle: Bornscheuer, S. 48 und Kopperschmidt 1977/2, S. 232f.
9 Vgl. A. Diemer: Elementarkurs Philosophie: Dialektik, Düsseld. /Wien 1976; Ch. Perelman: Dialektik und Dialog, in: Hegel-Jahrb. 1970. S. 11ff.; F. Schleiermacher: Dialektik, Darmstadt 1976.
10 Sie ist freilich weder identisch mit der »dialektischen Logik« im Sinne von Klaus/Buhr (s. unter Stichwort in deren Philos. Wörterbuch) noch mit der »Dialogischen Logik« im Sinn von P. Lorenzen/K. Lorenz (1978).
11. Das gilt sowohl für Bochenski u. Zeller wie für Patzig (Die aristotelische Syllogistik, Göttingen 1959) und Prantls Geschichte der Logik (1855ff.).
12 Zur kulturanthropol. Interpretation der Sprache bei Isokrates vgl. E. Lichtenstein: Bildung und Sprachlichkeit, in: Beiheft zur Ztschr. f. Pädag. 7. 1968, S. 45ff.; Gerl. S. 80ff.
13 Vgl. außer Habermas bes. Apel 1973/1, S. 64 Anm. 101; Kopperschmidt 1973, 1977/2 u. 1979 sowie Perelman 1968, 1970.
14 Zu Perelman vgl. u.a. Alexy 1978, S. 197ff.; M. Natanson/H.W. Johnstone (Hrsg.): Philosophy, Rhetoric and Argumentation; La Théorie de l'argumentation; G. Preti: Retorica e logica. Le due culture, Torino 1968.
15 Vgl. Maas' Urteil in 1972, S. 176.
16 Musterbeispiele sind etwa für die Politologie: W. Hennis, für die Jurisprudenz: Th. Viehweg und R. Alexy, für die Soziologie: J. Habermas.
17 Vgl. die schon im Titel des Gadamerschen Hauptbuches »Wahrheit und Methode« angezeigte analoge Spannung.
18 Während Perelman den Begriff »Argumentation« solchermaßen spezifiziert, unterscheidet Habermas zwischen »theoretischem« und »praktischem Diskurs« (s. u. Kapitel 3), während Toulmin über die Bereichsspezifik der jeweiligen Gültigkeitskriterien Differenzierungen des allgemeinen Argumentationsbegriffs erreicht.

Zu Kapitel 2:

1 Neben den zentralen Arbeiten von Austin und Searle vgl. die Arbeiten von Wunderlich, Braunroth u.a. und M. H. Wörner, Performative und sprachliches Handeln, Bonn 1976.
2 Statt von »Sachverhalten« müßte man freilich eigentlich von »Gegenständen« sprechen, wenn sie das außersprachl. Korrelat zu ausgesagten »Sachverhalten« darstellen. Doch weil der Begriff »Gegenstand« den Bereich möglicher außersprachlicher Bezugnahme terminologisch einschränkt, sei weiterhin von »Sachverhalt« gesprochen. Zu diesen Begriffen und ihrer Unterscheidung von »Tatsache« vgl. Habermas 1971/1, S. 197, Anm. 220 Kamlah/Lorenzen, S. 135ff., 39ff.
3 Sie ist seit Jahren das eigentliche Reflexionsziel von Habermas (vgl. Nachwort zu 1973/2, S. 372, 1976/2, S. 9), und zwar als kategorialer Rahmen einer »kritischen Gesellschaftstheorie«, die zugleich eine »Theorie der sozialen Evolution« impliziert, ohne der Marxschen einseitigen Orientierung – so zumindest Habermas' Urteil – am instrumentellen Handlungstyp zu erliegen (vgl. u. Kapitel 4.4!).
4 »Der Sinn der Lüge besteht gerade darin, daß sie nicht als solche erkannt wird, sondern als ordentlicher Spielzug gilt« Strecker 1976, S. 101; vgl. Apel 1973/2, S. 253ff., ders. 1976 S. 100ff.; Schnelle S. 43f.; Weymann-Weye, S. 240; Wunderlich 1976, S. 254f., ders. 1972, S. 21, ders. 1974, S. 351; V. Ehlich/G. Saile: Über nicht-direktive Sprechakte, in: Wunderlich 1972, S. 275ff.; Weinrich: Linguistik der Lüge, Heidelberg 1966.
5 Vgl. Öhlschläge 1974, S. 103ff.
6 Dadurch wird das Searlesche »Ausdrückbarkeits«-Prinzip (S.43ff.) eingeschränkt, vgl. B. Schlieben–Lange: Perlokution, in: Sprache im techn. Zeitalter 52/1974, S. 321 ff.
7 »Noch die erfolgreiche Manipulation muß Vernunftansprüchen Rechnung tragen . . . Überzeugungen sind manipulierbar, nicht der Vernunftanspruch, aus dem sie subjektiv ihre Kraft ziehen.« Habermas: H. Arendts Begriff der Macht, 1978/1, S. 105; vgl. Bubner 1976, S. 112ff.; Kopperschmidt 1977/2, S. 218ff.
8 Zu H. P. Grice »Logic and conversation« vgl. Wunderlich 1972, S. 40ff., S. 102ff.; Braunroth u.a., S. 179ff.
9 Vgl. zu einer anders orientierten Theorie der Kommunikationstörung, Mueller, S. 23ff., Watzlawick u.a. und dessen Kritik bei Ziegler.
10 Vgl. die Interpretation dieses Satzes bei W. Schmidtbauer, Vom Es zum Ich. Evolution und Psychoanalyse, München 1975.
11 Außer den gen. Arbeiten von Habermas und Lorenzer vgl. noch L. Menne/M. Looser/A. Osterland/K. Brede/E. Moersch: Sprache, Handlung und Unbewußtes, Frankf. 1976.
12 Die Kraft einer Erklärung, die Objektivationen *als* erklärte zugleich aufhebt, indem sie das Erklärte verstehbar macht, heißt Selbstreflexion, vgl. Habermas 1973/2, S. 331f.
13 Vgl. neben den Arbeiten in: Heringer u.a. G. Floistad: Soziale Handlungsbegriffe, in: Dallmayr, S. 71ff., Glaser (bes. S. 115ff.), Leist 1979.
14 »Idelae Kommunikationsgemeinschaft« (Apel 1973/1, S. 92 u. ö.), »rationale Einheit der Menschheit« (Popper 1977/2, S. 277), »auditoire universel« (Perelman 1979, S. 40ff., vgl. dazu u.!).
15 Zu diesem kategorialen Ausdifferenzierungsversuch vgl. genauerhin Habermas 1976/1, S. 223.

16 Vgl. T. Eckhoff: Die Rolle des Vermittelnden, des Richtenden u. des Anordnenden bei der Lösung von Konfliken, in: Stud. u. Materialien zur Rechtssoziologie, Sonderheft d. Kölner Ztschr. f. Soziol. u. Sozialpsychol. 1967.
17 Vgl. Viehweg, S. 111 ff., J. Brüggemann: Die richterliche Begründungspflicht, Berlin 1971.

Zu Kapitel 3:

1 Zur Realisierung von Sprechakten vgl. Wunderlich 1976, S. 301.
2 Dies trifft freilich nicht auf die »Examensfrage« zu, die zwar auch eine Informationsfrage ist, doch an dem Wissen des Gefragten über bestimmte Sachverhalte interessiert ist.
3 Zu dieser wichtigen Unterscheidung vgl. Toulmin 1975, S. 54; G. Gabriel, Fiktion und Wahrheit, Stuttgart 1975, Kapitel 3.
4 Darin der dreiphasigen Sequenz: Beschuldigung – Entschuldigung – Honorierung vergleichbar, Rehbein 1972, S. 288 ff.
5 Vgl. E. Hoffmann: Die Sprache und die archaische Logik, Tübingen 1925, S. 27 ff.
6 Vgl. Perelman 1967, S. 92: »Die Gegebenheit besitzt die Rechtsvermutung«, weshalb »nur die Änderung der Rechtfertigung bedarf«.
7 Vgl. R. Engisch: Einführung in das juristische Denken, Stuttgart 1971, S. 61 f.
8 Vgl. dazu Teil I, S. 48 ff.; Spaemann 1968.
9 Vgl. Rehbein 1972, S. 288 ff.; vgl. Wunderlich 1976, S. 300 ff., 312 ff., 1972, S. 25 ff.
10 Vgl. Wunderlich 1976, S. 44 f.; S. 54 ff., S. 115 ff. Ehlich/Rehbein, S. 214 ff.
11 Vgl. Strecker 1976, S. 23 ff., J. Schwitalle: Zur Einführung in die Argumentationstheorie, in: Der Deutschunterricht 28/1976, S. 32 ff., A. Schopenhauer, Eristik, abgedruckt in: B. Frank-Böhringer: Rhetorische Kommunikation, Quickborn 1963, S. 101 ff., W. G. Hamilton: Parlamentarische Logik und Rhetorik, Köln/Berlin 1949, W. Roth, Die Kunst des Streitens, München o. J., K. Erdmann: Die Kunst, recht zu behalten, Leipzig 1924, W. Diekmann: Information oder Überredung, Heidelberg 1969. Grundlegend auch noch: Aristoteles' »Sophistische Widerlegungen«. Praktische Argumentationsanalyse: Kopperschmidt 1976, S. 37 ff.
12 Habermas spricht genauerhin von »Bewährungs-« (bezogen auf Wahrhaftigkeit), »Begründungs-«(Wahrheit) und »Rechtfertigungspflichten« (Richtigkeit) u. a. in: 1976/1, S. 252 f.
13 Diese kategoriale Unterscheidung zwischen »Geltungsanspruch« und »Bedingung« leugnet natürlich nicht die metasprachliche Verständigungsmöglichkeit über die Verständlichkeit der Rede. Dies ist das eigentliche Reflexionsinteresse der Erlanger Schule (vgl. Habermas 1973/3, S. 238, Alexy, S. 178 ff.).

Zu Kapitel 3.2:

1 »Was der Fall ist, die Tatsache, ist das Bestehen von Sachverhalten.«

Wittgenstein: Tractatus logico-philosophicus, Frankf. 1969, 2. Vgl. auch Anm. 2 zu Kapitel 2.

2 Dagegen verwischt Göttert diese Differenzierung, wenn er u.a. vom »Erklären« einer Behauptung spricht, vgl. S. 21.

3 Vgl. G. H. von Wright: Erklären und Verstehn, Frankf. 1974, O. Schwemmer: Theorie der rationalen Erklärung, München 1976, M. Riedel: Verstehen oder Erklären, Stuttgart 1978, K.-O. Apel u.a. (Hrsg.): Neue Beiträge zur Erklären-Verstehen-Kontroverse, Frankf. 1979.

4 Außer Habermas (bes. 1970/2) sei aus der Fülle des Materials nur genannt: Bubner 1976, S. 9ff., A. Schütz: Der sinnhafte Aufbau der sozialen Welt, Frankf. 1974, S. 11ff., S. 204ff.; Winch: Die Idee der Sozialwissenschaften und ihr Verhältnis zur Philosophie, Frankf. 1974, S. 55ff., J. Mittelstraße (Hrsg.): Methodenprobleme der Wissenschaften vom gesellschaftlichen Handeln, passim, G. C. Behrmann u.a. (Hrsg.): Handeln, Sprechen und Erkennen, Göttingen 1978, bes. S. 9ff., Gross.

5 Vgl. W. Stegmüller: Wissenschaftliche Erklärung und Begründung, Berlin 1969, S. 75ff., H. Holzner: Kommunikationssoziologie, Reinbek 1973, S. 12ff.

6 F. Heinimann: Nomos und Physis, Heidelberg 1945.

7 Vgl. Glaser, S. 67ff., H. Schelsky: Auf der Suche nach der Wirklichkeit, Düsseldorf/Köln 1965, S. 439ff., Lübbe 1978, S. 35ff.

8 Fritz/Hundsnurscher sprechen von drei Zügen: Vorwerfen– sich entschuldigen – Vorwurf zurücknehmen/bzw. nicht zurücknehmen.

9 Vgl. die bei Fritz/Hundsnurscher zit. Arbeit von I. Hoch/R. Klimmer/ M. Muckenhaupt/W. Schenzer (S. 103).

10 »Erst die Verselbständigung der intentionalen Gehalte in der Sprache macht Handeln möglich« Habermas 1970/2, S. 163.

11 Bei Wunderlich (1974, S. 63) wird entsprechend zwischen der »kausalen Erklärung« von Sachverhalten und der »rationalen Erklärung« von Wissensansprüchen unterschieden. Die analoge Unterscheidung zwischen »finaler Erklärung« und »Rechtfertigung hinsichtlich des Handelns und seiner Geltungsansprüche verdeckt freilich die analoge Leistung von »rationaler Erklärung« und »Rechtfertigung«. Während er ebd. sogar Argumentation auf die »Begründung von Wissensansprüchen« einschränkt, spricht er 1976, S. 257f. auch von »praktischer Argumentation«. Ebd. S. 259ff. zur Analyse »praktischer Schüsse«.

12 In 1973/3, S. 243 unterscheidet Habermas – statt zwischen »rechtfertigen« und »begründen« – zwischen »rechtfertigen« und »erklären« und spricht von »begründeter Rechtfertigung« bzw. »begründeter Erklärung« als Ziel des praktischen bzw. theoretischen Diskurses.

13 Vgl. W. J. Verdenius: Der Logosbegriff bei Heraklit und Parmenides, in: Phronesis XI 1966, S. 81ff. u. XII 1967, S. 99ff.

14 Vgl. zu diesem ursprünglichen Rechtsbegriff Spinner, S. 106f. S. 117ff.

15 Vgl. neben dem in der Einleitung Gesagten: Spinner, S. 106f., S. 115ff., O. Gigon: Der Ursprung der griechischen Philosphie Basel/Stuttg. 1968, S. 250ff., ders. Grundprobleme der antiken Philosophie, Bern/ München 1959, S. 42, ders. Studien zur antiken Philosophie, Berlin/ New York 1972, S. 5.

16 Vgl. Spinner, Vorwort, S. IIIff., Schreiber, S. 10ff., S. 169ff.

17 Vgl. Wunderlich 1964, S. 63.

18 Vgl. Wunderlich 1964, S. 60ff. Zu anderen, nicht-argumentativen Beziehungen zwischen Aussagen ebd. S. 62.

19 Vgl. auch C. L. Hamblins Bewertungskriterien für Argumente in: Fallacies, London 1970, Kapitel 7.

20 Der perlokutive Effekt ist freilich nur als »Bericht über« eine entsprechende Wirkung möglich (vgl. Austin S. 148: Dadurch daß ich argumentiere, habe ich . . . überzeugt/überredet). Dagegen fehlt ein Performativ zur Realisierung (vgl. Wunderlich, 1976, S. 30), so daß über einen proleptischen Gebrauch des Ausdrucks »überzeugen/überreden« allenfalls eine Beschreibung des illokutiven Aktes möglich wäre (vgl. Austin S. 148: Indem ich argumentiere, versuche ich . . . zu . . .; vgl. Searle, S. 101, Kopperschmidt 1973, S. 80ff.

21 Vgl. Braunroth u.a., S. 201ff., K. Lorenz: Sprachtheorie als Teil einer Handlungstheorie, in: Wunderlich 1976/1, S. 250ff., W. Brennenstuhl ebd. S. 269ff.

22 Zu diesem Begriff, den Schecker einer Arbeit von B. Kienzle entleiht (vgl. S. 83), vgl. Raible, S. 144ff., der mit Recht die Grundfrage des Scheckerschen Interesses in der Frage sieht, was »eine Serie von einzelnen SA . . . (zu) einem kohärenten Text (macht)«. Doch das ist »kein spezifisches Problem der Argumentation als solcher. Es ist ein Problem von Dialogen«.

23 Bei Toulmin entsprechen den verwendeten Kürzeln: K – claim or conclusion, D – datum, SR – warrant, S – backing, AB – rebuttal, vgl. Göttert S. 28 Anm. 3–6. Die notwendige Differenzierung zwischen »claim« und »conclusion« (beide: C) geht bei Göttert freilich verloren durch sein Übersetzungsäquivalent »These«. 1977, S. 51 spricht er sogar von C (im Sinne von conclusion) als einer »zu begründenden Schlußfolgerung«.

24 Zur forensischen Analogie vgl. Toulmin, S. 92.

25 Vgl. Kopperschmidt 1977/2, S. 229f.

26 Wegen dieses Implikationsverhältnisses ist es auch nicht sinnvoll, mit Habermas (1973/3, S. 243) von verschiedenen »Argumentationsstufen« zu sprechen oder gar mit Göttert (S. 26ff.) von »Argumente–Typen«, zumal dieser Begriff bei Toulmin eine ganz andere Bedeutung hat. Zur Unterscheidung zwischen »Typen von Argumenten« und »Typen von Argumentationen« vgl. Göttert, S. 20ff.

27 Vgl. H. Schepers Art. »Enthymen« in: Historisches Wörterbuch der Philosophie, Bd. 2, 1972, S. 528ff. M. H. Wörner, Enthymeme als Argumentationshandlungen, ders.: Ein Rückgriff auf Aristoteles in systematischer Absicht (Vorträge). Beispiele für arg. Abbreviaturen vgl. Göttert, S. 1ff. Ein Musterfall bei Quintilian V 14.5. Dazu Kopperschmidt 1977/2, S. 229ff.

28 Solche Aussagenverbindungen, deren Wahrheit bzw. Falschheit nicht ausschließlich von der Wahrheit bzw. Falschheit der verknüpften Aussagen abhängt, sondern auch von deren spezifischem Inhalt, heißen »intensional« im Unterschied zu »extensional«. Die Standardformel q, weil p gehört zur ersten Klasse, vgl. Klaus/Buhr: Wörterbuch der Philosophie, Bd. 2, S. 580f.

29 Zur juristischen Analogie vgl. Toulmin, S. 92.

30 Zu diesen »Brückenprinzipien« vgl. Toulmin, S. 96, Habermas 1973/3, S. 245. Eine ähnliche Rolle haben »Beispiele«, vgl. Perelman 1970, S. 471ff.

31 Vgl. 1973/3, S. 243. Zu den diskursiven Modalitäten (unstimmig zwingend, triftig) ebd. »Wir nennen diese Argumente substantiell, weil sie informativ sind und nicht allein auf Grund analytischer Konsistenz . . . gelten« ebd. S. 241. Statt »triftig« sprechen wir von »überzeugungskräf-

tig« und unterscheiden entsprechend verschiedene Grade argumentativer Validität.

32 Vgl. O. Komminich (Hrsg.): Was sind Grundwerte? Düsseldorf 1977, G. Gorschenek (Hrsg.): Grundwerte in Staat und Gesellschaft, München 1977, J. Isensee: Verfassungsgarantie ethischer Grundwerte und gesellschaftlicher Konsens, in: Neue Jurist. Wochenztschr. 13/1977, S. 545ff.

33 Vgl. Lausberg 1970, § 79ff., bes. § 123ff.

34 Wie stark, das kann beispielhaft ein Vergleich zwischen theologisch orientierten und ethologisch verpflichteten Aussagen über die menschliche Geschlechtlichkeit zeigen, vgl. W. Winckler: Sind wir Sünder? Naturgeschichte der Ehe, München 1969, ders. in: Stimmen der Zeit 182/1968, S. 289ff. vgl. I. Eibl-Eibesfeldt: Liebe und Haß, München 1976, S. 177ff.

35 Aus der umfänglichen Literatur vgl. bes. Bornscheuer.

36 Vgl. A.-A. Guha: Die Neutronenbombe oder Die Perversion des Denkens, Frankf. 1977.

37 Vgl. außerdem S. J. Schmidt: Literaturwissenschaft als argumentierende Wissenschaft, München 1975, ders. in: Schecker, S. 171ff.

38 Göttert (S. 49ff.) spricht von »Begründungssprachen«. Zu Problemen ihrer »Kompatibilität« vgl. Lübbe 1978/2, S. 122f. Zu ihrer »kritischen Genese« im normativen Bereich vgl. P. Lorenzen/O. Schwemmer S. 149ff., O. Schwemmer S. 234ff. Zur Kritik an diesem Programm vgl. Habermas 1972.

Zu Kapitel 3.3

1 Vgl. § 1,16. Dazu K. Holm: Zum Begriff Macht, in: Kölner Ztschr. f. Soziol. u. Sozialpsychol. 1969, S. 269ff., K. O. Hondrich: Theorie der Herrschaft, Frankf. 1973, W. Böttcher (Hrsg.): Herrschaft und Macht, Düsseldorf 1975.

2 Vgl. Anm. 14 zu Kapitel 3.2.

3 Vgl. Kopperschmidt 1977/2, außerdem Völzing S. 130ff., Ahlborn S. 10f. Huth, S. 80ff., Geissner, S. 233ff.

4 Vgl. Anhang »Zum ewigen Frieden«, dazu Habermas 1969, S. 117ff.

5 Daher interpretiert Okun mit Recht »Überzeugung« als eine Klasse von Urteilen« (S. 849).

6 Vgl. A. Beckermann: Die realistischen Voraussetzungen der Konsensustheorie von J. Habermas, in: Ztschr. f. allg. Wissenschaftstheorie 1972, S. 63ff., O. Höffe: Ethik und Politik, Frankf. 1979, S. 243ff., Berk, S. 56ff., Alexy, S. 134ff., Puntel, S. 144ff., G. Skirbekk : Wahrheitstheorien, Frankfurt 1977.

7 Vgl. bes. Habermas (S. 236ff.) zum Erlanger Konzept.

8 Vgl. Albert 1969, S. 11ff., 1977, S. 34ff.; dazu Spinner, S. 32f.

9 »In der Topik ... wird in erstarrter Form jene Wahrheit verfügbar gemacht, welche aus menschlichen Lebensbezügen her in der Geschichte einer lebendigen Sprache ... sich erschlossen hat« (1963, S. 152) u. ö.

10 »Die Probleme werden gelöst, nicht durch das Beibringen neuer Erfahrung, sondern durch Zusammenstellung des längst Bekannten« Wittgenstein 1971 § 109.

Zu Kapitel 4:

1 K. G. Jochmann: Über die Sprache, Göttingen 1968, S. 233.
2 Vgl. Berk, S. 56ff.
3 »Theorie der Gesellschaft oder Sozialtechnologie« Frankf. 1971 und die drei Supplement-Bände.
4 Zum Unterschied zwischen »pragmatisch« und »prinzipiell« vgl. Habermas 1973/3, S. 265.
5 Vgl. Ztschr. »Der Deutschunterricht« 27/1975 und 28/1976, H. Ballhorn: Argumentationsfähigkeit – fraglos ein Lernziel? in: Westermanns Päd. Beitr. XII 1974, S. 657ff., A. Diehm: Die Kunst der Argumentation, in: Ulshöfer (Hrsg.): Unterrichtsmodelle Bd. 1 (Sprache und Gesellschaft), Dortmund 1972, S. 96ff., M. Gatzmeier: Grundsätzliche Überlegungen zur rationalen Argumentation, in: Schweizer Schule 61/1974, S. 217ff., Gerhardus u. a., U. Maas: Argumentation, in: Lehrgang Sprache. Einführung in die Linguistik, Weinheim 1974, S. 900ff. W. Reyer: Argumentationsanalytik und Diskussionssystematik, Villingen /Schwenningen, 1974, Varwig 1977, 1979; Ztschr. »Praxis Deutsch« 14/1976, 33/1979, »Diskussion Deutsch« 36/1977; Sprachlehrbücher des Klett-, Schwann- und Schroedel-Verlages.
6 Vgl. H. v. Hentig in: Die Wiederherstellung der Politik, Stuttgart-München 1973, S. 176ff.
7 Vgl. außerdem J. Piaget: Das Erwachen der Intelligenz beim Kinde, Stuttg. 1969, ders./B. Inhelder: Die Entwicklung der elementaren logischen Strukturen. T. I u. II, Düsseldorf 1973, ders. Die Entwicklung des Erkennens I, II u. III, Stuttgart 1973; G. Peter: Die Entwicklung des Kindes im Werk von J. Piaget, Bern 1976; Wygotski, S. 17ff., Geier, S. 63ff.; Völzing, S. 244ff., Geulen, S. 433ff., Kohlberg.
8 Vgl. J. Piaget: Das moralische Urteil beim Kinde, Frankfurt 1973, Kohlberg; W. Kay: Die moralische Entwicklung des Kindes, Düsseldorf 1975; H. Bertram: Gesellschaft, Familie und moralisches Urteil, Weinheim 1979. Eine empirische Untersuchung wird derzeitig von Döbert und Nunner-Winkler am Starnberger Institut durchgeführt. Vgl. dies.: Adoleszenskrise und Identitätsbildung, Frankf. 1975.
9 Vgl. Popper 1973, S. 262f. »Die letzte und höchste Funktion (der Sprache) ist die argumentative Funktion . . ., wie sie in ihrer höchsten Entwicklungsstufe in einer disziplinierten kritischen Diskussion auftaucht« (S. 263). Außer von »argumentativer« spricht Popper noch von »expressiver«, »signalisierender« und »deskriptiver« Sprachverwendung.
10 »Mit Niveau meine ich . . . formale Bedingungen der Akzeptabilität von Gründen, welche den Legitimationen Wirksamkeit, ihre konsenserzielende und motivbildende Kraft verleihen« Habermas 1976/2, S. 278.
11 Eben diese evolutionäre Qualifikation der Typensequenz nehmen Berger/Luckmann nicht an (S. 118), obwohl sie die sequenzimmanenten Delegitimationsfolgen nicht bestreiten.
12 Vgl. Habermas 1976/2, S. 9ff., S. 36ff., S. 169f., S. 176; Eder, S. 124ff.
13 Habermas skizziert genauerhin tentativ Homologien zwischen Ichentwicklung und sozialer Evolution in den 4 Dimensionen:
Kognition-Technik; moralisches Bewußtsein-Moral/Recht; Ichentwicklung-Evolution von Weltbildern; Ichidentität-Gruppenidentität, vgl. 1976/2, S. 12, S. 35, S. 184f. u. ö., 1973/4, S. 208ff. Eder, S. 125 passim.

14 Vgl. bes. E. Hahn in: Dallmayr, S. 220ff., Held, S. 107ff., Kunstmann, S. 46ff., Tuschling unter Begriffen »Arbeit« und »Interaktion«.

15 »Der Mensch entsteht durch Kommunikation. Er ist das Resultat kommunizierender Kräfte«. Pross S. 22 und die entsprechenden Anmerkungen. Vgl. Beth/Pross, S. 35ff., Dröge, S. 64ff.

16 Vgl. Habermas' Unterscheidung zwischen dem »Potential an verfügbarem Wissen und der Implementierung dieses »Wissens«, 1976/2, S. 61 u. passim.

Zu Kapitel 5:

1 Vgl. J. Galtung: Strukturelle Gewalt, Reinbek 1978; Habermas 1978, S. 120ff.

2 Vgl. Kopperschmidt 1973, S. 113ff.

3 Vgl. die klassische Geschichte von Cl. Aelian: Der Tyrann, in: F. Stoessl (Hrsg.): Antike Erzähler, Zürich 1947, S. 130ff.

Literatur

Adorno, Th. W.: Negative Dialektik, Frankfurt 1975.
Ahlborn, H. U.: Kommunikation und Lernprozesse, Stuttg. 1975.
Albert, H.: Theorie und Praxis, in: H. Albert/E. Topitsch: Werturteilsstreit, Darmstadt 1971, S. 200ff.
–: Ethik und Meta-Ethik, ebd. S. 472ff. (zit. 1961).
–: Traktat über kritische Vernunft, Tübing. 1969.
–: Plädoyer für kritischen Rationalismus, München 1971.
–: Kritische Vernunft und menschliche Praxis, Stuttgart 1977.
Alexy, R.: Theorie der juristischen Argumentation, 1978.
–: Eine Theorie des praktischen Diskurses, in: W. Oelmüller 1978/2, S. 22ff.
Apel, K.-O.: Die Idee der Sprache in der Tradition des Humanismus von Dante bis Vico, Bonn 1975 (zit. 1963).
–: Transformation der Transzendentalphilosophie, 2 Bde., Frankfurt 1973 (zit. 1973/1 bzw. 1973/2).
–(Hrsg.), Sprachpragmatik und Philosophie, Frankfurt 1976 (zit. 1976).
Aristoteles: Sophistische Widerlegungen, Dtsche Übers. in Philos. Bibl. Bd. 13,
–: Topik, ebd. Bd. 12.
Austin, J. L.: Zur Theorie der Sprechakte, Stuttgart 1972.
–: Ein Plädoyer für Entschuldigungen, in: Wort und Bedeutung, München 1975, S. 177ff.
Badura, B.: Sprachbarrieren. Zur Soziologie der Kommunikation, Stuttgart 1971.
Berger, B. L./Luckmann, Th.: Die gesellschaftliche Konstruktion der Wirklichkeit, Frankfurt 1970.
Berk. U.: Konstruktive Argumentationstheorie, Stuttgart 1979.
Beth, H./Pross, H.: Einführung in die Kommunikationswissenschaft, Stuttgart 1976.
Bien, G.: Das Geschäft des Philosophen am Modell des juristischen Prozesses erläutert, in: Deutscher Kongreß für Philosophie Bd. 9, Meisenheim 1972.
–: Die menschlichen Meinungen und das Gute, in: Riedel (Hrsg.), Bd. 1, S. 345ff. (zit. 1972/1).
Bielefelder Arbeitsgruppe: Alltagsleben, Interaktion und gesellschaftliche Wirklichkeit, 2 Bde. Reinbek 1973.
Blumenberg, H.: Der Prozeß der theoretischen Neugier, Frankfurt 1973.
Bochenski, J. M.: Formale Logik, Freiburg/München 1956.
Bollnow, O. F.: Das Doppelgesicht der Wahrheit, Stuttgart 1975.
Bornscheuer, L.: Topik. Zur Struktur der gesellschaftlichen Einbildungskraft Frankfurt 1976.
Braunroth, M./Seyfert, G./Siegel, K./Vahle, F.: Ansätze und Aufgaben der linguistischen Pragmatik, Frankfurt 1975.
Bubner, R.: Handlung, Sprache und Vernunft, Frankfurt 1976.
–: Was ist kritische Theorie? in: Hermeneutik und Ideologiekritik, S. 160ff.
Buddemeier, H.: Kommunikation als Verständigungshandlung, Frankfurt 1973.
Bülow, E.: Kommunikative Ethik, Düsseldorf 1972.

Dallmayr, W. (Hrsg.): Materialien zu Habermas' Erkenntnis und Interesse, Frankfurt 1974.

Deimer, G.: Argumentative Dialoge. Ein Versuch zu ihrer sprachwissenschaftlichen Beschreibung, Tübingen 1975.

Döbert, K.: Zur Logik des Übergangs von archaischen zu hochkulturellen Religionssystemen, in: Eder (Hrsg.), S. 330ff.

–: Systemtheorie und die Entwicklung religiöser Deutungssysteme, Frankfurt 1976.

Dröge, F.: Wissen ohne Bewußtsein. Materialien zur Medienanalyse, Frankfurt 1972.

Dröge, F./Weissenborn, R/Haft, H.: Wirkungen der Massenkommunikation, Münster 1969.

Eder, K.: Die Entstehung staatlich organisierter Gesellschaften, Frankfurt 1976 (zit. 1976).

–: (Hrsg.), Die Entstehung von Klassengesellschaften, Frankfurt 1973.

–: Komplexität, Evolution und Geschichte, in: Theorie der Gesellschaft oder Sozialtechnologie, Suppl.1, S. 30ff.

Ehlich, K.: Thesen zur Sprechakttheorie in: Wunderlich (Hrsg.) 1972 S. 122ff. (zit. 1972).

–: Illocutionary Act (mimeo), Düsseldorf 1974 (zit. 1974).

Ehlich, K./Rehbein, J.: Zur Konstitution pragmatischer Einheiten in einer Institution: Das Speiserestaurant, in: Wunderlich (Hrsg.) 1972, S. 209ff.

Erckenbrecht, U.: Sprachdenken, Kronberg 1974.

Erdmann, O.: Die Kunst, recht zu behalten, Leipzig 1942.

Fahrenbach, H.: Ein programmatischer Aufriß der Problemlage und systematischen Ansatzmöglichkeiten praktischer Philosophie, in: Riedel (Hrsg.), Bd. 1, S. 15ff.

Feyerabend, P.: Erkenntnis für freie Menschen, Frankfurt 1979.

Fischer, L.: Des Käufers Stellvertreter und sein Konterfei, in: Sprache im techn. Zeitalter 51/1974, S. 261ff.

Freud, S. : Neue Folge der Vorlesungen zur Einführung in die Psychologie, Ges.Werke Bd. 15, Frankfurt 1969.

Fritz, G./Hundsnurscher, F.: Sprechaktsequenzen, in: Der Deutschunterricht 27/1975, S. 81ff.

Frankena, W. K.: Analytische Ethik, München 1972.

Gadamer, H.-G.: Wahrheit und Methode, Tübingen 1960.

–: Replik, in: Hermeneutik und Ideologiekritik, S. 283ff.

–: Rhetorik, Hermeneutik und Ideologiekritik, in: Kleine Schriften Tübingen 1967.

Garfinkel, H.: Das Alltagswissen über soziale und innerhalb sozialer Strukturen, in: Bielefelder Arbeitsgruppe Bd. 1, S. 189ff.

Geier, M./Keseling, G./Nehrkorn, M./Schmitz, U.: Zur Rekonstruktion von Argumentationsschemata in: Linguistische Berichte 47/1977, S. 55ff.

Geissner, H.: Das handlungstheoretische Interesse an Rhetorik oder das rhetorische Interesse an gesellschaftlichem Handeln, in: H. Plett (Hrsg.): Rhetorik, München 1977, S. 230ff.

Gerhardus, D./Kledzik, S. M./Reitzig, G. H.: Schlüssiges Argumentieren, Göttingen 1975.

Gerl, H.-B.: Rhetorik als Philosophie, München 1974.

Geulen, D.: Das vergesellschaftete Subjekt, Frankfurt 1978.

Giegel, H. J.: Reflexion und Emanzipation, in: Hermeneutik und Ideologiekritik, S. 244ff.

Glaser, W. R.: Soziales und instrumentales Handeln, Stuttgart 1972.

Göttert, K.-H.: Argumentation, Tübingen 1978.
–: Argumentation, in: Göttert, K.-H./Herlitz, W. Linguistische Propädeutik, Bd. 1, Tübingen 1977, S. 50ff.
Grewendorf, G.: Argumentation und Interpretation, Kronberg 1975.
Gross, P.: Reflexion, Spontaneität und Interaktion, Stuttgart 1972.
Habermas, J.: Technik und Wissenschaft als Ideologie, Frankfurt 1968 (zit. 1968).
–: Strukturwandel der Öffentlichkeit, Neuwied 1969 (zit. 1969).
–: u.a., Student und Politik, Neuwied 1969.
–: Protestbewegung und Hochschulreform, Frankfurt 1969 (zit. 1969/1).
–: Der Universalitätsanspruch der Hermeneutik, in: Hermeneutik und Dialektik, Tübingen. 1970, S. 73ff. (zit. 1970/1).
–: Zur Logik der Sozialwissenschaften. Frankfurt 1970 (zit. 1970/2).
–: Theorie und Praxis, Frankfurt 1971 (zit. 1971/2).
–: Philosophisch-politische Profile, Frankfurt 1971.
–: Vorbereitende Bemerkungen zu einer Theorie der kommunikativen Kompetenz, in: Habermas, J./Luhmann, N.: Theorie der Gesellschaft oder Sozialtechnologie, Frankfurt 1971 (zit. 1971/1).
–: Einige Anmerkungen zum Problem der Begründung von Werturteilen in: Deutscher Kongreß für Philosophie (vgl. zu Bien), S. 89ff. (zit. 1972).
–: Legitimationsprobleme im Spätkapitalismus, Frankfurt 1973 (zit. 1973/1).
–: Erkenntnis und Interesse, Frankfurt 1973 (zit. 1973/2).
–: Wahrheitstheorien, in: Wirklichkeit und Reflexion, FS für W. Schulz, Pfullingen 1973 (zit. 1973/3).
–: Kultur und Kritik. Verstreute Aufsätze, Frankfurt 1973 (zit. 1973/4).
–: Zur Entwicklung der Interaktionskompetenz (Unautor. Nachschrift) 1974. Teilabdruck in: Seminar Kommunikation, Interaktion, Identität, Frankfurt 1976, S. 332ff. (zit. 1974).
–: u. Henrich. D.: Zwei Reden, Frankfurt 1974.
–: Sprachspiel, Intention und Bedeutung, in: R. Wiggerhaus (Hrsg.): Sprachanalyse und Soziologie, Frankfurt 1975, S. 319ff.
–: Was heißt Universalpragmatik? in: Apel (Hrsg.) 1976 (zit. 1976/1) .
–: Zur Rekonstruktion des Historischen Materialismus, Frankfurt 1976 (zit. 1976/2).
–: in: Oelmüller 1978/1, S. 123ff. (zit. 1978).
–: Stumpf gewordene Waffe aus dem Arsenal der Gegenaufklärung, in: Briefe zur Verteidigung der Republik, Reinbek 1977, S. 54ff. (zit. 1978/1).
–: Politik, Kunst, Religion. Essays über zeitgenössische Philosophen, Stuttgart 1978 (zit. 1978/2).
Haft, F.: Juristische Rhetorik, München 1978.
Hare, R. M.: Die Sprache der Moral, Frankfurt 1972.
–: Freiheit und Vernunft, Düsseldorf 1973.
Hager, F./Paris, R.: Linguistik und Ausbildungsreform, in: M. Gerhardt (Hrsg.): Linguistik und Sprachphilosophie, München 1974, S. 280ff.
Hegel, G. W.: Grundlinien der Philosophie des Rechts, Theorie-Werkausgabe Bd. 7, Frankfurt 1970.
–: Vorlesungen über die Geschichte der Philosophie, ebd. Bde. 18–20, Frankfurt 1970.
Held, K.: Kommunikationsforschung – Wissenschaft oder Ideologie? München 1973.
Hellwig, A.: Untersuchungen zur Theorie der Rhetorik bei Platon und Aristoteles, Göttingen 1973.

Henrich, D.: s. Habermas/Henrich.
Henning, J./Huth, L.: Kommunikation als Problem der Linguistik, Göttingen 1975.
Hennis, W.: Politik und praktische Philosophie, Neuwied 1963.
Heringer, H. J. (Hrsg.): Seminar: Der Regelbegriff in der praktischen Semantik, Frankfurt 1974.
Hermeneutik und Ideologiekritik, Frankfurt 1973.
Holm, K.: Zum Begriff der Macht, in: Kölner Ztschr. für Soziologie und Sozialpsychologie 21/1969, S. 269ff.
Horkheimer, M.: Zur Kritik der instrumentellen Vernunft, Frankfurt, 1974.
Hülsmann, H.: Argumentation. Faktoren der Denksozialität, Düsseldorf 1971.
Huth, L.: Argumentationstheorie und Textanalyse, in: Der Deutschunterricht 27/1975, S. 80ff.
Huth/Henning: s. Henning/Huth
Infelder, B./ Piaget, J.: Die Psychologie des Kindes, Olten 1972.
Jäger, K. H.: Redekonstellationstypen und argumentative Dialogsorten, München 1976.
Johnstone, H. W.: Theorie of Argumentation, in: La théorie de l'argumentation S. 177ff.
Kambatel, F.: Was ist und was soll Philosophie? Konstanz 1968.
–: Theorie und Begründung, Frankfurt 1976.
–: (Hrsg.), Praktische Philosophie und Wissenschaftstheorie, Frankfurt 1974.
Kamlah, W./Lorenzen, P.: Logische Propädeutik, Mannheim 1967.
Kanngiesser, S.: Sprachliche Universalien und diachrone Prozesse, in: Apel (Hrsg.) 1976, S. 273ff.
Kant, I.: Kritik der reinen Vernunft, Werkausgabe Bd. 3 Frankfurt 1974.
Kapp, E.: Der Ursprung der Logik bei den Griechen, Göttingen 1965.
Keller, R.: Zum Begriff der Regel, in: Heringer (Hrsg.), S. 10ff.
Kohlberg, L.: Die kognitive Entwicklung des Kindes, Frankfurt 1974.
Klaus, G./ Buhr, M.: Marxistisch-Leninistisches Wörterbuch der Philosophie, Reinbek 1972.
Kolloquium (ZIF): Theorie der Argumentation (Vortragsmanuskripte). Zum Teil aufgenommen in: Schecker (Hrsg.).
Kopperschmidt, J.: Allgemeine Rhetorik. Einführung in die Theorie der Persuasiven Kommunikation, Stuttgart 1973.
–: Kritische Rhetorik statt Neuer Wissenschaftlicher Rhetorik, in: Sprache im techn. Zeitalter 45/1973, S. 18ff.
–: Pro und Contra im Fernsehen, in: Der Deutschunterricht 27/1975, S. 42ff.
–: Methode statt Appell. Versuch einer Argumentationsanalyse, in: Der Deutschunterricht 28/1976, S. 37ff.
–: Zwischen Sozialtechnologie und Kritik, in: Jahrbuch für Intern. Germanistik IX/1 1977, S. 53ff.
–: Überzeugen, in: Schecker (Hrsg.), S. 203ff.
–: Das Prinzip vernünftiger Rede (zit. Teil I).
–: Topik und Kritik (erscheint 1980).
Koreng, Ch.: Norm und Interaktion bei J. Habermas, Düsseldorf 1979.
Kuhn, H.: Sokrates, München 1959.
Kuhn, Th. S.: Die Struktur wissenschaftlicher Revolutionen, Frankfurt 1972.

Kummer, W.: Aspects of a theory of argumentation, in: E. Gülich/W. Raible (Hrsg.): Testsorten, Frankfurt 1972, S. 25ff.
–: Grundlagen der Texttheorie, Reinbek 1975.
Kunstmann, W.: Gesellschaft, Emanzipation, Diskurs, Darstellung und Kritik der Gesellschaftstheorie von J. Habermas, München 1977.
Lausberg, H.: Handbuch der literarischen Rhetorik, 2 Bde. München 1960.
–: Elemente der literarischen Rhetorik, München 1963.
Leist, A.: Ansätze zu einer materialistischen Sprachtheorie, Heidelberg, 1975.
–: Worte und Dinge, Der Gegenstandsbereich instrumentellen Handelns, Stuttgart 1979.
Lenk, H.: Philosophie im technischen Zeitalter, Stuttg. 1971.
–: Pragmatische Philosophie, Hamburg 1975.
Leontjew, A. L.: Probleme der Entwicklung des Psychischen, Frankfurt 1973.
Lorenzen, P.: Konstruktive Wissenschaftstheorie, Frankfurt 1974.
Lorenzen, P./Lorenz, K.: Dialogische Logik, Darmstadt 1978.
Lorenzen, P./Kamlah, W.: s. Kamlah/Lorenzen.
Lorenzen, P./Schwemmer, O.: Konstruktive Logik, Ethik und Wissenschaftstheorie, Mannheim 1975.
Lorenzer, A.: Sprachzerstörung und Rekonstruktion, Frankfurt 1970
–: Über den Gegenstand der Psychoanalyse, Frankf. 1970.
–: Die Wahrheit der psychoanalytischen Erkenntnis, Frankfurt 1974.
–: Symbol und Verstehen im psychoanalytischen Prozeß, Frankfurt 1970 .
Lübbe, H.: Zur Theorie der Entscheidung, in: ders. Theorie und Entscheidung, Freiburg 1971.
–: Praxis der Philosophie, Praktische Philosophie, Geschichtstheorie, Stuttgart 1978 (zit. 1978).
–: Sind Normen methodisch begründbar? in: Oelmüller (Hrsg.) 1978/1 S. 38ff. (zit. 1978/1).
–: Pragmatismus oder die Kunst der Diskursbegrenzung, in: Oelmüller (Hrsg.) 1978/2, S. 118ff. (zit. 1978/2).
Luhmann, N.: Vertrauen. Ein Mechanismus der Reduktion sozialer Komplexität, Stuttgart 1968.
–: Legitimation durch Verfahren, Neuwied 1969.
–: Systemtheoretische Argumentation, in: J. Habermas/N. Luhmann: Theorie der Gesellschaft der Sozialtechnologie, Frankfurt 1971, S. 291ff.
Maas, U./Wunderlich, D.: Pragmatik und sprachliches Handeln, Frankfurt 1973.
Marcuse, H.: Der eindimensionale Mensch, Neuwied 1967.
Menne, A.: Einführung in die Logik, München 1973.
Metzing, D. W.: Formen kommunikationswissenschaftlicher Argumentationsanalyse, Hamburg 1975.
Mill, J. St.: System of logic rationative and inductive 2 Bde., London 1872.
Mittelstraß, J.: Methodenproblem der Wissenschaften vom gesellschaftlichen Handeln, Frankfurt 1979.
–: (Hrsg.): Vernünftiges Denken, Berlin 1978.
Mueller, C.: Politik und Kommunikation, München 1975.
Naess, A.: Kommunikation und Argumentation, Kronberg 1975.
Negt, O.: Soziologische Phantasie und exemplarisches Lernen, Frankfurt 1971.
Nichols, Ch.: Wissenschaft oder Reflexion: Habermas über Freud, in: Dallmayr, S. 401ff.

Nietzsche, F.: Götzen-Dämmerung, in: Ges. Werke, Bd. 3, Frankfurt 1972.
Öhlschläger, G.: Einige Unterschiede zwischen Naturgesetzen und sozialen Regeln, in: Heringer (Hrsg.), S. 88ff.
–: Über das Argumentieren, in: Schecker (Hrsg.), S. 11ff.
–: Linguistische Überlegungen zu einer Theorie der Argumentation (erscheint 1979 in Tübingen).
Oelmüller, W.: Zur Rekonstruktion unserer historisch vorgegebenen Handlungsbedingungen, in: W. Oelmüller (Hrsg.): Transzendentalphilosophische Normenbegründungen. Materialien zur Normendiskussion I, Paderborn 1978, S. 50ff. (zit. 1978/1).
–: (Hrsg.), Normenbegründung – Normendurchsetzung, Materialien zur Normendiskussion II, Paderborn 1978 (zit. 1978/2).
Okun, B.: Zum Begriff »Überzeugung«, in: Deutsche Ztschr. für Philosphie 1974, S. 842ff.
Pawloswski, K.: Thesen zu: Sprechakte und Argumentationsstrukturen (Vortragsmanuskript).
Perelman, Ch.: La régle de justice, in: Dialectica 14. 1960, S. 230ff. (zit. 1960).
–: Über die Gerechtigkeit, München 1967 (zit. 1967).
–: Rhetoric and philosophy, in: Ztschr.: Philosophy and Rhetoric 1/1968, S. 15ff. (zit. 1968).
–: Betrachtungen über praktische Vernunft, in: Ztschr. für Philos. Forschung 20/1966, S. 210ff.
–: Dialektik und Dialog, in: Hegel, Jahrbuch 1970, S. 11ff.
–: Logik und Argumentation, Frankfurt 1979.
–: Das Reich der Rhetorik, München (erscheint 1980).
Perelman, Ch./Olbrechts–Tyteca, L.: La nouvelle rhétorique. Traité de l'argumentation, Brüssel 1970 (zit. 1970).
Peukert, H.: Wissenschaftstheorie, Handlungstheorie und Fundamentaltheologie, Düsseldorf 1976.
Piaget, J.: Urteil und Denkprozeß des Kindes, Düsseldorf 1972.
–: Das moralische Urteil beim Kind, Frankfurt 1973.
–: Sprechen und Denken des Kindes, Düsseldorf 1975.
Piaget, J./Inhelder, B.: s. Inhelder, B./Piaget, J.
Popitz, H./Bahrdt, H. P. u.a.: Das Gesellschaftsbild des Arbeiters, Tübingen 1958.
Popper, K. P.: Logik der Forschung, Tübingen 1969.
–: Die offene Gesellschaft und ihre Feinde, 2 Bde. München 1977.
–: Objektive Erkenntnis, Hamburg 1973.
Posner, R.: Diskurs als Mittel der Aufklärung, in: Linguistik und Sprachphilosophie, (hrsg. M. Gerhardt), München 1974, S. 280ff.
Pross, H.: Publizistik, Neuwied 1970.
Puntel, L. B.: Wahrheitstheorien in der neueren Philosophie, Darmstadt 1978.
Quasthoff, U.: Soziales Vorurteil und Kommunikation, Frankfurt 1973.
Quintilian, M. F.: Die Ausbildung des Redners. Lat.-deutsche Ausgabe, Darmstadt 1972.
Raible, W.: Argumentationen als allokutionäre Sprechakte? in: Schecker (Hrsg.) S. 139ff.
Rehbein, J.: Entschuldigungen und Rechtfertigungen, in: Wunderlich (Hrsg.) 1972, S. 288ff.
–: Komplexes Handeln, Elemente einer Handlungstheorie der Sprache, Stuttgart 1977.

Rehbein, J./Ehlich, K.: Begründen (mimeo), Düsseldorf 1975.
dies.: s. Ehlich, K./Rehbein, J.
Reimann, B.W.: Therapie und Diskurs, in: Soziale Welt 26/1975, S. 469ff.
Riedel, M. (Hrsg.): Rehabilitierung der praktischen Philosophie, 2 Bde., Freiburg 1972.
Ritsert, J. (Hrsg.): Gründe und Ursachen gesellschaftlichen Handelns, Frankfurt 1975.
Ritter, J.: Metaphysik und Politik, Frankfurt 1977.
Savigny, E. v.: Argumentationen in der Literaturwissenschaft, München 1976.
Savigny, E.v./Neumann, U./Rahlf, J.: Juristische Dogmatik und Wissenschaftstheorie, München 1976 (zit. 1976/1).
Schecker, M. (Hrsg.): Theorie der Argumentation, Tübingen 1977.
–: Argumentationen als allokutionäre Sprechakte, in: Schecker (Hrsg.) S. 75ff.
Schepers, H.: Enthymem, in: Histor. Wörterbuch der Philosophie, Bd. 2, 1972, S. 529ff.
Schepper, E.: Sprachlich verfahrenes Denken, München 1977.
Schlieben-Lange, B.: Linguistische Pragmatik, Stuttgart 1975.
Schnädelbach, H.: Reflexion und Diskurs, Frankfurt 1977.
Schneider, W.: Wörter machen Leute, München 1976.
Schnelle, H.: Sprachphilosophie und Linguistik, Reinbek 1973.
Schreckenberger, W.: Rhetorische Semiotik, München 1978.
Schreiber, A: Theorie und Rechtfertigung, Braunschweig 1975.
Schüller, B.: Die Begründung sittlicher Urteile. Typen ethischer Argumentation in der kathol. Moraltheologie, Düsseldorf 1973.
Schütz, A.: Der sinnhafte Aufbau der sozialen Welt, Frankfurt 1974.
Schütz, A./Luckmann, Th.: Strukturen der Lebenswelt, Neuwied 1975.
Schwemmer, O.: Philosophie der Praxis. Versuch einer Grundlegung vom moralischen Argumentieren, Frankfurt 1971.
Schwemmer, O./Lorenzen, P.: s. Lorenzen, P./Schwemmer, O.
Searle, J. R.: Sprechakte, Frankfurt 1971.
Seibert, Th.-M.: Argumentationsbeispiel aus dem Rechtsbereich, in: Schekker (Hrsg.), S. 313ff.
Seibert, Th./M.Lüderssen, K. (Hrsg.): Autor und Täter , Frankfurt 1978 .
Siegrist, J.: Das Consensus-Modell, Stuttgart 1970.
Singer, M. G.: Verallgemeinerungen in der Ethik, Frankfurt 1975.
Spaemann, R.: Descartes' provisorische Moral, in: Epirrhosis, FS für C. Schmitt, Berlin 1968, Teil II S. 683ff.
–: Die Utopie der Herrschaftsfreiheit, in: Merkur Nr. 292, 1972, S. 735ff.
Spinner, H.: Pluralismus als Erkenntnismodell, Frankfurt 1974.
–: Begründung, Kritik und Rationalität, Braunschweig 1977.
Stöker, E.: Einführung in die Wissenschaftstheorie, Darmstadt 1973.
Strecker, B.: Die Unerbittlichkeit der Logik, in: Heringer (Hrsg.), S. 111ff. (zit. 1974).
–: Beweisen. Eine praktisch-semanitische Untersuchung, Tübingen 1976 (zit. 1976).
La Théorie de l'argumentation (Logique et Analyse), Louvain-Paris 1963.
Theorie der Gesellschaft oder Sozialtechnologie, Supplement-Bände I–III Frankfurt 1973, 1974, 1975.
Thiel, Ch.: Rationales Argumentieren, in: J. Mittelstraß (Hrsg.): Methodologische Probleme einer normativ-kritischen Gesellschaftstheorie, Frankfurt 1975, S. 88ff.

Toulmin, St. E.: The place of reason in ethics, Cambridge 1950.
–: Der Gebrauch von Argumenten, Kronberg 1975.
–: Gründe und Ursachen, in: Ritsert (Hrsg.), S. 73ff.
Tuschling, B.: Habermas – Die offene und die abstrakte Gesellschaft, Berlin 1978.
Varwig, F. R.: Einführung in Rhetorik und Argumentation, in: Muttersprache 87/1977, S. 159ff.
–: Praktisches Argumentieren, in: Praxis Deutsch 33/1979, S. 56ff.
Vico, G.: Vom Wesen und Weg der geistigen Bildung, Lat.-deutsche Ausgabe, Darmstadt 1963.
Viehweg, Th.: Topik und Jurisprudenz, München 1974.
Völzing, P.-L.: Begründen, Erklären, Argumentieren, Heidelberg 1979.
Watzlawick, P. u. a.: Menschliche Kommunikation, Stuttgart 1969.
Weber, M.: Wirtschaft und Gesellschaft, Tübingen 1972.
Weinrich, H.: System, Diskurs, Didaktik und die Diktatur des Sitzfleisches, in: Theorie der Gesellschaft oder Sozialtechnologie, Suppl. Bd. I, S. 145ff.
Wesseler, M.: Die Einheit von Wort und Sache, München 1974.
Westermann, Ch.: Argumentationen und Begründungen in der Ethik und Rechtslehre, Berlin 1977.
Weymann-Weye, W.: Sprache, Gesellschaft, Institution, Düsseldorf 1978.
Wieland, W.: Praktische Philosophie und Wissenschaftstheorie, in: Riedel (Hrsg.) Bd. 1, S. 505ff.
Wittgenstein, L.: Philosophische Untersuchungen, Frankfurt 1971.
–: Über Gewißheit, Frankfurt 1971.
Wygotski, L. S.: Denken und Sprechen, Frankfurt 1977.
Wunderlich, D.: Grundlagen der Linguistik, Reinbek 1974 (zit. 1974).
–: Studien zur Sprechakttheorie, Frankfurt 1976 (zit. 1976).
–: Sprechakttheorie und Diskursanalyse, in: Apel (Hrsg.) 1976, S. 463ff. (zit. 1976/1).
–: (Hrsg.) Linguistische Pragmatik, Frankfurt 1972.
–: (Hrsg.): Wissenschaftstheorie und Linguistik, Frankfurt 1976 (zit. 1976/2).
Wunderlich, D./Maas, U.: s. Maas, U./Wunderlich, D.
Winch, P.: Die Idee der Sozialwissenschaften und ihr Verhältnis zur Philosophie, Frankfurt 1974.
Zeller, E.: Die Philosophie der Griechen in ihrer geschichtlichen Entwicklung I/1 Leipzig 1923.
Zimmermann, H.-D.: Die politische Rede, Stuttgart 1972.
Ziegler, J.: Kommunikation als paradoxer Mythos, Weinheim 1977.